Hans Kasdorf

Gemeindewachstum als missionarisches Ziel

Ein Konzept für Gemeinde- und Missionsarbeit

Verlag der
Liebenzeller Mission
Bad Liebenzell

Die Reihe „TELOS-Skript" bringt wichtige Einzel-Themen als Studienbücher. Um diese Bände bei niedriger Druckquote den Lesern günstig anbieten zu können, ist die Herstellung einfach gehalten. Die lückenlose Dokumentation von Theorien, Untersuchungen und Diskussionsbeiträgen etc. bedingt, daß auch Zitate enthalten sein können, die nicht der Zielsetzung der TELOS-Reihen entsprechen.

CIP-Kurztitelaufnahme der Deutschen Bibliothek
Kasdorf, Hans
Gemeindewachstum als missionarisches Ziel: e. Konzept für Gemeinde- u. Missionsarbeit. –
1. Aufl. – Bad Liebenzell: Verlag der Liebenzeller Mission, 1976. (TELOS-Bücher; Nr. 1700: TELOS-Skript) ISBN 3-88002-034-5

Alle Rechte vorbehalten, auch der auszugsweisen Wiedergabe und der Fotokopie
© Copyright 1976 by Verlag der Liebenzeller Mission, 7263 Bad Liebenzell
Umschlaggestaltung: Daniel Dolmetsch
Herstellung: Papierhaus Mack, Grafischer Betrieb, Schönaich
Printed in Germany

INHALT

ERSTER TEIL: DIE GEMEINDEWACHSTUMSBEWEGUNG   13

Kapitel 1   Ein missiologisches Konzept im Aufbruch   14

I.   ZUM KONZEPT   14

II.   ZUR McGAVRANSCHEN THESE   17
     A. Die erste These: Die Gemeinde wächst am schnellsten, wenn sich ganze Volksstämme oder ethnische Volksgruppen zu Christus bekehren   17
     B. Die zweite These: Die besten Ernten werden von reifen Erntefeldern eingebracht   18
     C. Die dritte These: Der "Christianisierungsprozess" geschieht durch das Jüngermachen und das Haltenlehren   18

III.   ZUR GESCHICHTE   20
     A. Das Institut für Gemeindewachstum in Eugene   20
     B. Die Schule für Weltmission und Gemeindewachstum in Pasadena   22

LITERATURNACHWEIS   24

Kapitel 2   Gedankengut   26

I.   VON DEM SUPRAKULTURELLEN GOTT   26
II.   VON DEM KULTURGEBUNDENEN MENSCHEN   29
III.   VON DER SÜNDE ALS TRENNUNG ZWISCHEN MENSCH UND GOTT   32
IV.   VON DER BEWERTUNG MISSIONARISCHER METHODIK   34
     A. Die Versuchsmission   34
     B. Die Stationsmission   35

	C. Die Diasporamission	36
	D. Die Dienstmission	37
	E. Die Sippenmission	38
V.	VON DER ERNTETHEOLOGIE	39
VI.	VON DEM MOSAIK DER VÖLKER	41
VII.	VON DER MULTI-INDIVIDUELLEN BE-KEHRUNG	42
VIII.	VON DEM GLEICHGEWICHT ZWISCHEN VERKÜNDIGUNG UND DIENST	44
IX.	VON DREI DIMENSIONEN DES GEMEINDE-WACHSTUMS	45
	A. Die organische Dimension	45
	B. Die quantitative Dimension	46
	C. Die qualitative Dimension	47
X.	VON DEM POSITIVEN UND NEGATIVEN WACHSTUM	48
	A. Positive Bewertung	48
	B. Negative Bewertung	50
XI.	VON DER ROLLE DER TABELLE UND STATISTIK	51
XII.	VON DEN FORSCHUNGEN UND VERÖFFENT-LICHUNGEN	51

LITERATURNACHWEIS   54

ZWEITER TEIL: BIBLISCH - THEOLOGISCHE FUNDIERUNG   57

Kapitel 3 Der evangelistisch - missionarische Auftrag   58

I.	DIE UNENTBEHRLICHE AUSRÜSTUNG	59
	A. Der Friede	59
	1. Der Gewissensfriede	59
	2. Der Gewißheitsfriede	60
	B. Der Heilige Geist	61

II.	DAS BEISPIELHAFTE MUSTER	62
	A. Das "Wie" der Sendung	62
	1. Die Geburt Jesu in die Welt hinein	62
	2. Das Leben Jesu in der Welt	63
	3. Das Sterben Jesu für die Welt	63
	B. Das "So" der Sendung	64
III.	DAS EIGENTLICHE WARUM	65
	A. Nach Matthäus und Markus	65
	1. "Machet alle Völker zu meinen Jüngern"	66
	2. "Taufet die Völker auf den Namen des Vaters, des Sohnes und des Heiligen Geistes"	67
	3. "Lehret sie alles halten, was ich euch aufgetragen habe"	68
	B. Nach Lukas und Johannes	68
IV.	DIE ALLGENUGSAME ZUSAGE	69
LITERATURNACHWEIS		71

Kapitel 4 Der Gemeindebegriff — 74

I.	SPRACHLICHES BABEL	75
II.	BIBLISCHE AUSSAGEN	77
	A. Gemeinde als Jüngerschaft	78
	B. Gemeinde als Behausung Gottes	79
	C. Gemeinde als Körperschaft	80
	D. Gemeinde als Braut Christi	81
III.	EVANGELIKALES VERSTÄNDNIS	81
IV.	LITERATURNACHWEIS	84

Kapitel 5 Der Missionsbegriff — 86

I.	DAS PROBLEM	87
	A. Zwielichtige Deutungen	87
	B. Theologische Spannungen	87
	C. Pluralistische Prägungen	88

II.	ALTE ERKLÄRUNGEN ZU NEUEN BEGRIFFEN	89
	A. Ist die Gemeinde Mission oder hat sie eine Mission?	89
	B. "Heil heute" - wie Heil gestern und morgen?	89
	C. Horizontale oder vertikale Erlösung?	90
	D. Wortverkündigung oder Sozialunternehmen?	91
	E. Dialog oder Konfrontation?	93
III.	KLASSISCHES MISSIONSVERSTÄNDNIS	93
	A. Bei den evangelikalen Täufern	94
	B. Im 17. Jahrhundert	95
	C. Im Pietismus	96
	D. In der Brüdergemeinde von Herrnhut	96
	E. Bei Warneck und andern Missionslehrern	97
IV.	DIE BIBLISCHE MISSIONSIDEE	99
	A. Die Mission Gottes	99
	B. Der Apostolat	100
	C. Die Fülle der Missionsidee	100
	1. Das martyrion	100
	2. Das kerygma	101
	3. Die didaché	102
	4. Die koinonia	102
	5. Die diakonia	103
V.	DIE ROLLE DER MISSIONSGESELLSCHAFT	104
LITERATURVERZEICHNIS		109

Kapitel 6 Der Evangelisationsbegriff 116

I.	DAS EVANGELISTISCHE VERSTÄNDNIS	116
	A. Was die Bibel sagt	117
	1. Evangelisation als Evangelium	117
	2. Evangelisation als Werk des Evangelisten	118
	B. Zeitgeschichtliche Interpretation	119
	1. Die Bürde der Dringlichkeit	119
	2. Negative Bewertungen	120

		3. Positive Interpretation	121
II.		EVANGELISATION UND GEMEINDE	124
	A.	Evangelisation gehört zum "Laikos" wie zum "Kleros"	124
	B.	Evangelisation ist Aufgabe der Ortsgemeinde	126
	C.	Evangelisation ist Herz und Leben der Gemeinde	127
	D.	Evangelisation bedeutet Wachstum der Gemeinde	128
III.		EVANGELISATION UND THEOLOGIE	130
IV.		EVANGELISATION UND MISSION	131
	A.	Die Träger der Botschaft	132
		1. Sie besitzen die Gabe des Heiligen Geistes	132
		2. Sie werden Empfänger geistlicher Gaben	133
		3. Sie vernehmen die göttliche Berufung	135
	B.	Beziehung zwischen Evangelisation und Mission	136

LITERATURNACHWEIS 142

Kapitel 7   Der Bekehrungsbegriff 147

I.		DAS BEKEHRUNGSVERSTÄNDNIS	148
	A.	Bekehrung ist Abkehr	148
		1. Abkehr von den nichtigen Göttern	149
		2. Abkehr von der Finsternis	149
		3. Abkehr von der Gewalt Satans	149
	B.	Bekehrung ist Zukehr	150
	C.	Biblische Erläuterung	151
II.		DER PROZESS DER BEKEHRUNG	152
	A.	Die Veranlassung: göttlich - menschlich	153
	B.	Der Vorgang: geistlich - psychologisch	154

III. DIE FOLGEN DER BEKEHRUNG 157
    A. Was den Bekehrten betrifft 157
        1. Erneuerung der Beziehungen: 157
           das Ende der Entfremdung
        2. Erneuerung des Geistes: 158
           das Ende der Entstellung
        3. Erneuerung der Gegenwartsmacht: 159
           das Ende der geistlichen
           Verwirrtheit
        4. Erneuerung der Freiheit: 159
           das Ende der Gebundenheit
        5. Erneuerung des Lebensinns: 159
           das Ende der Lebensnichtigkeit
    B. Was die Gemeinde betrifft 160
        1. Die Gemeinde muß den Neubekehrten 160
           mit Taufe und Abendmahl dienen
        2. Die Gemeinde muß den Neubekehrten 160
           in ihren Gemeinschaftskreis
           aufnehmen
        3. Die Gemeinde muß den Neubekehrten 161
           lehren und unterweisen
        4. Die Gemeinde muß den Neubekehrten 161
           aufbauen und gründen
        5. Die Gemeinde muß den Neubekehrten 162
           ermutigen und ermahnen

LITERATURNACHWEIS 164

DRITTER TEIL: ANWENDUNG UND AUSFÜHRUNG 167

Kapitel 8 Beispiele schnellen Wachstums 168

I.   BEISPIELE AUS DER GEGENWART 169
II.   BEISPIELE AUS DER GESCHICHTE 170
    A. Historische Kirchen 172
        1. Die Kirche Hawaiis 172
        2. Die Batakkirche auf Sumatra 172
        3. Die Kirche unter den 173
           Karenen Burmas

		B. Beachtenswerte Prinzipien	173
		1. Das Prinzip der Bodenbeständigkeit	173
		2. Das Prinzip der Strategie	175
		3. Das Prinzip der Volksreligion	175
		4. Das Prinzip der christlichen Lehre	177
		5. Das Prinzip der Akkommodation	177
		6. Das Prinzip des evangelistisch-missionarischen Bewußtseins	179
III.	DAS BEISPIEL DER URGEMEINDE		180
	A. Einmütigkeit unter den Gliedern		180
	B. Verankerung im Worte Gottes		181
		1. Bei der Apostelwahl	182
		2. Bei dem Pfingstgeschehen	182
		3. Bei der Gemeinschaftspflege	183
		4. Bei Verantwortung vor Volk und Rat	183
		5. Bei andern Angelegenheiten	183
	C. Geläuterte Motivation		184
		1. Aufrichtige Dankbarkeit	185
		2. Bleibende Freude am Herrn	186
		3. Reine Liebe aus Gott	188
		4. Bewährte Treue	189
	D. Konkrete Zielsetzung		189
	E. Die Großmacht des Gebets		192
	F. Die Kraft des Heiligen Geistes		195

LITERATURNACHWEIS   198

Kapitel 9 Besinnung zur Zustandsdiagnose der Gemeinde   201

I.	MANGELHAFTE VORBEREITUNG ZUR ZUSTANDSDIAGNOSE		202
II.	DAS BILD VOM MENSCHLICHEN KÖRPER		203
III.	STREBSAMKEIT IN DER GESCHICHTE		205
IV.	DIE GEMEINDE VOR DEM GROSSEN ARZT		207
	A. "Uns zur Warnung"		207
	B. Entdeckte Idealmerkmale (Offb. 2-3)		208
		1. "Liebe" 2,1-7	208
		2. "Leiden" 2,8-11	208

		3. "Wahrheit" 2,12-17	209
		4. "Heiligkeit" 2,18-29	209
		5. "Echtheit" 3,1-6	210
		6. "Bereitschaft" 3,7-13	210
		7. "Ganzheit" 3,14-22	211
	C.	Buße als Weg zur Heilung	212
V.	BEWERTUNGSINSTRUMENTE		214
	A. Zahlen und Statistik		214
		1. Die Sprache der Zahlen	214
		2. Statistik weist Fortschritt und Rückgang auf	215
	B. Prüfungen zur Gemeindebewertung		217
		Test 1: Pulsschlag der Gemeinde nach der Schrift	220
		Test 2: Bewertung des Gemeindeprogramms	223
		Test 3: Missionarisch-evangelistischer Einsatz der Gemeinde	225
		Test 4: Persönliche Beziehung zu Christus und seiner Gemeinde	227

LITERATURNACHWEIS   230

Kapitel 10   Schritte zur Wachstumsbewertung   232

I.	MAN DEFINIERE GEMEINDEMITGLIEDSCHAFT	232
II.	MAN ERSTELLE EINE MITGLIEDSSTATISTIK	234
III.	MAN PRAKTIZIERE DAS ZEICHNEN VON TABELLEN	239
IV.	MAN KALKULIERE DIE WACHSTUMSRATE	239
V.	MAN BERECHNE DEN BIOLOGISCHEN ZUWACHS	242
VI.	MAN VERGLEICHE ZUWACHS UND ABNAHME	244
	A. Gemeindezuwachs	244
	B. Gemeindeabnahme	247
VII.	MAN ANALYSIERE DEN WACHSTUMSTREND	248
VIII.	MAN SETZE SICH KONKRETE ZIELE	250

LITERATURNACHWEIS 254

Kapitel 11 Hemmungen und Förderungen 256

I. HEMMENDE FAKTOREN 256
   A. Hemmnisse persönlicher Art 258
      1. Der Trieb zur Popularität 258
      2. Bindende Sentimentalität 260
      3. Verschiebung der Priorität 260
   B. Hemmnisse ideologischer Art 261
      1. Überlebte Missionsvorstellungen 261
      2. Humanistische Zeitrechnung 262
      3. Gleichgültigkeit über die Verlorenheit der Menschen 263
      4. Eine falsche Minoritätsüberzeugung 264
      5. Quantitativer Qualitätsstreit 265
      6. Zeitbegrenzung des Missionsbefehls 266
   C. Hemmnisse institutioneller Art 266
      1. Missionarische "Gaststätten" 267
      2. Schule und Erziehung 268
      3. Hospitäler und Krankenpflege 269

II. FÖRDERNDE FAKTOREN 270
    A. Festes Gottvertrauen 271
    B. Bereitschaft zum Neuanfang 273
    C. Identifikation mit dem Missionsschicksal 274
    D. Sachlichkeit beim Zustandsurteil 275
    E. Ein Blick für Wachstumsmöglichkeiten 276
    F. Verantwortungsvolle Zusammenarbeit 277
    G. Gemeinsame Bibelstunden 278
    H. "Soli Deo Gloria" 279

LITERATURNACHWEIS 281

SCHAUBILDER

I.	Das Verständnis von Gott, Mensch und Kultur im Blickfeld des Theologen, Anthropologen und Ethnotheologen	30
II.	Beziehung zwischen Gemeinde und Missionsgesellschaft	108
III.	Wachsende Gemeinden im Amerika von heute	171
IV.	"Ich will bauen meine Gemeinde"	193
V.	Ein Trend in den USA	218
VI.	Überblick der Mitgliederbewegung	236
VII.	Detailliertes Bild quantitativen Wachstums	238
VIII.	Säulenzeichnung von Zunahme und Abnahme	240
IX.	Schritte zur Tabellenzeichnung	241
X.	Wachstumsrate der Gemeinde am Orobach	243
XI.	Biologischer Zuwachs der Gemeinde im Pratotal	245
XII.	Vergleich von Wachstum und Abnahme	249
XIII.	Muttergemeinde und Tochtergemeinde	251

ERSTER TEIL

DIE GEMEINDEWACHSTUMSBEWEGUNG

Es liegt im Willen Gottes, daß die Gemeinde der Gläubigen wächst. Daher ist und bleibt die Proklamation des seligmachenden Evangeliums vom gekreuzigten und auferstandenen Christus, sowie die Eingliederung aller zum Glauben Gekommenen in die Gemeinde ihr primärer, unersetzbarer Auftrag. Die Erfüllung dieses Auftrags liegt nicht nur darin, daß sich große Scharen von Menschen zu Christus bekehren, sondern auch darin, daß große Zahlen von neuen Ortsgemeinden gegründet und gebaut werden, die sich wiederum in demütigem Gehorsam unter den Befehl des Herrn stellen: "Gehet hin und machet zu Jüngern alle Völker, indem ihr sie taufet auf den Namen des Vaters und des Sohnes und des Heiligen Geistes und sie halten lehret alles, was ich euch befohlen habe"(Matth.28,19-20 nach Schlachter). In diesem Jesuswort liegt das quantitative sowie das qualitative Wachstum der Gemeinde begründet.

Kapitel 1

Ein missiologisches Konzept im Aufbruch

*"Wo die Gemeinde nicht wächst,
da steht sie nicht im Willen Gottes."*
Arthur F. Glasser

Der zitierte Satz bildet gleichsam den Kern der gesamten Missionswissenschaft, die sich heute weltweit als Gemeindewachstumsbewegung darstellt. Durch ihre gründlichen Missionsforschungen und die daraus entstehenden wissenschaftlich belegten Veröffentlichungen, an denen sich führende Personen aus jungen Gemeinden in vielen Ländern und Sprachen beteiligen, ist die Bewegung als eine legitime missionswissenschaftliche Schule bekannt geworden. Sie sieht hinter dem Missionsbefehl den bevollmächtigten Herrn der Mission, dem es bei der Sendung der Missionare um die Bekehrung der Menschen zu Gott, um Gemeindepflanzung, -bau und -expansion zu tun ist. Die Gemeindewachstumsbewegung ist sich der Sendung der Gemeinde durch Christus tief bewußt. Sie stellt sich unter das Autoritätswort der Bibel, anerkennt Christus als den alleinigen Erlöser und Herrn, betont Gehorsam gegen ihn und freut sich, selbst seine Dienerin an dem Menschen in der Welt zu sein.

I. ZUM KONZEPT

Gemeindewachstum heißt einfach: Verkündigung zur Bekehrung zu Gott, Integration der Neubekehrten in die Glaubensgemeinschaft und Verdoppelung der Glaubensgemeinden. Das relativ junge Konzept "Gemeindewachstum" (engl. Church Growth) läßt sich in der heutigen Missionswissenschaft ebensowenig von den

dahinterstehenden Namen wie Donald A. McGavran(1)
und Alan R. Tippett(2) lösen, wie etwa die ältere
Begriffsprägung des dreifachen "self" in der Selbständigkeitsbewegung nicht ohne Henry Venn (1795 -
1873) und Rufus Anderson (1796 - 1880) denkbar ist.
Man hat McGavran gleichsam den Apostel des neuen
Begriffs und der im englischen Sprachraum damit
verbundenen Missionswissenschaft genannt, wiewohl
Tippett zur gleichen Zeit ähnliches konzeptierte
und zur Klärung der gesamten auf Gemeindewachstum
ausgerichteten Missionsstrategie in biblischer
Sicht viel beigetragen hat.

McGavran spricht von Gemeindewachstum als "Sache
enormen Wertes", die nie als missionarische Selbstverherrlichung angesehen werden darf, sondern nur
als Treue und Gehorsam gegen Gott. Gott will, daß
Menschen gerettet werden. Er gebietet, die Völker
der Erde zum Glauben und Gehorsam zu führen. Paulus
sagt in Römer 16,25f. aus, daß das Evangelium zu
diesem Zwecke offenbart ist. Jedoch wird es Millionen von Menschen, für die es sonst keine Möglichkeit gibt, den Erlöser und Herrn Jesus Christus
zu erkennen, nur dann möglich, zum Glauben und Gehorsam zu gelangen, wenn Lokalgemeinden sich unter
ihnen rapide multiplizieren und als Evangeliums-
träger die Unbekehrten mit der Heilsbotschaft konfrontieren.(3)

Auf der Iberville-Tagung in Kanada (31.7.-2.8.1963),
die von der Abteilung für missionarische Studien
des Weltkirchenrates einberufen wurde, finden wir
in der längeren Erklärung für Gemeindewachstum folgende Aussage:

> "Die Gemeinde Jesu Christi ist von ihrem Herrn
> beauftragt worden, Männern und Frauen in jeder
> menschlichen Situation das Evangelium zu ver-
> künden. Ihr Auftrag besteht darin, daß sie
> alle Völker zu seinen Jüngern macht. In ihrem

inneren Leben opfert die Gemeinde sich täglich ihrem Gott, nach außen hin lebt sie in der Welt für diejenigen, die das Evangelium noch nicht angenommen haben. Es liegt in ihrem Wesen, eine nach außen gerichtete Zeugnisgemeinschaft zu sein: 'Was wir gesehen und gehört haben, das verkündigen wir euch, auf daß auch ihr mit uns Gemeinschaft habt' (1.Joh. 1,3). Die Gemeinde muß darum dauernd bemüht sein, quantitativ, sowie auch qualitativ, in der Gnade und Erkenntnis ihres Herrn und Heilands zu wachsen. Das aber nicht aus selbstsüchtigen Gründen, sondern auf Gottes Wunsch hin, daß alle Menschen gerettet werden. Ein Auftrag dieser Art erfordert nicht nur ganzen Einsatz aller der Gemeinde zur Verfügung stehenden Mittel, sondern auch die praktische Anerkennung der Einheit des Volkes Gottes und ihrer Aufgabe, sowie eine rückhaltlose Abhängigkeit vom Heiligen Geist und rückhaltloser Gehorsam gegen ihn. Es bedarf einer beständigen, selbstlosen Aufopferung für die Welt, für die Christus starb."(4)

Der weitbekannte Sir Kenneth Grubb, der seit dem 2. Weltkrieg an der Spitze des Survey Application Trust gestanden und zusammen mit Wakelin Coxill je nach fünfjährigen Intervallen das World Christian Handbook veröffentlicht hat,(5) interpretiert McGavrans These in wenigen Worten etwa so: "Der Akzent fällt auf die geistliche Bewegung eines Stammes oder Volkes im Gegensatz zur traditionellen Strategie, die in der Missionsstation verankert war."(6) Die bodenständige Gemeinde wird in ihrem Kulturraum ernst genommen, und zwar nicht als stationäres oder institutionelles Missionszentrum, sondern als dynamische Lebenskraft des Heiligen Geistes, der in ganzen Familien, Stämmen und homogenen Volksgruppen zur Buße und Bekehrung führt und auf dem Gebiete der christlichen Pflege ungebunden wirksam bleibt. So hat es auch etwa der verstorbene Hendrik Krämer erkannt, wenn er in der Einführung zu einem Buch McGavrans schreibt, daß diese missiologische Neuerung in der allgemein überholungsbedürftigen Missionsstrategie von großem Nutzen sein wird. "Obwohl diese neue Annäherungsweise manche neue Probleme auslösen wird", schreibt Krämer, "so bleibt sie doch eine vielgewünschte, spontanere und geläufigere Art von Missionsbetreibung als die bisherige."(7) Das Endziel darf aber nicht in der Bekehrung einzelner gesucht werden, sondern in der Eingliederung der Neubekehrten in die Gemeinde, die dann wiederum evangelistisch und missionarisch tätig werden.

II. ZUR McGAVRANSCHEN THESE

Das Missionskonzept McGavrans darf nicht als abgeschlossen und fertig angesehen werden. Es ist, wie er und seine Kollegen gerne zugeben, ein werdendes. Als solches erfährt es durch ständige Forschung Erweiterung und Vervollkommnung. Zusammenfassend lassen sich aber aus seinem enorem Schriftgut drei wesentliche Thesen herausschälen, die ich als Schlüssel zum Verständnis der Gemeindewachstumsbewegung kennzeichnen möchte.(8)

A. DIE ERSTE THESE: DIE GEMEINDE WÄCHST AM SCHNELLSTEN, WENN SICH GANZE VÖLKERSTÄMME ODER ETHNISCHE UND HOMOGENE VOLKSGRUPPEN ZU CHRISTUS BEKEHREN

In vielen nichtwestlichen Völkern werden die wichtigsten Entscheidungen nicht von einzelnen getroffen, sondern von der Sippe oder dem geschlossenen Volksstamm. In seinem Buch

The _Bridges_ _of_ _God_ weist McGavran nach, daß seine aus der Missionserfahrung erwachsene These fest in der Geschichte wurzelt. Er behauptet, daß die Zeit gekommen sei, alle in der Missionsstation verankerten Missionsunternehmen als unwichtig (wenn nicht gar als überlebt) anzusehen und den weiteren Missionseinsatz auf die Massenbewegung zu Christus hin zu konzentrieren, solange diese 50% pro Jahrzent zum Gemeindewachstum beitragen.

B. DIE ZWEITE THESE: DIE BESTEN ERNTEN WERDEN VON REIFEN ERNTEFELDERN EINGEBRACHT

Auf dieser These steht die McGavransche "Erntetheologie". Gemeint ist, daß es gewisse Gegenden gibt, in welchen die Völker durch vielerlei Um- und Zustände vorbereitet worden sind, das Evangelium anzunehmen, während man in andern Gegenden der Heilsbotschaft gegenüber eine ablehnende Haltung einnimmt. Es ist nun die Aufgabe der sendenden Gemeinde sowie des gesandten Botschafters an Christi Statt, die Situation zu überprüfen und dahin zu gehen, wo man für die Botschaft empfänglich ist. Es kommt also auf die Rezeptivität oder Empfänglichkeit an.

C. DIE DRITTE THESE: DER "CHRISTIANISIERUNGS-PROZESS" DER UNBEKEHRTEN GESCHIEHT DURCH DAS JÜNGERMACHEN UND DAS HALTENLEHREN

Wo sich Menschen entscheiden, Jesus Christus nachzufolgen, da muß diese Entscheidung durch gründliche Lehre in der Nachfolge vertieft werden, damit die jungen Christen nicht nur zur Gemeinde hinzugeführt, sondern selber aktive Mitglieder in derselben werden.

Um diese Thesen hat die Gemeindewachstumsbewegung einen in der Missionswissenschaft bisher unbekannten Wortschatz aufgebaut, der sich zwar stark an das klassische Missionsverständnis lehnt, aber darüber hinaus Neuerungen getroffen hat, um dem ihr entsprechenden Gedankengut Ausdruck zu verleihen, wie in Kapitel 2 gezeigt werden soll. Unter anderem spricht man z.B. von den in der westlichen Welt verankerten Kirchen als von "eurikanischen"Kirchen. Das sind die Kirchen in Europa und Amerika (daher Eu + rika oder Eurika). Die "Latafrikasischen" Kirchen (nach McGavran "Africasia") sind die Kirchen der Dritten Welt, wie Lateinamerika, Afrika und Asien. Der Begriff "die Vierte Welt" hat weder geographische noch politische, sondern rein religiöse Bedeutung, indem er alle unbekehrten Menschen aller Kontinente umfaßt.

Leider ist dieser Wortschatz selbst in der englischen Missionsliteratur erst im Werden und seine übertragenen Formen klingen im Deutschen recht fremd. Darum ist auch mein Unternehmen, über Gemeindewachstum zu schreiben, im besten Falle ein schwaches "Pionierstück", das ich zwar zögernd übernommen habe, aber trotzdem freudig dem Herrn und den deutschen Missionsfreunden übergebe.

Ohne weitere Nachweise muß die Voraussetzung hier angenommen werden, daß Männer wie Gustav Warneck (1834-1910), Vater der protestantischen Missionswissenschaft,(9) Bruno Gutmann (1876-1966), Missionsanthropologe und langjähriger Missionar unter der Dschaggas in Tansanien,(10) Christian Keysser (1877-1961), Baumeister der Papuagemeinden in Neuguinea,(11) John Clough (1836-1910), Förderer der Massenbewegungen zu Christus in Indien,(12) manche Grundsteine gelegt haben, auf denen McGavran und seine Schüler die Gemeindewachstumsbewegung als sichtbare Schule errichtet und zu einem internationalen Missionskonzept entwickelt haben.

III. ZUR GESCHICHTE

Die Gemeindewachstumsbewegung hat bis dahin eine
noch unbeschriebene Geschichte. Eine historische
Untersuchung wird erst jetzt von Herbert Works,
z. Z. Missionsforscher an der School of World Mission in Pasadena, als Dissertation unternommen.
Bis dieses Werk veröffentlicht wird, sind wir für
die hier knappe Ausführung auf einige spärliche
Daten angewiesen, die wir hie und da im amerikanischen missionstheologischen Literaturgut vorfinden.

A. DAS INSTITUT FÜR GEMEINDEWACHSTUM IN EUGENE

Nachdem McGavran etwa dreißig Jahre als Missionspädagoge und -verwalter in Indien, seinem Geburtsland, tätig gewesen war, berief ihn seine Behörde
im Jahr 1954, in Asien, Afrika, Amerika und auf
den Pazifischen Inseln intensive Missionsforschungen
durchzuführen. Die Forschungsreisen führten ihn
nicht nur durch Missionsgebiete der genannten Kontinente, sondern auch zu vielen Missionsanstalten,
theologischen Seminaren und akademischen Hochschulen. Eine dieser Schulen war Northwest Christian
College in der Stadt Eugene im Bundesstaat Oregon.
Im Jahre 1960 bat ihn die Leitung dieses Colleges,
das Institute of Church Growth ins Leben zu rufen.

Unter Dr. McGavrans Leitung und Dr. Tippetts Mitarbeit begann dieses einzigartige Institut im folgenden Jahr seinen wesentlichen Dienst, dessen Einfluß sich sehr bald im Missionsdenken vieler Länder
bemerkbar machte.

Während der Jahre am Northwest Christian College
(1960-1965) hat sich das Institut in mancher Hinsicht verdient gemacht. Erstens diente das genannte
College als Forschungslaboratorium, in dem das

Institut für Gemeindewachstum sich eine Terminologie, Methodik und Zielsetzung erarbeiten und entwickeln konnte.

Zweitens stellte das College einigen Missionsforschern entsprechende Mittel zur Verfügung, wodurch es ihnen möglich wurde, ihre wissenschaftlichen Forschungen über Gemeindewachstum in Peru, Mexiko, Korea, Jamaika und Brasilien zu veröffentlichen. (13) Als besonders wertvoll gelten heute noch Roy Shearers Werk über Gemeindewachstum der Presbyterianermission in Korea und William Reads ausgezeichnete Arbeit über Neuerungen im Gemeindebau von Brasilien. McGavran selbst beruft sich in seinen eigenen Büchern wiederholte Male auf die genannten Forscher, die sein Denken oft bestätigen, befruchten, ergänzen und erweitern.(14) Es geht McGavran und seinen Kollegen nach wie vor darum, daß Referate, Vorlesungen und wissenschaftlich durchgeführte Forschungen über das Gründen, Bauen und Wachsen der Gemeinde veröffentlicht und verbreitet werden.

Drittens war diese Zeit, nach den Aussagen von Dr. Tippett, eine Periode gegenseitiger Befruchtung. Obwohl er McGavran als den "Propheten dieser Zeit" kennzeichnet, weist er ganz richtig darauf hin, daß die Denkweise über Gemeindewachstum aus gemeinsamer Arbeit und Missionsforschung entstanden ist. Innerhalb von zwei Jahren sammelte Tippett gleichsam eine Fundgrube von Material an, das heute fünf dicke, aber unveröffentlichte Bände ausfüllt. Sein unter dem Titel People Movements in Southern Polynesia: A Study in Church Growth 1971 erschienenes Buch enthält aus den vorhandenen Quellen wertvolle Auszüge, die von tiefen anthropologischen und religionswissenschaftlichen Kenntnissen zeugen.

Ein vierter Verdienst dieser Zeit sind die Beiträge durch Gastreferenten, die zu besonderen Vorlesungen über Gemeindewachstum an das Institut gerufen wurden. Die Vorträge dieser Missiologen erschienen später in Buchform und sind Tausenden zum großen Segen geworden.(15) Es waren dies der indische Bischof J.Waskom Pickett, der berühmte Sprachwissenschaftler und ehemalige Sekretär der Amerikanischen Bibelgesellschaft, Eugene A.Nida, der Professor für Missionswissenschaft am Southwestern Baptist Theological Seminary, Robert Calvin Guy, und der Missionsdirektor Melvin Hodges aus Lateinamerika.

Endlich sei als wichtigster Verdienst der Beitrag genannt, den McGavran, Tippett und Pickett auf der 1963 vom Ökumenischen Rat der Kirchen (ÖRK) einberufenen Iberville-Tagung machten.(16) Diese drei Experten wurden vom Rat eingeladen, ihr damals noch recht unbekanntes missionstheologisches Konzept vorzustellen. Das damals veröffentlichte Dokument besteht aus einer Erklärung mit zwölf Punkten und bestätigt das Denken der Bahnbrecher und Pioniere der Gemeindewachstumsbewegung.(17)

B. DIE SCHULE FÜR WELTMISSION UND GEMEINDEWACHSTUM IN PASADENA

Das Institut in Eugene hatte sich im Laufe weniger Jahre als leistungsfähiges Forschungszentrum erwiesen, in welchem erfahrene Missionare aus vielen Teilen der Erde ihre auf den Missionsfeldern gesammelten Daten wissenschaftlich niederlegen und erläutern konnten. Dabei spielte nicht nur theologische und religionswissenschaftliche Kenntnis eine wichtige Rolle, sondern auch die bis dahin für die Mission weniger anerkannten anthropologischen und soziologischen Faktoren. Auch statistische Darstellungen wurden sorgfältig berücksichtigt.

Um diese Zeit wollte das Fuller Theological Semi-

nary in Pasadena, Bundesstaat Kalifornien, seine
Abteilung für Missionswissenschaft erweitern. Zu
diesem Zweck ließ es einen Ruf an McGavran und
Tippett ergehen. Die Folge war, daß man im September 1965 das Institut für Gemeindewachstum von
Eugene nach Pasadena verpflanzte und dazu noch eine
akademische Hochschule für Missionswissenschaft
einrichtete.

Die Errungenschaften der letzten acht Jahre sind
erstaunlich. Die Zahl vollzeitlich tätiger Professoren ist von zwei auf sechs gestiegen, hinzu kommen weitere Gelehrte, die teilzeitlich Vorlesungen
auf Spezialgebieten halten. Die Zahl der Studenten und Missionsforscher ist auf jährlich achtzig
bis hundert angewachsen und besteht meist aus solchen, die in der Dritten Welt führende Stellungen
in Mission, Gemeindebau und Erziehung innehaben
und sich hier entweder auf die Magister- oder auf
die Doktorprüfung vorbereiten. Die Daten, die aus
den verschiedensten Missions- und Gemeindesituationen aus aller Welt zusammengetragen und interpretiert werden, bilden ein geradezu unüberschätzbares Quellengut für Gemeindebau und Missionswissenschaft, das zur Lösung bestehender Probleme und
zur Beschleunigung der Ausführung des Missionsbefehls unseres Herrn Jesus Christus unsagbar viel
beiträgt. Außerdem werden von dieser Schule aus
in vielen Ländern und Sprachen Missionarskurse und
Seminare zur Förderung des Verständnisses für Gemeindewachstum und Missionswissenschaft veranstaltet.

LITERATURNACHWEIS

*(1) Donald A. McGavrans wichtige Schriften sind:
The Bridges of God, London 1955 und New York 1968;
How Churches Grow, London 1959; Church Growth and
Christian Mission, New York 1965; Understanding
Church Growth, Grand Rapids (Michigan) 1970; Eye of
the Storm: The Great Debate in Mission, Waco (Texas)
1972. Dr. McGavran ist der Gründer der "School of
World Mission and Institute of Church Growth" am
Fuller Theological Seminary in Pasadena. Er schreibt
aus vieljähriger missionarischer Erfahrung in Asien
und Amerika.*

*(2) Alan R. Tippett ist Anthropologe und hat einen
Lehrstuhl an derselben Schule wie McGavran. Dr.
Tippett war viele Jahre auf den Fidschi-Inseln als
Missionar tätig. Seine Werke sind ebenfalls aus Erfahrung sowie aus anthropologischen und theologischen Kenntnissen entstanden. Zu empfehlen sind:
Solomon Islands Christianity, New York 1967; Verdict
Theology and Missionary Theory, Lincoln (Illinois)
1969; Church Growth and the Word of God, Grand
Rapids (Michigan) 1970; People Movements in Southern
Polynesia: A Study in Church Growth, Chicago 1971.*

(3) McGavran, Eye of the Storm, S. 177.

*(4) McGavran, Church Growth and Christian Mission,
S. 247.*

*(5) Church Growth Bulletin, Vols. I-V (1964-1969),
S. 279.*

(6) Im Vorwort zu McGavrans, Bridges of God, S. VI.

(7) In der Einleitung zu How Churches Grow, S. VII.

*(8) McGavran, Bridges, S. 109. Vgl. auch die von den
Mennoniten verfaßte kritische Schrift: The Challenge
of Church Growth, hg. von Wilbert R. Shenk, Elkhart
(Indiana) 1973. Dieses Werk versucht, eine kritische
aber sachliche Untersuchung der Gemeindewachstumsbewegung zu sein.*

(9) Gustav Warneck, Evangelische Missionslehre. Ein missionstheoretischer Versuch. 5 Bde., zweite Auflage, Gotha 1897-1903. Besonders zu empfehlen ist auf diesem Gebiet Bd. III, erste Hälfte.

(10) Bruno Gutmanns wertvollste Werke sind: Gemeindeaufbau aus dem Evangelium, Leipzig 1925; Das Recht der Dschagga, München 1926.

(11) Christian Keyssers Hauptwerk, auf das McGavran sich beruft, ist: Eine Papuagemeinde, Kassel 1929.

(12) Im Jahre 1878 taufte John E. Clough mit Gehilfen 2.222 bekehrte Telugus an einem Tag. Die Massenbewegung hielt weiter an, sodaß 1883 die Gemeinde 21.000 Glieder zählte. Vgl. Clough, Social Christianity in India, New York 1914.

(13) Im Luknow Publishing House in Indien erschienen: J. Waskom Pickett, A.L. Warnhuis, G.H. Singh und Donald A. McGavran, Church Growth and Group Conversion, 1956; Keith Hamilton und Donald A. McGavran, Church Growth in the High Andes, 1962; Donald A. McGavran, Church Growth in Jamaica, 1962. Ferner erschien in der Wm.B. Eerdmans Publishing Company in Grand Rapids (Michigan): Donald A. McGavran, John Huegel und Jack Taylor, Church Growth in Mexico, 1963; William R. Read, New Patterns of Church Growth in Brazil, 1964; Roy E. Shearer, Wildfire: Church Growth in Korea, 1966.

(14) McGavran, Understanding Church Growth, S. 86-87, 116-118, 119, 152, 170.

(15) J.W. Pickett, Dynamics of Church Growth, Nashville 1962; McGavran, Church Growth and Christian Mission, New York 1965.

(16) So Alan R. Tippett (g.), God, Man and Church Growth, Festschrift zu McGavrans 75. Geburtstag, Grand Rapids (Michigan) 1973, S. 33-34.

(17) "Iberville Statement on the Growth of the Church", in: McGavran, Church Growth and Christian Mission, S. 247-252.

KAPITEL 2

GEDANKENGUT

"Beten, Dienen, Denken.
Das ist des Christen dreifacher Beruf."
Elton Trueblood

Das Gedankengut der Gemeindewachstumsbewegung beruft sich auf das klassische Missionsverständnis, wie es sich in der Geschichte manifestiert und wie man es von Evangelikalen zeitgeschichtlich interpretiert.

McGavran und seine Schüler bilden gleichsam eine Schule der Interpretation, für die jegliches Missionsunternehmen vom Wachsen der Gemeinde Jesu Christi her verstanden wird und wieder auf ihr Wachsen hinzielt. Über das Pro und Kontra dieses Verständnisses ist in den letzten Jahren viel geschrieben worden.(1) In diesem Abschnitt geht es nicht um die Debatte, sondern um das Gedankengut der Schule. Es soll im Lichte des dort vertretenen Missionsverständnisses und der zeitgeschichtlichen Missionswissenschaft dargestellt werden. Wir versuchen dies unter zwölf Gesichtspunkten.

I. VON DEM SUPRAKULTURELLEN GOTT

Der Mensch ist an die ihn umgebende und von der ihm geläufigen Kultur sprachlich und volksbräuchlich gebunden. Seine Vorstellung von Gott wird von dem Kulturmilieu bestimmt, wie wir noch sehen werden. Gott aber, wie ihn die Bibel uns offenbart, steht <u>über</u> und <u>außer</u> jedem Kulturbereich, d.h. er ist an keine Kultur gebunden. Weder sein <u>Handeln</u> wird von ihr begrenzt, noch sein <u>Sein</u> von ihr bestimmt. Wir bedienen uns deshalb des von gläubigen amerikanischen Anthropologen neugeprägten Ausdrucks, indem wir von ihm als dem "suprakulturellen" Gott reden.(2)

Er ist Gott der Urquell, Schöpfer, Erhalter und Regierer alles Seins, er ist der Gott Abrahams, Isaaks und Jakobs sowie der Vater unseres Herrn Jesu Christi, es ist schlechthin der Gott der Geschichte, insbesondere aber der Offenbarungs- und Heilsgeschichte. Und gerade weil er das ist, ist er auch der Urheber des Heils in Jesus Christus, seinem Sohn. In ihm hat er sich uns Menschen offenbart. In Christus ist Gott zu uns gekommen aus der ewigen Ungeschichtlichkeit in die Geschichte. In Christus hat Gott den vom Menschen aus unüberbrückbaren Abstand überbrückt. Durch Christus hat sich Gott aus der suprakulturellen Über- und Außerräumlichkeit an den kultur- und raumgebundenen Menschen gewandt. In der Menschwerdung Christi hat sich Gott zum Menschen geneigt, ihn zu erlösen. Nicht um ihn zu erlösen von der Kulturgebundenheit, sondern von der Sünde innerhalb des Kulturraums.

In ihrer Erlösungsinterpretation geht die Gemeindewachstumsbewegung von einer theozentrischen (nicht homozentrischen) Theologie aus. Sie erkennt und bekennt unzweideutig, daß die Erlösungsmacht in Gott liegt und daß auch er die Erlösungsinitiative ergreift. Das erinnert an die Worte Karl Geroks, in welchen der Dichter den Herrn reden läßt: "Ich trug um dich so heiß' Verlangen, ich bin so lang' dich suchen gangen. Ich klopfe an! Ich klopfe an!"(3)
Auch der Evangelist betont mit Nachdruck: "Also hat Gott die Welt geliebt, daß er seinen eingeborenen Sohn gab, auf daß alle, die an ihn glauben, nicht verloren werden, sondern das ewige Leben haben" (Joh.3,16 nach Luther).

Den Vorgang, in dem der Herr aus der suprakulturellen Gottheit in die innerkulturelle Menschheit stieg, hat der ehemalige Wiedenester Bibellehrer, Erich Sauer, in unübertroffenen Worten ausgedrückt:

> "Gewaltige Bewegungen in der oberen Welt müssen dem Erscheinen des Gottessohnes auf Erden vorangegangen sein. Nur wenig lüftet die Schrift den Schleier. Doch teilt sie uns, gleichsam aus einem innergöttlichen Zwiegespräch, ein Wort mit, das der Sohn gerade'bei seinem Eintritt in die Welt'zum Vater sprach: 'Schlachtopfer und Speisopfer hast du nicht gewollt, wohl aber hast du mir einen Leib bereitet, an Brandopfern und Sündopfern hast du kein Wohlgefallen gefunden. Da sprach ich: Siehe, ich komme, in der Rolle des Buches ist von mir geschrieben, daß ich tue, o Gott, deinen Willen'(Hebr.10,5-7).

> Und dann geschah das Unbegreifliche. Der Sohn verließ des Himmels Pracht und ward ein Mensch wie wir. Aus der Ewigkeitsform göttlicher Überweltlichkeit begab er sich freiwillig in das Verhältnis menschlicher Innerweltlichkeit. Aus der freien Unbedingtheit und weltregierenden Absolutheit der göttlichen Gestalt trat er ein in die raumzeitliche Begrenztheit der Kreatur. Das ewige 'Wort' ward menschliche Seele und entäußerte sich seiner weltumspannenden Herrschergewalt.... Er stieg hinab 'in die niederen Gegenden der Erde' (Eph.4,9), um uns, die Erlösten, dann mit sich und in sich emporzuheben in die Höhen des Himmels. Gott wurde Mensch, auf daß die Menschen göttlich würden. 'Er ward arm um unsertwillen, auf daß wir durch seine Armut reich würden' (2.Kor. 8,9)."(4)

Dieses Wunder versuchen wir weder zu erklären, noch zu begreifen. Wir glauben nur und bekennen demütig mit Christian Gellert (1715 - 1769):

> "Wenn ich dies Wunder fassen will,
> so steht mein Geist vor Ehrfurcht still.
> Er betet an und er ermißt,
> daß Gottes Lieb' unendlich ist."(5)

II. VON DEM KULTURGEBUNDENEN MENSCHEN

Der Theologe hat die Tendenz, den Menschen durch seine theologisch ausgerichtete Lupe zu sehen und dabei die Kulturwelt, die das Denken und Handeln des Menschen bestimmt, zu übersehen. Der säkular ausgerichtete Anthropologe urteilt aus der entgegengesetzten Richtung und sieht darum den Menschen nur in seinem sozialwirtschaftlichen Kulturmilieu und ignoriert den Schöpfer und dessen Beziehung zu seinem ebenbildlichen Geschöpf auf Erden. Der evangelikale Ethnotheologe akzeptiert weder die Ansicht des Theologen, noch die des Anthropologen in ihrer Abgegrenztheit. Er kombiniert beide und bildet ein drittes Annäherungsverfahren, das in der Gemeindewachstumsbewegung als das "ethnotheologische (d.h. anthropologische und theologische) Denken" bekannt ist. Er sieht die Disziplinen der Theologie und Anthropologie in ihrer gleichwertigen Beziehung und beurteilt von diesem Standpunkt beide, Gott und Mensch in ihrer Beziehung zueinander und zur Kultur.

Das für die Mission wichtige ethnotheologische Verständnis von Gott, Mensch und Kultur läßt sich am besten an Hand eines Schaubilds darstellen.(6)

Durch den Sündenfall wurde der Mensch erlösungsbedürftig, ist seither in seinem Kulturmilieu erlösungswürdig geblieben, aber nie in sich selbst erlösungsfähig geworden. Das Heil zu seiner Errettung liegt weder in ihm selber, noch im humani-

I. SCHAUBILD

DAS VERSTÄNDNIS VON GOTT, MENSCH UND KULTUR IM BLICKFELD
DES THEOLOGEN, ANTHROPOLOGEN UND ETHNOTHEOLOGEN

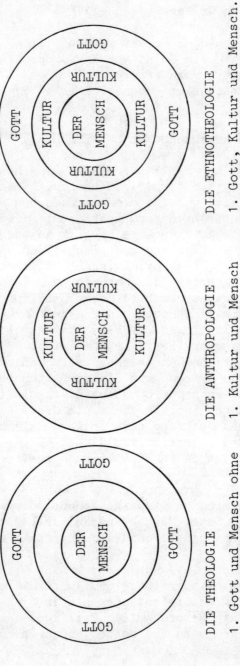

DIE THEOLOGIE

1. Gott und Mensch ohne Berücksichtigung der Kultur

2. Gott schuf den Menschen nach seinen Ebenbild

DIE ANTHROPOLOGIE

1. Kultur und Mensch ohne Berücksichtigung Gottes

2. Der Mensch schafft sich seinen Gott je nach seiner vom Kulturvorstellung

DIE ETHNOTHEOLOGIE

1. Gott, Kultur und Mensch. Alle drei sind wichtig

2. Gott schuf den Menschen ihm zum Bilde. Die Gottesvorstellung wird vom Kul-

3. Gott offenbart sich dem Menschen

4. Die Absolutheit des Christentums wird betont. Es besteht die Tendenz, es im Lichte westlicher Weltanschauung zu definieren

5. Die westliche Kultur ist "christlicher" und daher andern Kulturen überlegen

6. Der Mensch ist sündhaft und bedarf der Erlösung

milieu her empfundenen Vorstellung

3. Der Mensch glaubt aus der übernatürlichen Welt Kommunikation zu vernehmen

4. Das Christentum ist relativ und stellt nur eine religiöse Ausdrucksform der gesamten Religions- und Kulturwelt dar

5. Alle Kulturen sind gleichwertig in ihrer Fähigkeit, dem Menschen in seinen Problemen zu helfen

6. Des Menschen Welt ist die Kultur und er ist ein Produkt derselben. Beide sind an sich gut

turmilieu und von der Sünde beeinträchtigt

3. Gott offenbart sich dem Menschen je nach dem Grade, wie dieser es in seinem Kulturmilieu fassen kann

4. Das suprakulturelle Christentum ist absolut. Dieses darf nicht mit Kulturwerten verwechselt werden, weil es suprakulturellen Ursprungs ist

5. Gott bedient sich jeder Kultur als Werkzeug, um mit dem Menschen Verbindung aufzunehmen. Er redet zu ihm in seinem Kulturmilieu

6. Der Mensch ist sündhaft in seinem Kulturmilieu und samt ihm erlösungsbedürftig. Kultur kann Werkzeug Gottes sowie Werkzeug Satans sein

Quelle: Umgearbeitet nach Kraft, "Ethnotheology", Pasadena 1972, S. 10-20.

stischen Erlösungsprinzip, sondern allein im gekreuzigten und auferstandenen Christus. Der Missionar hat als Bote der Versöhnung die Aufgabe, die Heilsbotschaft in den Kulturraum jedes Stammes, jedes Volkes zu tragen, nicht um ihn aus dem Kulturmilieu zu entfernen, sondern ihm im innerkulturellen Kreis die von Sünden befreiende Botschaft anzubieten. Das bedeutet transkulturelle Kommunikation. Als Träger der Botschaft bringt er sie im Auftrage Gottes aus seinem Kulturraum in den des Empfängers. Die Absicht ist, daß dieser sie aufnimmt, ein Bekenner und Jünger Jesu wird und daß in seinem Kulturraum eine Gemeinde entsteht, welche wächst und selbst Trägerin der Botschaft wird. Das unübertroffene Beispiel transkultureller Kommunikation haben wir in dem Sohne Gottes, wie wir oben schon sahen und später (Kap. 3) ausführlicher zeigen werden.

III. VON DER SÜNDE ALS TRENNUNG ZWISCHEN MENSCH UND GOTT

"Eure Verschuldungen sind die Scheidewand zwischen euch und eurem Gott" (Jes.59,2 nach Bruns). Dieses Prophetenwort spricht eine ernste Wahrheit aus, die aber zu selten ernstgenommen wird. Der Sündenbegriff ist zu einem fast nichtexistierenden Gegenstand abgewertet worden. Das ist gleichsam einer der ernstesten Schäden in bibelgläubigen Kreisen, wie es ein Pariser Pfarrer auf dem Berliner Kongress für Weltevangelisation ausgesprochen hat: "Man findet heute kaum noch einen klaren Sündenbegriff und ein stark persönliches, empfindliches Selbstbewußtsein. Selbst wenn unsere Definitionen exakt sind, ist es sehr schwierig, den Charakter dessen zu verstehen, was die Schrift als Sünde kennzeichnet."(7)

Der kulturgebundene Mensch wird vom Zeitgeist seiner Umgebung beeinflußt und "zeitgeistlich" geformt. Was diesen Zeitgeist kennzeichnet, ist mehr eine abstumpfende Gleichgültigkeit als eine vorhandene Unwissenheit. Man glaubt einfach, daß der Sündenzustand zur Menschheit gehört und eventuell durch Bildung, Wissenschaft und Humanisierung überwunden werden kann. Kurz, man bezeichnet die Sünde als altmodisch und überholt, und damit ist die Sache abgetan.

Die Konsequenzen solcher Einstellung sind für die Mission nicht nur hemmend, sondern geradezu gefährdend. Einmal betäubt sie das Gewissen der Gotteskinder, daß selbst sie es mit der Sünde leichtnehmen, und zum andern erschwert sie die Verkündigung, die sich gegen Sünde wendet. Wem es aber in evangelikalen Kreisen wirklich um das Wachstum der Gemeinde Jesu geht, der wird es mit der Sünde ernstnehmen. Der wird auch sein Kriterium für das Sündenkonzept nicht aus dem Zeitgeist her zu erklären suchen, sondern die biblische Offenbarung dazu reden lassen.

Sünde ist Wurzel und Stamm aller Sünden. Ihre Nahrung zieht sie aus der grausamen Grube (Ps.40,3), und an ihren Zweigen hängen allerlei giftige Früchte. Sünde ist Austritt aus der Gottesgemeinschaft, sie ist "Selbstverpflanzung des Menschen aus der Gott-Nähe in die Gott-Ferne."(8) So war es bei Kain (1.Mose 4,13.16). Sünde ist Fehltritt in der Gottferne. Sie ist das Irren mit Kopf und Herz, das auch dem Fuß den sicheren Tritt versagt. "Sünde ist führerloses Irren", bemerkt Ralph Luther. Sie ist das "Schwanken zwischen Gut und Böse, was wichtig und was unwichtig, was groß und was klein, was zu wählen und was zu verwerfen, was zu tun und was zu lassen ist trotz der Einbildung und des Anspruchs, wählen und entscheiden zu können."(9) Sünde ist geistliche Blindheit. Das ist die tragische Konsequenz, die hoffnunglose Situation. Sünde macht eben blind für Wahrheit und Gerechtigkeit und der Sünder kann sein eigenes Verderben nicht einsehen (vgl. Eph.4,18, Offb.3,17). Sünde ist Selbstvergöttlichung. Der Mensch "glaubt an das Gute in sich und vergöttlicht sein eigenes Wesen (2.Thess.2,3.4). 'Die Menschheit ist die Gottheit von unten gesehen.' Solange er das glaubt, wird er niemals die Erlösung ergreifen (Matth.9,12)."(10)

Gott aber hat die Erlösungsinitiative schon ergriffen, die Kluft zwischen der suprakulturellen Welt und dem menschlichen Kulturmilieu durch das Kreuz überbrückt, die Trennung geheilt, den Abstand überwunden. Diese Frohbotschaft verkündigt der Missionar, der Heilige Geist macht sie dem kulturgebundenen Menschen klar (Joh.16,8-11). Der Mensch tut Buße. Gott vergibt und reinigt durch das Blut Jesu Christi (vgl. Jer.31,34, Ps.32,5, 1.Petr.2,19, Hebr.9,22, 1.Joh.1,7). Wo das geschieht, da entsteht eine Gemeinde, in deren Mitte der lebendige Christus in der Kraft des Heiligen Geistes gegenwärtig ist. Da dankt man, singt und betet an.

IV. VON DER BEWERTUNG MISSIONARISCHER METHODIK

Die immer wiederkehrende Frage ist die: Warum ist das Wachstum der Gemeinde an einem Ort so gering, am andern so erstaunlich groß? Wenn wir wirklich glauben, daß es der Wille Gottes ist, daß die Gemeinde allseitig wächst, dann müssen wir jede Methode und Strategie daraufhin einsetzen.

A. DIE VERSUCHSMISSION

McGavran redet von fünf Missionsarten oder Annäherungsverfahren, wie man aus einer Kultur kommend in die andere geht und christliche Mission betreibt.(11) Als erste nennen wir die Versuchsmission. Die Missionare jeder Gesellschaft - ganz gleich, ob sie von Korea ausgehen und in Thailand missionieren, ob sie von Brasilien kommen und in den Vereinigten Staaten am Gemeindebau tätig sind, oder ob sie von Deutschland sind und in Neuguinea evangelisieren und missionieren - sie müssen alle gewissermaßen die Situation überprüfen, erforschen und Versuche machen, wie das Evangelium am besten zu verkündigen ist. Sie erlernen die Sprache und versuchen die Kultur der Menschen zu verstehen. Sie versuchen die neuen Verhältnisse zu verstehen und werden dabei oft mißverstanden. Sie nehmen Verbindung mit den Leuten auf und versuchen ihr Vertrauen zu gewinnen. Sie versuchen einen Grund für die christliche Gemeinde zu legen, wo überhaupt kein Verständnis dafür vorhanden ist. Fast wie ein Blinder tasten sie sich in die neue Welt mit ihrem ganzen "Kulturgepäck" hinein. Sie wiederholen sich oft Psalm 23: "Und ob ich schon wanderte im finstern Tal, fürchte ich kein Unglück..." Die letzten vier Worte klingen zwar nicht immer überzeugt, aber man sagt sie dennoch und fügt sogar hinzu: "...denn du bist bei mir, dein Stecken und Stab trösten mich." Das wird dann tatsächlich zum Erlebnis. Trotzdem sie Fehler machen, Enttäuschungen haben, Niederlagen erleben und, wie ein Elia, unter den Wacholder zu sitzen kommen, erleben sie, daß Gottes Gnade in den Schwachen machtvoll wirkt. Und sie feiern Siege mit Gott. Wer gar nicht durchhält, packt ein und fährt nach Hause oder beginnt an einem andern Ort zu evangelisieren und Gemeinde zu bauen.

B. DIE STATIONSMISSION

Nur wer den Pioniertest besteht, erreicht die zweite Missionsart, die der Missionsstation. In der Vergangenheit hat sich diese als die Hauptmethode bewährt. Wer die ersten Experimente und Prüfungen bestand und die ersten Bekehrten taufte, hatte damit eine Gemeinde gepflanzt. Bald vermehrte sich die Schar der Gläubigen aus Einheimischen. Die Lokalgemeinde wuchs. Damit vermehrten sich auch Bedürfnisse und Anforderungen aller Art. Die Kinder brauchten Schulung, und so wurden Schulen gebaut, die Kranken mußten gepflegt werden, und so wurden Kliniken und Hospitäler gebaut. Die Verwaltungsansprüche stiegen von Jahr zu Jahr. Die Missionsgesellschaft sandte ein Missionarsehepaar nach dem andern auf die Station. Einheimische Evangelisten, Krankenpfleger und Gemeindehelfer wurden herangezogen. Die Gemeinde wuchs langsam durch Einzel- und Gruppenbekehrungen. In etwa 75 Jahren war die Gliederzahl getaufter Gläubiger auf 20.000 gestiegen.(12)

Die Missionsstation ist nun zu einer großen Missionsinstitution geworden, die den Missionaren gewissen "Erfolg" zusichert, selbst wenn sie sich hinter ihren Mauern isolieren. Mit dem Abbruch der westlichen Mächte in Asien und Afrika, nach dem zweiten Weltkrieg, ging Hand in Hand der Aufbruch junger Nationen und das Selbständigwerden neuer Völker der Dritten Welt. Das verursachte auch in der Mission einen nicht geringen Umbruch. Missionare kehrten nach Hause zurück und einheimische Mitarbeiter übernahmen die oft schwierige Arbeit der Selbstverwaltung, Selbstunterhaltung und Selbstausbreitung. So wurde die junge Gemeinde in der Dritten Welt nicht nur endlich bodenständig, sondern auch vor die ernste Frage der missionarischen Tätigkeit in aller Welt gestellt.

C. DIE DIASPORAMISSION

In manchen Ländern, sonderlich in stark katholischen wie Lateinamerika, gibt es eine dritte Methode - die Diasporamission. Der Missionar läßt sich in

einem Gebiet nieder und beginnt im Glauben die
Arbeit. Bald aber wird er gewahr, daß sich die Bevölkerung, mit wenigen Ausnahmen, dem Evangelium
widersetzt. Dadurch wird er gezwungen, seinen
Arbeitskreis zu erweitern. Die Bekehrungen finden
in fern voneinander gelegenen Ortschaften statt, wo
die Menschen für das Evangelium empfänglich sind.
Überall entstehen kleinere und größere Lokalgemeinden, die geistlich betreut werden müssen. Um
die Gemeindeglieder zu befestigen, zu unterweisen
und den Weg des Herrn zu lehren, muß der Missionar
viel unterwegs sein. Die Hauptaufgabe ist es dann,
wie Paulus Lehrer und Älteste in den lokalen Gemeinden zu berufen, die die Christen durch Lehre,
Brotbrechen, Gemeinschaft und Gebet betreuen und
selbst die evangelistische Arbeit in der "Vierten
Welt" übernehmen.

D. DIE DIENSTMISSION

Als vierte Missionsweise ist die heute häufige
Handreichung zu erwähnen. In vielen Stücken ist die
junge Gemeinde der Dritten Welt selbständig, in andern Dingen aber bedarf sie der Hilfe der älteren
Mission oder Gemeinde. In Mexiko teilte mir vor kurzem ein Missionar mit, daß die einheimischen Brüder
ihn eigentlich entbehren könnten, weil sie die meisten Arbeiten selber täten. Doch beobachte er, daß
sie im Prozeß des Selbständigwerdens jemanden
bräuchten, den sie anstellen könnten. Dazu eigne
sich der Missionar am besten. Auf die Frage, wie
lange er noch zu bleiben gedenke, sagte er: "Wenn
die einheimischen Brüder dem Bedürfnis, jemanden anzustellen, erst entwachsen sind oder selber willig
werden, diese Lücke zu füllen, dann ist mein Dienst
an diesem Ort getan." Solche Einstellung spricht
von wahrer Größe und Demut. Da ist der Missionar
das, was er sein soll: ein Diener.

Manchmal beanspruchen die jungen Gemeinden auch
finanzielle Hilfe oder einfach auch nur den Rat
und Beistand erfahrener Missionare. In jeder Situation, wo Hilfsmission getrieben wird, bedürfen
Missionar wie Missionsgesellschaft Gnade und Weisheit, die Fülle des Geistes und Demut, in Rat und
Tat das Richtige zu tun, damit die junge Gemeinde
wachsen kann.

E. DIE SIPPENMISSION

Endlich sei die Gruppenbetreuungsmission als die
fünfte Missionsmethode genannt. In der Missionsgeschichte hat es immer wieder ganze Familien, Verwandtschaftskreise und ganze Volksstämme gegeben,
die das Verlangen zeigten, sich als größere Volkseinheit zu Christus zu bekehren. Südindien hat
viele Beispiele zu verzeichnen.(13) Eine Massenbewegung zu Christus hin ist immer Zeichen der Aufgeschlossenheit und Empfänglichkeit für das Evangelium. Mission und Missionare sind dann darum besorgt, daß die Bekehrungen echt sind, daß jeder
persönlich in der Gruppe weiß, worum es geht, und
daß überall innerhalb des Volkskreises Lokalgemeinden gegründet werden, damit "die große Zahl" hinzugetan werden kann (vgl. Apg.11,21). Eine weitere
Sorge der Missionare ist die Ausbildung von Mitarbeitern in diesen jungen Gemeinden, damit "die
Heiligen zugerichtet werden zum Werk des Dienstes"
(Eph.4.12). Das qualitative und organische Wachstum der Gemeinde muß immer mit dem quantitativen
Schritt halten. Danach zu sehen, daß das geschieht,
ist erste Aufgabe des Missionars in der Gruppenbetreuungsmission.

Die Brennfrage bei allen Missionsmethoden muß vom
Missionsziel her verstanden werden: Wie können wir
ganze Völker für Christus erreichen und in die Gemeinde der Gläubigen einführen, so daß sie selber

missionierende Boten der Versöhnung werden? Wir fragen uns z.B. wie es kommt, daß zwischen 1890 und 1953 mehr als die Hälfte der Bevölkerung Ugandas, aber nur etwa 15 Prozent der Bevölkerung Kenias den christlichen Glauben annahm, wo doch politische, kulturelle, religiöse und soziale Verhältnisse sehr ähnlich waren. Lag es an den von den Missionaren angewandten Missionsmethoden? Die Antwort darf nicht auf Spekulation beruhen, sondern muß sich auf wissenschaftliche Forschung und deren Ergebnisse berufen können, um für weitere Annäherungsverfahren in der Mission von Bedeutung zu sein. Darum befaßt sich die Gemeindewachstumsbewegung mit aktuellen Bewertungen jeder Missionssituation, um an Hand von Fragen, Statistiken und anderen wissenschaftlichen Daten feststellen zu können, warum die Gemeinde an einem Ort wächst, am andern nicht, wie die Gemeinde wächst, ob Hemmungen vorhanden sind und wie Wachstum gefördert werden kann.

V. VON DER ERNTETHEOLOGIE

Die Schriften der Gemeindewachstumsbewegung sprechen von einer Theologie des Suchens und Findens, des Säens und der Ernte.(14) In diesem Zusammenhang wird christliche Mission nicht als menschliches Unternehmen, sondern als die _missio Dei_, die Mission Gottes, wie ja auch Georg Vicedom gesagt hat,(15) angesehen. Daher definiert McGavran die christliche Mission in breiten Umrissen als "Programm Gottes für die Menschheit".(16) In einem mehr begrenzten Sinne sagt er, daß die Mission ein Unternehmen ist, die Frohbotschaft von Jesus Christus mit der Absicht zu verkündigen, Menschen zu überzeugen, seine Jünger und zuverlässige Glieder seiner Gemeinde zu werden.(17) Dieses Unternehmen jedoch ist nur ein Teil des gesamten Programmes Gottes für die Menschheit (siehe Kapitel 5), aber es gehört zur Priorität.

Gott will alle Menschen retten. Das ist die These
der Erntetheologie. Sie beruft sich auf unzweideutige Aussagen der Schrift, die in den Worten des
Apostels Paulus so summiert werden können: "Unser
Heiland-Gott will, daß alle Menschen errettet werden und zur Erkenntnis der Wahrheit kommen" (1.Tim.
2,3.4 nach Elberfelder). Darum muß mit Nachdruck
betont werden, daß, wie im Natürlichen so auch im
Geistlichen, dem Suchen das Finden und dem Säen das
Ernten folgt.

Es gibt in der Gemeinde teure Gotteskinder, selbst
unter Missionaren und Evangelisten, die behaupten,
ihre Aufgabe und Verantwortung vor Gott völlig erledigt zu haben, wenn sie den Samen des Wortes ausstreuen oder wenn sie dem Verlorenen suchend nachgehen. Auf Gemeindepflanzung und Gemeindebau legen
sie wenig oder gar keinen Wert. Solche Arbeiter
habe ich in Brasilien und anderen Ländern Amerikas
kennengelernt. Ich schätze ihren evangelistischen
Einsatz, kann aber ihren Gemeindebegriff nicht mit
der biblischen Lehre vereinbaren. Unsere Arbeit als
Pflanzender und Begießender muß auf die Ernte, auf
die Frucht und deren Bewahrung, sowie unser Suchen
auf das Finden und die Pflege des Gefundenen gerichtet sein. Bloßes Pflanzen und Begießen ohne
auch zu ernten, ist fruchtloser Großbetrieb.

Der Herr befiehlt, um Arbeiter zu beten, damit er
sie in die Ernte sende (Matth.9,37.38). Er benötigt
Arbeiter, um die große, schon reife Ernte einzubringen (Luk.10,2, Joh.4.35). Auch erklärt er, daß
der Hirte das Verlorene sucht, bis er es findet,
daß die Hausfrau die verlorene Münze sucht, bis sie
sie findet (Luk.15,3-6.8-9). Die Freude im Himmel
wird erst dann ausgelöst, wenn das Gesuchte gefunden ist (Luk.15,7). Zwar ist es oft leichter, ein
Suchender als ein Findender zu sein, denn das Gefundene muß gepflegt werden. Doch das Suchen ohne
zu finden und das Säen ohne zu ernten bleibt frucht-

loses Bemühen. Es muß aber auch daran erinnert werden, daß viele Missionare ihr ganzes Leben lang treu den Samen ausstreuen, ohne je die Freude an der Ernte zu haben. Diesen wollen wir zurufen, nicht mutlos zu werden, denn ihre Arbeit hat großen Lohn. Der Herr Jesus sagt sehr treffend: "Hebt eure Augen auf und schauet das Feld an, es ist ja schon weiß zur Ernte. Wer jetzt einerntet, der empfängt seinen Lohn und sammelt Frucht für das himmlische Leben. Und dann können sich beide miteinander freuen, sowohl der, welcher sät, als auch der, welcher erntet" (Joh.4,35-36 nach Mühlheimer).

VI. VON DEM MOSAIK DER VÖLKER

McGavran vergleicht die Weltbevölkerung mit einem Mosaikbild. Wie jedes Gefüge im Kunstwerk, so bildet jede Gesellschaft, jeder Kulturkreis, jede Volksgruppe eine homogene Einheit innerhalb eines zum Land gehörenden Volks.(18) Menschen, die zu solcher Einheit gehören, haben gewisse Eigenschaften gemeinsam. Sie bilden ihren eigenen Lebensstandard, bestimmen ihre eigene Lebensweise und befolgen eine ungeschriebene, für alle geltende Regel und Sittenordnung. So gibt es z.B. in Südbrasilien viele von deutschen Bauern bewohnte Ortschaften, in Nachbargebieten sind es polnische und wieder an andern Orten italienische "Kolonisten", wie man sie zu nennen pflegt. In den Großstädten der Bundesrepublik gibt es Wohnviertel, in denen sich hauptsächlich Gastarbeiter niedergelassen haben. In New York, der Megalopolis Amerikas, werden ganze Sektionen von Kubanern, andere von Negern, wieder andere von Juden und noch andere von Iren bewohnt. Im riesigen Amazonasgebiet gibt es hunderte Indianerstämme, die sprachlich und kulturell voneinander getrennt sind und ein Mosaiktäfelchen im grossen Gesamtbild des Urvolks darstellen. Ob nun europäische Bauern in Südbrasilien oder Gastarbeiter in Deutschland, ob Kubaner in New York oder Jivarioindianer im Dschungel des Amazonas, jede Gruppe bildet ein Mosaikstückchen, eine homogene Volkseinheit, im größeren Volksraum. Vom sozialanthropologischen Standpunkt aus ist es ratsam, daß der Missionar seinen Einsatz auf eine solche Volksgruppe konzentriert und in ihrem Raum eine Gemeinde gründet.

Es ist deshalb notwendig, daß der Missionar nicht nur allgemein mit Kultur und Sprache des Landes vertraut ist, in das er gerufen wird, er muß auch mit dem kleinen Mosaikstück des großen Gesamtbildes, also mit dem homogenen Volkskreis, in dem er seinen missionarischen Dienst zu verrichten gedenkt, besonders bekannt sein. Das erfordert außer Berufung auch eine gründliche biblische und sprachliche Ausbildung, sowie auch anthropologische und soziologische Kenntnisse. Das wird umso wichtiger, wenn man die Empfänglichkeit einer Gruppe fürs Evangelium mit der Ablehnung einer anderen vergleicht. Es wird unter Umständen nach viel Gebet und einer gründlichen anthropologischen Untersuchung der Verhältnisse erforderlich sein, das dem Evangelium widerstrebende Gebiet oder Volk zu verlassen und sich einem empfänglicheren zuzuwenden, wie es der Herr lehrte (Luk.10,10-11) und die Apostel taten (Apg. 13,42-48).

VII. VON DER MULTI-INDIVIDUELLEN BEKEHRUNG

Das Jesuswort, das der Gemeinde den Auftrag gibt, allen Nationen im Namen Jesu Buße und Vergebung der Sünden zu predigen, richtet sich buchstäblich an <u>ta ethne</u>, an <u>alle Völker</u>, <u>alle Stämme</u>. Gemeint ist wohl jede homogene Volkseinheit wie Stamm, Sippe, erweiterte Familie oder sonst eine Volksgruppe, wie z.B. die Chulupiindianer im Gran Chaco Paraguays.

Der Anthropologe John Collier macht darauf aufmerksam, daß wir bei der Kommunikation mit dem einzelnen nicht nur sein Kulturmilieu, sondern auch seine Position in der Gesellschaft sowie die Gesamtstruktur, in der er sich befindet, im Auge behalten müssen. Es schadet nur, wenn wir in einer homogenen Volksgruppe mit der Tür ins Haus fallen und den einzelnen mit dem Evangelium ansprechen, ohne die Umstände seiner Familie, Sippe und Kultur zu berücksichtigen.(19)

Das Ziel ist also die Bekehrung aller in der Gruppe, nicht nur die des einzelnen. Das meint aber nicht eine Massenbekehrung, eine allgemeine Volkschristianisierung, die statt zur Gemeinde der Gläubigen einfach zur Wiederholung des westlichen Corpus Christianum führt. Was manchmal als Gruppen- oder Massenbekehrung bezeichnet wird, ist, wie Professor Tippett es prägt, die multi-individuelle Bekehrung. Viele Einzelbekehrungen innerhalb einer homogenen Volksgruppe führen oft spontan zur Bekehrung eines ganzen Volkes, eines Stammes, einer Sippe oder Familie. Die Missionsgeschichte weiß von manchen Beispielen gewaltiger "Völkerbewegungen" zu Christus hin zu berichten.(20) Im letzten Jahrzehnt hat man solche besonders in den von Laien getragene Kampagnen, wie "Tiefenevangelisation" in Lateinamerika, "Neues Leben für alle" in Afrika und "Evangelisation in die Tiefe und Weite" in Vietnam erlebt. Dazu berichtet das Blatt Lebendige Gemeinde (Mai 1973) folgendes:

> Allein in der Zentralafrikanischen Republik arbeiteten 200.000 Gemeindeglieder mit. Die Gemeinden sind um 65% gewachsen. In Äthiopien sind in einer Kirche 1972 an einem Sonntag 1.600 Menschen, an einem anderen 1.400 Menschen durch einheimische Evangelisten getauft worden. Es ist dort Sitte, daß niemand getauft wird, ehe nicht die ganze Familie zum Glauben

gekommen ist. Von allen wird ein öffentliches Zeugnis für Christus und die Bereitschaft zum Zehntgeben gefordert. Es sind afrikanische und asiatische Christen, die dringend bitten, diese Evangelisationsbewegungen noch stärker zu unterstützen.

Wo immer der Geist Gottes in dieser Weise wirkt, da ist der Grund für eine bodenständige Gemeinde und deren Wachstum gelegt.

VIII. VON DEM GLEICHGEWICHT ZWISCHEN VERKÜNDIGUNG UND LIEBESDIENST

Die Gefahr hat immer bestanden, in der Mission einseitig zu sein. Einmal ist man nur bestrebt "Seelen zu retten", das andere Mal vergißt man die Seele und sieht den Menschen nur in seiner irdischen Not. Die Gemeindewachstumsbewegung strebt Gleichgewicht zwischen evangelistischer Verkündigung und philanthropischem Dienste an. Sie erkennt die Bedürfnisse der Menschen nach Geist, Leib und Seele. Sie verkündigt Evangelium, um Menschen mit Gott zu versöhnen. Aber sie sucht auch entsprechende Wege, Not zu lindern, Gerechtigkeit walten zu lassen, den Lebensstandard zu heben, Kranken zu helfen und Schulen für die Ungeschulten zu bauen.

Das Gleichgewicht liegt nicht nur in einem rechten Verständnis der Schrift, sondern im Gehorsam. Der Prophet sagt klar: "Es ist dir gesagt, Mensch, was gut ist, und was der Herr von dir fordert, nämlich Gottes Wort halten und Liebe üben und demütig sein vor deinem Gott" (Micha 6,8 nach Luther). Die Wichtigkeit der Ausführung des Prophetenwortes wird vom Herrn Jesus selber betont (Matth.25,31-46). Die Gemeinde Jesu steht unter dem Befehl, alle Völker zu Jüngern zu machen, die Hungrigen zu speisen und die Ungeschulten zu lehren. Die Gemeinde gedeiht da am gesündesten, wo das persönliche Zeugnis, die öffentliche Verkündigung, die Gemeinschaftspflege, die Unterweisung der Neubekehrten und der Barmherzigkeitsdienst, an Christen wie auch an Nichtchristen, den jeweiligen Bedürfnissen entsprechend betont werden. In Kapitel 5 wird darüber ausführlicher gesprochen.

IX. VON DEN DREI DIMENSIONEN DES GEMEINDEWACHSTUMS

Wachstum kann allgemein als die normale Entwicklung des Lebens innerhalb seines Milieus bezeichnet werden. Wenn das geistliche Leben der Gemeinde - besonders der Lokalgemeinde - normal pulsiert, dann werden in ihrer Gliedschaft drei Wachstumsdimensionen klar zu unterscheiden sein: die _organische_, die _qualitative_ und _quantitative_.

A. DIE ORGANISCHE DIMENSION

Schon die Beziehung zu seinen Jüngern zeigt, daß der Herr Jesus sich die Gemeinde als eine organische Körperschaft dachte. Er rief seine Jünger mit Namen. Als Nachfolgerschaft sammelten sie sich um den Meister (Mark.6,1) und als Herde um den Hirten (Joh.10,2-5). Die Jünger gesellten sich zu ihm im vollen Bewußtsein der _Absonderung_ einerseits (Luk. 14,25-27) und der Zugehörigkeit andererseits (Joh. 10,26-28). Selbst der Missionsbefehl setzt die Sammlung zur Jüngerschaft und die Pflege derselben in der Körperschaft voraus (**vgl.** Matth.28,16-20, Luk.22,14ff.).

So verstanden auch die Apostel das Wesen der Gemeinde, nicht als "Gäste und Fremdlinge" in der Welt, sondern als "Bürger und Gottes Hausgenossen", die da als Glieder "ineinandergefügt wachsen zu einem heiligen Tempel in dem Herrn" und "zu einer Behausung Gottes im Geist" (Eph.2,19-22). Auf Bekehrung und Glaubenstaufe folgt Eingliederung in die Lokalgemeinde (Apg.2,41), Pflege in der Gemeinde (Apg.2,42-46) und beständiges Zunehmen in der Beziehung als Glieder am Leibe zu ihrem Haupt, Christus, sowie zueinander (Apg.2,46-47).(21)

Das organische Wachstum ist aber auch im Sinne der Fortpflanzung zu verstehen. Die Lokalgemeinde ist eine lebendige Glaubenszelle, die sich durch den natürlichen Prozeß der Kernaufteilung organisch fortpflanzt und vermehrt. Die "Mutterzelle" bildet in ihrer Umgebung durch das Zeugnis von Jesus Christus überall "Tochterzellen", wodurch wieder Lokalgemeinden entstehen.

B. DIE QUANTITATIVE DIMENSION

Die Begründer der Gemeindewachstumsbewegung unterscheiden zwischen <u>discipling growth</u> und <u>perfecting growth</u>. Das erste bezieht sich auf das Jüngermachen und die Zunahme der Gliederzahl in der organischen Körperschaft, das zweite auf das "gottselige Leben", in pietistischem Sprachgebrauch ausgedrückt, oder auf das Wachsen "in der Gnade und Erkenntnis Jesu Christi" (2.Petr.3,18). Wir bedienen uns fortan der Beziehung "quantitatives Wachstum" für die erste und "qualitatives Wachstum" für die zweite Dimension.(22)

Quantitatives Wachstum geschieht vor allen Dingen dann, wenn sich Menschen in der ungläubigen Welt aus dem Heidentum zu Jesus Christus bekehren und sich einer örtlichen Glaubensgemeinde anschließen, wo schon eine ist, oder sich zu einer solchen zusammenschließen, wo noch keine ist. Wenn der Herr sagt, daß alle Nationen oder Völker zu Jüngern gemacht werden sollen, dann schließen wir daraus, daß er den zahlenmäßigen Zuwachs für unbedingt notwendig hält. Das läßt sich auch an dem Gleichnis vom verlorenen Schaf erkennen. Der gute Hirte geht dem Verlorenen nach, "bis daß er's finde" (Luk.15,3-7).

Manch ein Missionsunternehmen sowie manche Lokalgemeinde der Gläubigen fühlen sich sofort bedroht, wenn man von quantitativem Wachstum redet. Der Ausdruck selbst wird schon wie ein Störenfried angesehen. Eine statistische Untersuchung der Gliederzunahme in den letzten zehn Jahren (siehe Kap.10) kann aber zeigen, wie es um unsere Fruchtbarkeit als Gotteskinder bestellt ist. Darum müssen wir quantitatives Wachstum von qualitativem unterscheiden, dürfen es aber nicht trennen.

C. DIE QUALITATIVE DIMENSION

Es handelt sich hier um die normale, geistliche Entwicklung der einzelnen Glieder und der gesamten Körperschaft am Leibe Christi. Die qualitative Dimension ist das Wachsen in Gnade und Erkenntnis (2.Petr.3,18), sie ist das Zugerüstetwerden der Heiligen (Eph.4,11-12), sie ist das geistliche "Ausreifen" aus der unmündigen Kindheit und das "Hinanreifen" zum völligen Erwachsensein in Christus (Eph.4,13-14), sie ist das "Geheiligtwerden" in der Zeit und das "Bewahrtwerden" auf die Zukunft unseres Herrn Jesus Christus (1.Thess.5,23-24).

Eine Gemeinde, deren Gliederzahl nicht zunimmt, ist am Sterben. Eine Gemeinde, die geistlich nicht wächst, bleibt fruchtlos. Eine Gemeinde, die organisch nicht gedeiht, kommt aus dem "geistlichen Kindergarten" nie heraus.

X. VON DEM POSITIVEN UND NEGATIVEN WACHSTUM

Es gibt grundsätzlich nur eine Quelle, aus der Menschen zur Gemeinde kommen können: aus der ungläubigen Welt. Das ist das reife Erntefeld. So gibt es auch nur ein Tor, durch das sie in die Gemeinde kommen können: die Bekehrung. Darum predigen wir Buße und Vergebung im Namen Jesu. Trotz dieser so einfachen und biblischen Auffassung spricht man jedoch von einem dreifachen "Wachstumsmittel", das positiv und negativ bewertet werden muß (vgl. Kapitel 10).

A. POSITIVE BEWERTUNG

Wir reden wieder im Rahmen und vom Standpunkt der Lokalgemeinde. Das Prinzip aber läßt sich auch auf eine ganze Konfession anwenden, wenn nur die benötigten Daten vorhanden sind.

Zuerst nennen wir biologisches Wachstum, d.h. Gliederzunahme durch Geburtenzuwachs in gläubigen Familien. Bei einer Gemeinde, die die Glaubenstaufe pflegt, setzt das biologische Wachstum natürlich die Evangelisation in der Familie voraus. Es ist die Aufgabe gläubiger Eltern, ihre Kinder in der Furcht und Vermahnung zum Herrn zu erziehen, so daß sie sich für Christus entscheiden, taufen lassen und der Gemeinde anschließen. Die Bezeichnung "biologisches Wachstum" oder auch "Wachstum durch Geburtenzuwachs" kann leicht mißverstanden werden, wenn man es in dem Sinne auffaßt, als wären Kinder gläubiger Eltern automatisch Gemeindeglieder. Wir unterstreichen daher, daß Gott keine Enkel hat, sondern nur durch den Heiligen Geist wiedergeborene Kinder.

Als zweites nennen wir das Wachstum durch Umzug und Ortswechsel. Diese Art von Wachstum einer Lokalge-

meinde geschieht leider immer auf Kosten einer
anderen. Solches Wachstum ist in Großstädten am
häufigsten. Ihre Lokalgemeinden nehmen an Gliederzahl zu, während die Landgemeinden ihre Glieder
verlieren. Im amerikanischen Denominationssystem
kommt es auch oft vor, daß Gemeindeglieder Konfessionen wechseln. Ein Prediger sagte mir unlängst,
daß seine Denomination im Laufe der letzten drei
Jahre rund 15.000 Glieder an andere Konfessionen
verloren hätte. Den Grund dafür sah er im Mangel
an wahrer Glaubensgemeinschaft und an missiona-
risch-evangelistischem Einsatz seiner Konfession.
Man fragt sich, wie lange eine freikirchliche Denomination unter solchen Verhältnissen bestehen kann!

Die dritte Art von Gemeindewachstum geschieht, wenn
sich Menschen zu Christus bekehren, eine Wiedergeburt erleben, sich taufen lassen und sich der Gemeinde anschließen, wo sie dann als aktive Glieder
an Gemeinschaft und Verantwortung teilnehmen. Das ist
<u>Wachstum durch Bekehrung</u>. So wuchs die urchrist-
liche Gemeinde. Am Pfingsttag kamen 3.000 Personen
hinzu (Apg.2,41). Darauf tat der Herr täglich zur
Gemeinde hinzu, die da selig wurden (2,47). Viele
kamen zum Glauben durch das Wort, so daß die Zahl
der Männer auf etwa 5.000 anstieg (4,4). Durch die
Apostel geschahen viele Wunder. Ihre Predigt machte
einen gewaltigen Eindruck auf das Volk. Eine große
Anzahl Männer und Frauen kamen zum Glauben an Jesus
und schlossen sich der Gemeinde an (5,12). Sogar
Priester bekehrten sich, und die Zahl der Jünger in
Jerusalem wurde sehr groß (6,1.7). Als die verfolg-
ten Christen nach Samarien kamen, wo auch Philippus
predigte, gab es eine große Erweckung. Viele glaubten an Jesus, ließen sich taufen und die Gemeinde
wuchs (8,1.4-6.12). Auch in Joppe wurden viele
gläubig (9,42). Selbst unter den Heiden fand das
Wort Aufnahme (11,1) und eine große Zahl bekehrte
sich in Antiochien (11,21), wo die Gläubigen "Christen" genannt wurden (11,26). So wuchs das Wort und

mehrte sich (12,24). Es wurde gepriesen von denen,
die zum Glauben kamen (13,48) in großen Mengen aus
den Juden und Griechen (14,1. Vgl. auch 16,14-15.
34; 17,4.11-12.34; 18,8, 19,17-20; 28,24.30-31).

B. NEGATIVE BEWERTUNG

Die Gemeinde kann ohne großen evangelistischen und
missionarischen Einsatz bestehen und sogar noch
wachsen, wenn sie nur die in ihren Familien geborenen Kinder für Christus gewinnt. In diesem Falle hängt die Wachstumsrate von der Geburtenrate ab.
Es gibt aber auch ein "biologisches Ausscheiden"
durch den Tod. Darum kann das Nettowachstum erst
dann festgestellt werden, wenn die Zahl der durch
den Tod Ausgeschiedenen von der durch Geburt (und
Bekehrung in gläubigen Familien) Hinzugekommenen
abgezogen worden ist. Die positive Zahl wird normalerweise höher sein als die negative.

Das negative Prinzip muß auch auf das Wachstum
durch Umzug angewandt werden. Wenn Gläubige sich
der lokalen Bethaniengemeinde in Fichtendorf anschließen, weil sie an diesen Ort gezogen sind
oder weil sie diese Gemeinde der Philadelphiagemeinde am selben Ort vorziehen, dann muß auch angenommen werden, daß andere Glieder aus ähnlichen
Gründen die Bethaniengemeinde in Fichtendorf verlassen und ihre Mitgliedschaft an die Taborgemeinde überschreiben lassen. Um die Wachstumsrate festzustellen, muß die Zahl der Zugezogenen mit der der
Weggezogenen ausgewertet werden.

Gemeindewachstum durch Bekehrung ist das eigentliche
legitime und gesunde Wachstum. Eine Gemeinde, die
nicht evangelisiert, ist auf dem Wege zum Friedhof.
Aber auch in einer evangelistisch und missionarisch
tätigen Gemeinde gibt es solche, die, wie ein Demas,
"die Welt liebgewinnen" (2.Tim.4,10). Auch gibt es

in der Gemeinde vom Glauben Irrende, in Sünden
Lebende und dauernd Widerstrebende, die trotz
allem Ermahnen und Bemühen seitens der Geschwister
in der Bosheit bleiben und ausgeschlossen werden
müssen (vgl. Matth.18,15-19, 1.Kor.5). Zahlenmäs-
sig gibt das ein negatives Bild. Rückfällige und
Ausgeschlossene verkleinern die Gliederzahl. Trotzdem aber muß die Gemeinde Disziplin üben, oder
aber sie muß aufhören, Gemeinde der Gläubigen zu
sein.(23)

XI. VON DER ROLLE DER TABELLE UND STATISTIK

Keiner, der den Ertrag eines Geschäftsunternehmens
berechnen will, kann ohne genaue Zahlen, statistische Daten und Tabellen fertig werden. Das trifft
auch für die "Haushalter Gottes" im Gemeindebau zu.
Gesetzte Ziele irgend eines Missionsunternehmens
können nur dann bewertet werden, wenn man genaue
Zahlen und statistische Angaben benutzt. Darum dürfen wir nicht nur in pekuniären Angelegenheiten
Rechnung führen, sondern müssen auch über die Gliederzahl nach allen Seiten hin genaue Daten angeben.
Das tun wir nicht zur Selbstverherrlichung, sondern
aus dem tiefen Bewußtsein, daß wir Diener Christi
und Verwalter der Geheimnisse Gottes sind und daß
der Herr bei jedem einzelnen Treue sucht (1.Kor.
4,1-2). Doch darüber mehr in Kapitel 9 und 10.

XII. VON DEN FORSCHUNGEN UND VERÖFFENTLICHUNGEN

Alle Forschungen, die von der School of World Mission und ihren Vertretern unternommen werden, stehen unter dem Grundsatz, daß der Missionsbefehl des
Herrn Jesus auf das Pflanzen, Bauen und Wachsen der
Gemeinde Jesu gerichtet ist. Man glaubt, daß der
Herr dadurch verherrlicht und gepriesen wird. Wo
dieses nicht geschieht, da versagt die Mission in

ihrer Hauptaufgabe, die als Jüngermachung und Vermehrung von Lokalgemeinden interpretiert wird.

Ohne Daten und statistische Angaben sind die Forschungen undenkbar. Darum erfordern sie viel Arbeit, die direkt in einer Missionssituation auf dem Feld durchgeführt wird. Theorien, Strategien und Methoden werden von der Frucht her beurteilt. Wo sie sich bewährt haben, werden sie weiter angewandt, wo sie sich als nutzlos erwiesen haben, müssen sie ersetzt werden. Forschungen, die bisher unter vielen Völkern, Stämmen und homogenen Missionssituationen durchgeführt worden sind, zeigen unzweideutig, daß es in der Welt viele "missiologisch unfruchtbare Feigenbäume" gibt, wie Professor Peter Wagner zu sagen pflegt.(24)

Der besondere Wert der Forschungsergebnisse liegt darin, daß die Untersuchungen oft von einem aus geschulten Missionstheologen und sachkundigen Einheimischen zusammengesetzten Team unternommen und durchgeführt werden. Diese haben im Laufe von einem Jahrzehnt auf folgenden Gebieten schon etwa zweihundert Manuskripte produziert:
1) Die gesamte missionarische Gemeindesituation in einem Land, 2) Gemeindewachstum in einem geographisch begrenzten Gebiet, 3) das Wachstum der Gemeinde einer bestimmten Konfession oder Denomination in ihrem weltweiten Missionsbestreben, 4) analytische Studien über Kraft und Schwäche angewandter Strategie und Methodik, 5) biblische und theologische Richtlinien in der Weltmission,
6) Studien über die alte aber neuerdings durch J. H. Bavinck (25) bekanntgewordene und zur Missionswissenschaft gehörende <u>Elenktik</u>, deren Hauptaufgabe es ist, Menschen ihrem Gott gegenüber zur Verantwortung zu rufen.

Die Ergebnisse dieser Forschungen und die Monatsschrift "Church Growth Bulletin" bilden gleichsam eine unübertroffene Fundgrube missionstheologischer und -methodischer Information, die Sachkundigen und Laien in vielen Teilen der Erde zugänglich gemacht wird. In der Veröffentlichung und Verbreitung dieser Forschungen spielt William Carey Library in Pasadena (mit Vertretern im Ausland) eine wesentliche Rolle. Die dort gedruckten, sowie viele andere missionswissenschaftlichen Bücher in Englisch und Spanisch können durch den damit verbundenen "Bücherklub" mit bis zu 40% ermäßigter Gebühr bezogen werden. Wer sich mit diesem Schriftgut vertraut macht, wird davon überzeugt sein, daß es nicht ohne <u>Beten</u>, <u>Dienen</u> und <u>Denken</u> zustandegekommen ist.

LITERATURNACHWEIS

(1) Siehe McGavran, Eye of the Storm, und die darin verzeichneten Literaturnachweise.

(2) Der englische Ausdruck: "the supra-cultural God" wurde zuerst von Dr. Charles Kraft, Professor der Anthropologie und Missionswissenschaft an der School of World Mission und Professor der Linguistik an der Staatsuniversität in Los Angeles, geprägt. Er weist aber ausführlich nach, daß andere evangelikale Anthropologen, wie Dr. Eugene Nida, ehemaliger Sekretär der Amerikanischen Bibelgesellschaft, Dr. William Smalley, langjähriger Missionar und Redakteur der Zeitschrift Practical Anthropology, und Dr. Jacob Loewen, Berater für Sprachforschung und Bibelübersetzung in Lateinamerika (1963-1969) und Afrika, schon vor ihm ähnliche Konzepte formuliert haben. Smalley z.B. sprach schon 1955 von "Culture and Superculture" und wies darauf hin, daß Gott außerhalb und über aller Kultur steht, sich aber zum Menschen in seinem Kulturbereich herabläßt und sich mit ihm in seiner Kulturgebundenheit abgibt. Vgl. Smalley, "Culture and Superculture", Practical Anthropology, II (1955), S. 58-71; Kraft, "God, Man, Culture and the Crosscultural Communication of the Gospel", School of World Mission 1972, S. 1-42; ders. "Toward a Christian Ethnotheology", in Tippett, Festschrift, S. 109-126. "Ethnotheology" ist ein zusammengesetzter Begriff aus den zwei akademischen Disziplinen Anthropologie und Theologie, daher "Ethnotheologie".

(3) Gesangbuch der Mennoniten-Brüdergemeinde, 7. Aufl., Winnipeg (Kanada) 1955, Nr. 64.

(4) Erich Sauer, Der Triumph des Gekreuzigten, 8.Aufl., Gütersloh 1948, S. 15-16.

(5) Ebenda, S. 17

(6) Vgl. Charels Kraft, "Toward a Discipline Known

as Ethnotheology", School of World Mission, Pasadena 1972, S. 10-20.

(7) Samuel A. Benetreau, "Evangelism and the Reality of Sin", in One Race, One Gospel, One Task, hg. von Carl F. Henry und W. Stanley Mooneyham, Minneapolis 1967, Bd. II, S. 122.

(8) Otto Bamberger, Was ist es um Sünde und Erbsünde, Witten-Ruhr 1956, S. 17.

(9) Ralf Luther, Neutestamentliches Wörterbuch, Hamburg 1951, S. 171.

(10) Erich Sauer, Das Morgenrot der Welterlösung, Gütersloh 1951, S. 55.

(11) McGavran, Church Growth and Christian Mission, S. 155-157.

(12) So etwa die Gemeinde der mennonitischen Brüder in Südindien. Vgl. The Church in Mission, hg. von A. J. Klassen, Hillsboro (Kansas) 1967. S. 398-410 geben statistische Daten der Mission.

(13) Siehe J. Waskom Pickett, Christian Mass Movements in India, 2. Ind. Ausgabe, Lucknow 1969. Ein sehr lehrreiches Beispiel ist die Massenbewegung der Sudra im Land der Telugu in Südindien, S. 284-301. Man vgl. auch Georg F. Vicedom, Church and People in New Guinea, London 1961. Nur in Englisch.

(14) Vgl. McGavran, Understanding Church Growth, S. 31-48.

(15) Siehe Vicedoms Buch Missio Dei, München 1958; auch Mission of God, Engl. von Gilbert A. Thiele und Dennis Hilgendorf, Saint Louis 1965.

(16) McGavran, Understanding Church Growth, S. 31.

(17) Ebenda, S. 34.

(18) Ders., Church Growth and Christian Mission, S. 71-72.

(19) Ebenda, S. 72.

(20) Tippett, Church Growth and the Word of God, S. 31-33. Christian Keysser berichtet unter anderem von der Bekehrung eines großen Papuastammes. Siehe seine Schrift: Gottes Weg ins Hubeland, Neuendettelsau 1949, S. 32-48.

(21) Vgl. ebenda S. 58-61.

(22) Vgl. ebenda, S. 61f.; McGavran, How Churches Grow, S. 93f.

(23) Über Gemeindedisziplin siehe meine Schrift: "Church Discipline: A Redemptive Approach", Journal of Church and Society, Fall 1970, S. 40-61; auch E. Wächter, Gemeindezucht, Witten-Ruhr 1927.

(24) C. Peter Wagner, "Missiological Research in the Fuller Seminary School of Mission", Pasadena 1972, S. 1.

(25) Siehe J.H. Bavinck, An Introduction to the Science of Missions, Engl. von H. Freemann, Philadelphia 1960, S. 221ff.

ZWEITER TEIL

BIBLISCH - THEOLOGISCHE FUNDIERUNG

Die Missionsliteratur vergangener Jahrzehnte bestätigt das Urteil, daß eine der Krisen in der Gemeindeexpansion es mit der Verdunkelung und Umnebelung gewisser biblisch-theologischer Konzepte zu tun hat, die das Fundament der Mission gleichsam gefährden. Darum geben wir Klaus Bockmühl recht: "In einer Krise, wie sie die abendländischen Kirchen betrifft, bedeutet Mission die Notwendigkeit einer Wiederholung der theologischen Grundlagen." Das hat in unserer Zeit kaum jemand deutlicher erkannt als der Tübinger Professor Dr. Peter Beyerhaus. Davon legen seine vielen Schriften Zeugnis ab.

Hier soll aber nicht allgemein von einer Missionstheologie die Rede sein. Es geht vielmehr nur um die Begriffe von <u>Gemeinde</u>, <u>Mission</u>, <u>Evangelisation</u> und <u>Bekehrung</u>, die nachfolgend in geraffter Form behandelt werden. Diese bilden gleichsam die biblischen Stützpunkte, die für jedes missionarische Unternehmen, sowie für die Gemeindewachstumsbewegung äußerst wichtig sind. Der biblische Sendungsbefehl jedoch steht an der Spitze.

Kapitel 3

Der evangelistisch - missionarische Auftrag

"Unser Auftrag ist, Zeugen Christi zu sein bis ans Ende der Erde; unser Lohn ist die Gegenwart Christi bis ans Ende der Zeit."
John R. W. Stott

Der biblische Auftrag läßt sich nach Größe und Umfang an drei Dimensionen erkennen(1): 1) Die evangelistisch-missionarische Dimension, 2) die kulturell-gesellschaftliche Dimension, 3) die theologisch-didaktische Dimension. Die ersten zwei werden in der Gemeindewachstumsbewegung häufig betont(2), die dritte muß aber als ein zum Umfang gehörender Bestandteil hinzugefügt werden, weil sie es mit der Bewahrung und Ausführung der reinen biblischen Lehre zu tun hat. Darin haben besonders die von den Glaubensgemeinden und -gemeinschaften unterstützten Bibelschulen, Seminare und christlich ausgerichteten Hochschulen eine wichtige Rolle. Die zweite Dimension des Auftrags im erweiterten Sinne hat die Verpflichtung, sich des ganzen Menschen in den sozialen Nöten innerhalb seines Kulturraums anzunehmen. Der brasilianische Jorge de Lima hat sich dazu etwa so geäußert: "Ich widme mich im Dienst dem ganzen Menschen nach Geist, Seele und Leib, damit er als ganzer Mensch ganz genese und heil werde." (3) Der kulturell-gesellschaftliche Auftrag muß dem evangelistisch-missionarischen <u>nebenan</u>, aber nicht <u>voran</u> gestellt werden, wie es gar zu oft geschieht. (4) Priorität gehört dem evangelistischen Einsatz. Darüber werden wir in Kapitel 5 ausführlicher sprechen.

So fällt hier die Hauptbetonung auf die erste Dimension des biblischen Auftrags. Als Grundlage dienen die Schrifttexte nach Joh. 20,19-23, Luk.24, 44-49, Mark. 16,15-16, Matth.28,16-20, Apg.1,8. Wir unterstreichen vier Leitgedanken: die unentbehrliche Ausrüstung, das beispielhafte Muster, das eigentliche Warum, die allgenugsame Zusage.

I. DIE UNENTBEHRLICHE AUSRÜSTUNG

Diese begründet der Herr mit den Worten: "Friede sei mit euch"! Und: "Nehmet hin den Heiligen Geist"! (Joh. 20,21-22). Das ist nach Lukas "die Kraft aus der Höhe" (24,49), "die Kraft des Heiligen Geistes" (Apg. 1,8). Die Ausrüstung für den evangelistisch-missionarischen Dienst haben wir also in einem zweifachen Geschenk Gottes zu suchen: Friede und Heiliger Geist.

A. DER FRIEDE

Bevor wir als Boten der Versöhnung die unversöhnten Menschen zur Versöhnung mit Gott aufrufen, müssen wir selbst Versöhnte sein. Bevor wir Friedensträger werden können, müssen wir Friedensbesitzer sein. Der Friede Christi, von dem hier die Rede ist, bezieht sich auf zwei wichtige Gebiete des Lebens: auf das Gewissen und auf die Gewißheit.

1. Der Gewissensfriede
Aus dem Zusammenhang des Bibelwortes geht klar hervor, daß es dem Herrn Jesus bei der Ausrüstung seiner Jünger, seiner Gemeinde, in erster Linie um die Reinheit des Gewissens und Herzens, um die Sündenvergebung, geht. Schon vor der Kreuzigung und Auferstehung hatte er zu ihnen gesagt: "Frieden hinterlasse ich euch, ja meinen Frieden gebe ich euch" (Joh. 14,27 nach Bruns).

Diese Gabe ist nicht nach der Art der Welt.

Der Gewissensfriede, die Sündenvergebung, das reine Herz, um das David bat (Ps. 51,12), und der "süße Friede", nach dem sich des strebenden Goethes geplagter Geist im Gedicht "Wanderers Nachtlied I" sehnt, ist der Friede, der allein durch den Kreuzestod Jesu erworben worden ist. Denn "durch sein Blut am Kreuz hat er den Frieden wiederhergestellt" (Kol. 1,20). Die Male in Händen und Seite sind Beweis dafür. Nur wer den Gewissensfrieden durch Jesu Blut als Geschenk bekommen hat, kann Bote des Friedens an eine friedelose Welt sein. Doch da ist ein zweites:

2. Der Gewißheitsfriede

Gewiß hatten die Jünger durch ihr Vergehen gegen den Herrn sowie durch andere Sünden in ihrem Leben das Gewissen belastet. Doch zu dieser Belastung hatte sich eine andere gesellt: die Ungewißheit betreffs der Mission ihres Meisters. Ihr Glaube lag im Chaos. Ihre Gewißheit war für den Moment erschüttert. Zweifel hatte sie gepackt.(5)

Darum war der Friedenszuspruch (Joh. 20,21) nicht nur Vergebung für das belastete Gewissen, sondern auch Balsam für die verletzte Gewißheit. Die Nägelmale in den Händen und der rohe Fleck an der Seite bestätigten, daß der in ihre Mitte getretene Herr tatsächlich der gestorbene und auferstandene Christus war. Ja, der am Kreuz Gestorbene war der vom Grab Erstandene. "Da wurden die Jünger froh, sie sahen ja ihren Herrn. Er aber sagte zum zweiten Mal zu ihnen: 'Friede sei mit euch!'" (Joh. 20,21 nach Bruns).

Als Boten der Versöhnung, die wir Menschen zur Buße und Bekehrung rufen, damit die Gemeinde der Gläubigen wächst, haben wir als erstes Bedürfnis die Vergebung der Sünden, dadurch empfangen wir den

Gewissensfrieden. Darauf folgt die Vergewisserung, daß der Herr auferstanden ist und lebt, dadurch erlangen wir den Gewißheitsfrieden. Nur wenn dieser doppelte Friede vorhanden ist, können wir mit Überzeugung den gekreuzigten und auferstandenen Christus predigen. Diese Kardinalwahrheit muß in unserer Botschaft an die Welt immer kombiniert werden. Wir dürfen nie den Gekreuzigten auf Kosten des Auferstandenen predigen (vgl. 1.Kor. 15,17-19), wie es etwa in Lateinamerika durch die Jahrhunderte hindurch getan wurde.(6) Wir dürfen aber ebensowenig den Auferstandenen auf Kosten des Gekreuzigten verkünden, wie es etwa von Theologen geschieht, denen das Kreuz ein Anstoß oder sogar eine lächerliche Sache ist (vgl. 1.Kor. 1,18-23, 2,1-2).

B. DER HEILIGE GEIST

Das ist nun der zweite Teil der unentbehrlichen Ausrüstung: "Empfanget den Heiligen Geist!" (Joh. 20,22 nach Bruns). Luther hat übersetzt: "Nehmet hin den heiligen Geist!" Das ist die vom Vater verheißene Kraft, die Kraft aus der Höhe, die den Jüngern von gestern und heute als Ausrüstung zur Ausführung des großen evangelistisch-missionarischen Auftrags gegeben wird (vgl. Luk. 24,48-49, Apg.1,8). Da wir in Kapitel 14 ausführlicher zum Thema "heiliger Geist und Gemeindewachstum" sprechen werden, fassen wir uns hier kurz.

Die Verheißung des Heiligen Geistes war in der Heilsgeschichte nichts Neues. Die Propheten hatten schon davon geweissagt (vgl. Joel 3 mit Apg. 2,17f.). Der Herr Jesus hatte selbst wiederholte Male davon geredet (vgl. Joh. 7,37-39, 14,26, 15,26, 16,7-15). In diesem Kreis erinnerte er seine Jünger an die vielen Verheißungen und bestätigte ihre Erfüllung mit Wort und Hauch. Wie er die Friedensgabe durch sichtbare Zeichen in Händen und Seite bekräftigte, so bekräftigte er hier die Geistesgabe durch spürbaren Hauch. Nach dieser Erfahrung konnten die Jünger den Heiligen Geist nicht mehr von Jesu Person, Leben und Wirken trennen. Der Geist war des Herrn Gabe an die Jünger, sein heiliger Hauch als Ausrüstung für einen heiligen Dienst: "Es soll nicht durch Heer oder Kraft, sondern durch meinen Geist geschehen, spricht der Herr Zebaoth" (Sach. 4,6 nach Luther).

II. DAS BEISPIELHAFTE MUSTER

Nach dem Friedenszuspruch sagte der Herr zu den Jüngern: "Wie mich der Vater gesandt hat, so sende ich euch" (Joh. 20,21 nach Mühlheimer). In diesen Worten finden wir die einfachste Form des evangelistisch-missionarischen Befehls. Während Markus vom Predigen der Frohbotschaft, Matthäus vom Jüngermachen und Lukas vom Zeugen in Geisteskraft redet, spricht Johannes vom Senden, vom "Missionieren".

A. DAS "WIE" DER SENDUNG

Der Auftrag wird durch ein lebendiges Beispiel illustriert und durch ein grammatisches Wortspiel ausgedrückt: "_Wie_ mich der Vater sandte, _so_ sende ich euch." Dies sprachliche "So-wie-so" des Auftrags bindet die Sendungsweise des Sohnes an die des Vaters. D. h. daß der Sohn seine Gemeinde in derselben Weise in die Welt sendet, wie der Vater ihn in die Welt gesandt hat. Die legitime Frage ist nun die: "Wie hat der Vater den Sohn in die Welt gesandt?" John R. W. Stott, London, gibt darauf eine dreifache Antwort: Durch das _Geborenwerden_ in die Welt, durch das _Leben_ in der Welt, durch das _Sterben_ für die Welt.(7)

1. Die Geburt Jesu in die Welt hinein

"Das Wort ward Fleisch", sagt Johannes (1,14).
Paulus beschreibt diesen Vorgang in Phil. 2,5-8.

Wenn es je missionarische Identifikation gegeben hat, hier gibt es sie. Der von Gott gesandte "Missionar" oder "Apostel", wie er auch genannt wird (Hebr. 3,1), kreuzte nicht nur die Grenze aus einem Sprach- und Kulturraum in den anderen, wie es der Missionar von heute tut, wenn er etwa von Deutschland nach Neuguinea oder von Japan nach Brasilien gesandt wird. Auf dem Wege der Fleischwerdung kam der Sohn Gottes aus dem "Supra-Kulturraum", in dem es keine Kulturbeschränktheit gibt, und stieg in die Welt der Menschen, wo er geographisch, sprachlich und ethnisch an Land, Volk und Kultur gebunden war. So wurde er "als schlichter Mensch" (Phil. 2,7) "in allen Dingen seinen Brüdern gleich ...zu versöhnen die Sünden des Volkes" (Hebr. 2,17).

2. Das Leben Jesu in der Welt
Johannes sagt, daß Jesus unter uns wohnte, zeltete (Joh. 1.14). Auch bezeugt er, daß sie als Jünger den Herrn sahen, hörten und sogar betasteten (1. Joh. 1,1-3). Während seines Erdenlebens war Jesus Hunger und Heimweh, Haß und Hohn, Tränen und Trauer, Versuchung und Verfolgung, Verleugnung und Verurteilung ausgesetzt. Von der Krippe bis zum Kreuz lebte Christus als Mensch in der Welt. Er arbeitete, wanderte, ruhte, betete, lehrte, predigte, liebte, segnete.

3. Das Sterben Jesu für die Welt
Das Wort ward nicht nur Fleisch und wohnte unter uns, Jesus starb am Kreuz unter Sterbenden, er, der Lebensfürst. Er wurde von Sündern verflucht und wurde selbst ein Fluch (vgl. 2.Kor. 5,21, Gal. 3, 13). Er lernte Gehorsam im Leben (Hebr. 5,8) "und ward gehorsam bis zum Tode, ja, zum Tode am Kreuz" (Phil. 2,8). Er nahm unsere Sünden auf sich und starb für uns Sünder.

B. DAS "SO" DER SENDUNG

Haben wir auf das "So-wie" der Sendung das Vaters geschaut, so müssen wir auch auf das "So" der Sendung des Sohnes sehen. "Wie mich der Vater gesandt hat, so sende ich euch." Der Sohn Gottes wurde als Mensch in die Welt geboren, er lebte unter Menschen, er identifizierte sich mit ihren Leiden und Freuden, er gab sein Leben für sie hin. "So", sagt er, "sende ich euch auch". Dazu kommentiert Stott:

> "Unser Versagen in dieser Beziehung scheint mir die größte Schwäche in der heutigen Evangelisation zu sein. Wir identifizieren uns nicht. Wir rufen dem Ertrinkenden aus der Ferne des sicheren Ufers zu, was er tun soll, aber wir springen nicht ins Wasser, ihn zu retten. Jesus aber verkündigte die Erlösung nicht aus fernem Himmel; in großer Herablassung kam er zu uns.
>
> Unser Zögern ist zum Teil erklärlich. Es stammt aus der Reaktion gegen die Handlung derer, die Identifikation auf Kosten von Proklamation betreiben. 'Wir müssen uns zu den Ungläubigen setzen', sagen sie ganz richtig. Falsch aber ist ihre Behauptung: 'Wir haben den Ungläubigen nichts zu sagen. Wir müssen nur zuhören, was sie uns zu sagen haben, und ihnen erlauben, uns zu belehren.' Gewiß wollen wir bereit sein, zu hören und zu lernen; aber wir müssen auch bereit sein, zu reden. Evangelisierung, die nach dem Vorbild Christi aufgebaut ist, ist weder Proklamation ohne Identifikation, noch Identifikation ohne Proklamation. Beide gehören zum Ganzen. Jesus Christus ist das Wort Gottes, die Proklamation Gottes. Um aber verkündigt zu werden, wurde das Wort Fleisch und wohnte unter uns."(8)

So sandte Gott den Sohn. So sendet der Sohn die
Gemeinde. So sendet die Gemeinde die Knechte und
Mägde, die den Sendungsruf vernommen haben und ihm
gehorsam sind. Dies heilige Vermächtnis erbitten
wir auch für unsere Kinder, indem wir als Eltern
die Hände auf sie legen und beten: "Herr Jesus,
Allmächtiger, <u>wie</u> du die Gemeinde gesandt und uns
durch die Gemeinde, <u>so</u> sende auch unsere Kinder mit
uns oder nach uns. Du gabst sie uns. Wir weihen sie
dir, Amen!"

Wir wollen aber immer damit rechnen, daß das "So"
des Gesandtwerdens und Dienens auch das "So" des
Leidens und Sterbens bedeutet. Dafür gibt die Geschichte der Gemeinde Jesu Beispiel auf Beispiel.

III. DAS EIGENTLICHE WARUM

Die verschiedenen Evangelien lassen uns die verschiedenen Aspekte des Auftrags konstatieren.

A. NACH MATTHÄUS UND MARKUS

"Gehet hin und macht alle Völker zu Jüngern, indem
ihr die Menschen auf den Namen des Vaters, des Sohnes und des Heiligen Geistes tauft und sie alles
halten lehrt, was ich euch befohlen habe" (Matth.
28,19-20 nach Bruns). Markus gibt das Herrenwort in
dieser Form wieder: "Gehet hin in alle Lande und
prediget das Evangelium der ganzen Welt. Wer glaubt
und getauft wird, soll gerettet werden, wer aber
nicht glaubt, wird verurteilt werden" (Kap. 16,15-
16 nach Mühlheimer).

Diesem Sendungsbefehl geht eine Allmachtserklärung
voraus: "Mir ist alle Macht im Himmel und auf Erden gegeben" (Matth. 28,18 nach Rienecker). So redet der Auferstandene, der den Sieg errungen, die

Erlösung vollbracht, der den Tod bezwungen hat durch seine Allmacht.

Hinter dem Befehl: "Gehet hin!" steht die Erklärung: "Ich habe alle Macht." Dazu sagt der verstorbene Bibellehrer von St. Chrischona, Fritz Rienecker:

> "Der große und einzigartige Gesandte Jesus Christus, der auferstandene, lebendige und machtvolle Sohn Gottes - sendet. Diesmal ist die Sendung nicht eine vorläufige, begrenzte, vorübergehende und einmalige Sendung wie in Matth. 10, sondern diesmal ist die Sendung eine endgültige, unbegrenzte, bleibende und fortdauernde. Die völkisch begrenzte Enge der Synagoge ist durchbrochen und zur Universalität der Gemeinde geworden. Die alle Welt umfassende Gemeinde Jesu hat das völkisch begrenzte Denken des Alten Bundes durch den alle Grenzen auflösenden Neuen Bund abgelöst."(9)

Matthäus und Markus geben dem Sendungsauftrag einen konkreten Inhalt: Die Verkündigung des Evangeliums oder das Jüngermachen, der Taufvollzug an den zum Glauben gekommenen Jüngern oder die Gemeindeerweiterung, die Lehrtätigkeit unter den jungen Gläubigen oder die Gemeindepflege. Das Ergebnis ist das normale quantitative und qualitative Gemeindewachstum.

1. "Machet alle Völker zu meinen Jüngern!"
Das ist die Kontinuität des begonnenen Werkes Jesu. "Seine Reden waren weiter nichts als ein Ruf zur Jüngerschaft, zur Nachfolgerschaft", sagt Rienecker. (10) Als Gesandte Jesu bleibt es die Aufgabe der Gemeinde und ihrer Gesandten, alle Menschen vor die Entscheidung zu stellen.

Der Befehl Jesu ist ein Universalbefehl. Im Gegensatz zur alttestamentlichen Begrenztheit und Partikularität eines einzigen Volkes bezieht er sich auf alle Völker (nicht _nur_ auf Israel, aber _auch_ auf Israel), auf alle ethnischen Volksgruppen, auf alle Sippen und auf alle Stämme. Das Jüngermachen aller Völker kann durch viele Einzelbekehrungen geschehen, wie es wohl in vielen Fällen auf den Missionsfeldern geschieht. Aber es gibt auch Fälle, wo sich ganze Familien, Sippen, Stämme und Volksgruppen zu Christus bekehren, wie Gustav Warneck, (11) Bruno Gutmann,(12) Christian Keysser,(13) J. Waskom Pickett,(14) Georg Vicedom,(15) Donald McGavran(16) und Alan Tippett(17) überzeugend nachgewiesen haben.

2. "Taufet die Völker auf den Namen des Vaters und des Sohnes und des Heiligen Geistes!" Darin liegt die zweite Missionsaktion der Gesandten. Von der theologischen Bedeutung der Taufe kann hier nicht die Rede sein. Darüber haben kompetente Gottesmänner schon viel geschrieben.(18) Wichtig ist aber zu beachten, daß hier die Glaubenstaufe gemeint ist, wie Hans Bruns richtig betont.(19)

Die Taufe dürfen wir nicht als etwas "Nebensächliches" betrachten, wenn wir uns sonst unter den evangelistisch-missionarischen Sendungsbefehl des Allmächtigen stellen. Gerade durch sie erfahren die Neubekehrten das "Überschreiten der Grenze zwischen beiden Bereichen, der Todeswelt und der Welt des Lebens", wie der Tübinger Professor Dr. Peter Beyerhaus sagt.(20) Auf dem Missionsfeld bedeutet die Taufhandlung oft den klarsten Entscheidungsschritt aus der bisherigen Religionswelt in die neue Welt der Christusnachfolge, aus dem alten Raum der Kulturgebundenheiten in eine befreiende Geistesgemeinschaft mit andern Gläubigen. Durch die Taufe wird die Aufnahme des jungen Christen in den Leib Christi bestätigt. Wer das Wort vom Kreuz und der Auferstehung Jesu annimmt und sich taufen läßt, wird nach dem Urmuster von Apg. 2,41 zur Gemeinde hinzugetan. Da genießt er geistliche Pflege und Gemeinschaft durch Gebet, Abendmahl und biblische Unterweisung (Apg. 2,42).

3. "Lehret sie alles halten, was ich euch aufgetragen habe." Das ist das Lehramt in der Gemeinde. Das ist nicht mehr das evangelistische Heroldswort, das zur Entscheidung auffordert und zur Jüngerschaft ruft, sondern es ist, wie Rienecker es ausdrückt, "das Vertiefungswort, das Seelsorgewort, das Lehrwort, das Wort, das immer mehr den Reichtum der himmlischen Berufung in Jesus Christus erschließen soll."(21)

Im Sinne der Gemeindewachstumsbewegung ist es das Wort, das zum qualitativen Wachsen des Jüngers führt. Durch dieses Wort wachsen sie zu reifen, verantwortungsvollen Gemeindegliedern heran, die den evangelistisch-missionarischen Auftrag selber ernstnehmen und im Gehorsam ausführen.

B. NACH LUKAS UND JOHANNES

Als Wirkungskraft des Sendungsauftrags weisen die Evangelisten mit Nachdruck auf den Heiligen Geist hin, wie wir schon gezeigt haben. Ein weiteres Element des Auftrags hat es mit der Sündenfrage zu tun. Lukas sagt, es "soll in seinem (Christi) Namen allen Völkern verkündigt werden, daß sie sich bekehren und dadurch Vergebung der Sünden bekommen" (Kap. 24,47 nach Bruns). Das ist und bleibt die Botschaft. Bei Johannes wird den Jüngern Vollmacht der Vergebung oder auch der Vorenthaltung (ähnlich wie in Matth. 16,18-19, 18,15ff.) gegeben: "Wenn ihr jemand die Sünden vergebt, dem sind sie vergeben, wenn ihr sie jemand behaltet, dem sind sie behalten" (Kap.20,23 nach Bruns).

Das Johanneswort hat im Christentum schon zu vielen Debatten geführt. Nach dem zu urteilen, was Bibelausleger dazu sagen, ist eine Erklärung nicht einfach. Strack und Billerbeck weisen sprachlich nach, daß die Wörter "vergeben" und "behalten" bei Johannes so wie "lösen" und "binden" bei Matthäus jüdische Fachausdrücke waren, die die richterlich-amtliche Handlung der Priester bei Exkommunikation und Wiederaufnahme beschrieben. Welches Wort gebraucht wurde, hing ganz davon ab, ob der Betreffende Buße oder Unbuße zeigte.(22) Darum geht es hier weniger um eine Vergebungsautorität als um eine Erklärungsautorität, die die durch Buße vorangegangene Vergebung kundtut. Wo keine Buße vorangegangen ist und keine Vergebung stattgefunden hat, da bleibt die Sünde natürlich behalten. Äußerst wichtig ist aber, daß der vorhandene Zustand von der wahren geistlichen Gemeinde erkannt und ausgesprochen wird. Das ist Seelsorge im tiefsten Sinne (vgl. Jak. 5,19-20, Matth. 18,10-22).

IV. DIE ALLGENUGSAME ZUSAGE

Nach Matthäus und Markus heißt es bei Luther: "Mir ist gegeben alle Gewalt im Himmel und auf Erden... Darum gehet hin in alle Welt und prediget das Evangelium allen Völkern... Und siehe, ich bin bei euch alle Tage bis an der Welt Ende."

Als Boten der Versöhnung unter dem evangelistisch-missionarischen Auftrag bleiben uns die "Eliastunden" nicht erspart. Was mich in meinen missionarischen und evangelistischen Diensten am meisten ermutigt hat - selbst in "Eliastunden" - ist immer der Missionsbefehl und die damit verbundene Gegenwartszusage des sendenden Allherrn. Der da sagt: "Ich sende euch", sagt auch: "Ich bin bei euch!" Durch das eine tragen wir das Evangelium bis ans Ende der Erde, durch das andere spricht er uns seinen Beistand zu bis zur Vollendung der Zeit. Darin liegt eine gewaltige Kraft, ein Geheimnis gleichsam, das sich nicht <u>erklären</u>, aber <u>erfahren</u> läßt.

Rienecker nennt diese Verheißung "die eigentliche Ausrüstung und Legitimation", die die Gemeinde zu ihrem evangelistisch-missionarischen Auftrag befähigt und ermächtigt.

LITERATURNACHWEIS

(1) Zum reichhaltigen Schrifttum über den Sendungsbefehl nenne ich einiges: John R. W. Stott, "The Great Commission", Christianity Today, 26. April 1968, S. 3-5; 8.Mai 1968, S. 10-14. Ders. in: One Race, One Gospel, One Task, hg. von Carl F. Henry und Stanley Mooneyham, Minneapolis 1967, Bd. I, S. 37-56. John Mackay, "The Great Commission and the Church Today", in: Missions Under the Cross, hg. von Norman Goodall, New York 1953, S. 129-141. Karl Barth, "An Exegetical Study of Matthew 28, 16-20", in: The Theology of the Christian Mission, hg. von Gerald H. Anderson, Nashville und New York 1961, S. 55-71. Peter Beyerhaus, Allen Völkern zum Zeugnis, Wuppertal 1972, bes. S. 133-141.

(2) Vgl. Arthur F. Glasser, "Confession, Church Growth, and Authentic Unity in Missionary Strategy", in: Protestant Crosscurrents in Mission: The Ecumenical-Conservative Encounter, hg. von Norman Horner, Nashville und New York 1968, S. 178-184.

(3) Siehe meine Schrift, "Jorge de Lima: The Medical Poet-Priest of Northeastern Brazil", Revue des Langues Vivantes, XXXVI (1970), S. 295-305.

(4) Glasser schreibt darüber in idea Nr. 14, 2. April 1973, S. VIII. Vgl. auch seinen Aufsatz in Evangelical Missions Quarterly, Vol. 9, No. 3 (Spring 1973), 144-149.

(5) Vgl. Stott, "Great Commission", Christianity Today, 26. April 1968, S. 4.

(6) In den lateinamerikanischen Staaten findet man von Mexiko bis Argentinien das Kreuz als "Wahrzeichen des Todes" in Kirchen und Kapellen, auf Bergen und Hügeln, an Straßen und in Parks errichtet. Millionen beten den toten Christus am Kreuz an und verlassen den Ort der Anbetung, wie sie zu ihm kamen, mit Sünden beladen. Vgl. mein Manuskript "Miracle, Mystery, and Authority", das in Evangeli-

cal Missions Quarterly erschienen ist.

(7) Stott, "Great Commission", in: One Race, Bd. I, S. 40.

(8) Stott, "Great Commission", Christianity Today, 26. April 1968, S. 4.

(9) Fritz Rienecker, Das Evangelium des Matthäus, Wuppertal 1959, S. 377-378.

(10) Ebenda, S. 378.

(11) Gustav Warneck, Evangelische Missionslehre, Gotha 1902, Bd. III, Teil 1, S. 210-286; vgl. Peter Beyerhaus, Die Selbständigkeit der jungen Kirchen als missionarisches Problem, 3..Aufl., Wuppertal-Barmen, S. 78-87.

(12) Bruno Gutmann, Gemeindeaufbau aus dem Evangelium, Leipzig 1925; vgl. Beyerhaus, Selbständigkeit, S. 88-96.

(13) Christian Keysser, Eine Papuagemeinde, Kassel 1929; vgl. Beyerhaus, Selbständigkeit, S. 97-105.

(14) J. Waskom Pickett, Christian Mass Movements in India, Lucknow (Indien) 1933 und 1969.

(15) Georg Vicedom, Church and People in New Guinea, London 1961, S. 10-23.

(16) McGavran, Bridges of God, S. 8-16; 69-108.

(17) Tippett, People Movements, S. 198-226.

(18) Zur Taufe sind zu empfehlen: Johannes Warns, Die Taufe, Kassel 1913. Johannes Schneider, Die Gemeinde nach dem Neuen Testament, Kassel 1955, S. 52-65; Beyerhaus, Allen Völkern, S. 16-19.

(19) Bruns, Bibel, Erklärung zu Markus 16,16.

(20) Beyerhaus, Allen Völkern, S. 18

(21) Rienecker, Matthäus, S. 379.

(22) Hermann L. Strack und Paul Billerbeck, Kommen-

tar zum Neuen Testament aus Talmud und Midrasch, München 1969, Bd. I, S. 738-747; Bd. II, S. 585-586.

KAPITEL 4

DER GEMEINDEBEGRIFF

"Die Menge aber der Gläubigen war ein Herz und eine Seele, und es war große Gnade bei ihnen allen."

Apg. 4,32-33

Von einzelnen Ausnahmen abgesehen, befassen sich weder die von der ökumenischen Bewegung noch die von den Evangelikalen veröffentlichten Missionsschriften eingehend mit dem Gemeindekonzept. Sollte man nicht gerade in der Missionsliteratur, die uns ja über Gemeindegründung, Gemeindebau und Gemeindewachstum unterrichtet, die Frage nach Wesen, Struktur und Funktion der Gemeinde Jesu Christi erörtert und erläuert finden? Mit Bedauern stellen wir fest, daß das zu selten geschieht.(1) Die Konsequenzen führen unwillkürlich zur evangeliumsleeren Humanisierungsmission. Darin sehen Beyerhaus(2) und Bockmühl(3) die theologische Krise der Mission heute.

Der amerikanische Prediger, Dr. Paul P. Fryhling, hat sich in einem Artikel in <u>United Evangelical Action</u> mit der Frage nach dem Gemeindebegriff auseinandergesetzt und ist zu dem Entschluß gekommen, daß das Christentum von dem in ihm vorhandenen falschen Gemeindekonzept schwerer von "Irrtümern, ekklesiastischer Willkür, Kräftvergeudung und fruchtlosen Bemühungen" in Mitleidenschaft gezogen worden ist, als aus irgendeinem anderen Grund.(4) Die Tatsache, daß man heute allerlei soziale, politische und revolutionäre Fragen unter dem allgemeinen Schirm als "Gemeindearbeit" oder sogar "Gemeindemission" betrachtet haben will, macht Fryhlings Urteil allzu wahr.

I. SPRACHLICHES BABEL

Wie das Wort "church" im englischen Sprachraum(5), so haben die Begriffe "Kirche" und "Gemeinde" auf deutschem Sprachgebiet verschiedene Bedeutungen. Vor einigen Jahren besuchten meine Frau und ich im Bundesstaat Oregon die Versammlungen einer Gruppe von Gläubigen, die im Begriff war, in der Stadt eine Lokalgemeinde zu pflanzen und zu bauen. Da gab der Prediger an einem Sonntagvormittag bekannt: "I would request that the 'church' stay for a short discussion rigth after 'church' this morning to decide on the 'church' property which our 'church' intends to buy as a site for the new 'church'." Damit meinte er, daß die registrierten Gemeindeglieder gleich nach dem Gottesdienst zurückbleiben möchten, um über das von seiner Denomination für die lokale Gruppe in Aussicht genommene Grundstück zwecks Bau eines neuen Gotteshauses zu entscheiden. Dieses Beispiel deutet in einem Satz die Vieldeutigkeit des englischen Wortes "church" an.

Die vielseitige Deutung von "Gemeinde" und "Kirche" im deutschen Sprachraum steht der im englischen kaum nach. Dazu ein paar Beispiele. 1. "Gemeinde" kann für die sich an einem Ort versammelten Gläubigen als Lokalbegriff gelten, wie etwa "die Brüdergemeinde zu Uberaba". 2. Wenn man die Wörter als Kollektivbegriffe auffaßt, dann kann man von Christen in einem Lande, auf einem Kontinent oder in der Welt überhaupt als von der "Gemeinde" oder "Kirche" sprechen. In diesem Sinne redet man von der "Universalgemeinde" und "Weltkirche". 3. Oft werden die Ausdrücke "Gemeinde" oder "Kirche" als geographisch unbegrenzte konfessionelle Organisation verstanden, wie z.B. die "Lutherische Kirche". 4. Den recht vagen Begriff, dessen man sich oft bedient, um "Gemeinde" oder "Kirche" als religiösorganisatorische Vereinigung im Gegensatz zu einer säkularen Verbindung in der Gesellschaft zu bezeichnen, muß man genau umschreiben, um ihn zu verstehen. 5. Im deutschen Sprachraum redet man auch von der "Gemeinde" als von einer geographisch abgegrenzten, politisch-wirtschaftlichen Einheit. So las ich z. B. auf dem Flug von Los Angeles nach Frankfurt in einer Zeitung über ein Städtchen in der Schweiz: "Die 17.300 Einwohner zählende Gemeinde hat aus Rationalisierungsgründen die Kleinschreibung eingeführt."(6) 6. Das Wort "Kirche" allein trägt mehr zur Erschwerung als zur Klärung der Sache bei. Wenn man sagt: "Ich gehe zur Kirche", dann kündigt man damit an, daß man zu einem Gottesdienst geht. 7. Oft hört man auch Menschen sagen, daß ihre "Kirche" an der "Hirtenstraße 74" oder an sonst einer Straße steht. Gemeint ist natürlich der Bau, in dem sich Menschen zum Gottesdienst oder zur Anbetung versammeln. 8. Man hört zuweilen auch Menschen anerkennend über die schöne "Kirche" reden und weiß, daß die Beteiligten entweder den Gottesdienst liturgisch schön oder den Bau, in dem der Gottesdienst stattfand, ästhetisch schön gefunden haben. 9. Außerdem schreibt und spricht man (besonders in Europa) von den "Landeskirchen" einerseits und von den "Freikirchen" andererseits. 10. Oft hat man das Wort "Kirche" exklusiv auf den evangelisch-lutherischen und auf den reformierten Sektor der protestantischen Christenheit bezogen und alle diesem nicht angehörenden Gruppen als "Sekten" bezeichnet. Damit wurde ihnen die Legitimität, auch Kirche zu sein, streitig gemacht.

Daß solche und ähnliche Konzepte von Gemeinde und Kirche verwirrend wirken, bedarf kaum weiterer Beweise. An dem sprachlichen Babel läßt sich wenig ändern. Selbst eine Differenzierung zwischen Gemeinde und Kirche, wie sie von Theodor Haarbeck und von Pastor Witt (siehe Kap. 9) vorgenommen wurde, ist zur Lösung des Problems ungenügend. Doch es gelingt Haarbeck und Witt, uns den Unterschied bewußt zu machen, der zwischen der wahren Gemeinde

und der Formkirche besteht. Haarbeck spricht von
dem "Leibe Christi" als von der "Gemeinschaft der
Heiligen" und "Gemeinde der Gläubigen" einerseits,
und von der "Kirchenanstalt" als von der "Volks-
und Landeskirche" andererseits.(7) Im Sinne des
jungen Luthers und frühen Pietismus könnte man dies
als die <u>ecclesiola in ecclesia</u>, die Gemeinde in der
Kirche, bezeichnen. Das kann aber auch auf die
Freikirchen und Konfessionen angewandt werden. Denn
auch da gibt es lebendige Gemeinde innerhalb der
Organisation.

Organisch ist die Glaubensgemeinde horizontal miteinander unter Gliedern und vertikal zu ihrem Haup-
te, Christus, verbunden. Organisatorisch mag sie
aus praktischen Gründen ihre eigene Struktur bilden,
oder aber innerhalb einer institutionellen "Kirchenanstalt" ihre Lebenskräfte in den Dienst Christi
stellen. Nur der scheinbare, aber nicht der eigentliche Dualismus besteht zwischen Glaubensgemeinschaft und Kirche; dieser besteht nur zwischen den
Gläubigen und den Ungläubigen, zwischen Gemeinde
der Gläubigen und der Welt. Die örtliche Gemeinde
oder Kirche der Gläubigen ist der sichtbare Ausdruck des Leibes Christi.

II. BIBLISCHE AUSSAGEN

Die Schreiber des Neuen Testaments scheinen von dem
Gedanken des ewigen Heilsplans Gottes gleichsam
überwältigt zu sein. Nicht nur im Alten, sondern
auch im Neuen Testament steht Gottes Handeln mit
seinem Volk im Mittelpunkt der Heilsgeschichte.
Dort war es Israel, hier ist es die Gemeinde, die
<u>ekklesia</u> Gottes. Petrus kennzeichnet sie als "das
auserwählte Geschlecht, das königliche Priestertum,
das heilige Volk, das Volk seines Eigentums" (1.
Petr. 2,9). Daß die Gemeinde eine Mission hat, davon waren die Apostel tief überzeugt. Darum ließen

sie sich weder von sprachlichen noch ethnischen,
weder von geographischen noch politischen Grenzen
zurückhalten.(8) Mit rückhaltslosem Einsatz verkündigten sie die Frohbotschaft von der Erlösung durch
den gekreuzigten und auferstandenen Christus, daß
beide, Juden und Heiden, "Miterben seien und Miteinverleibte und Mitgenossen seiner Verheißung in
Christus durch das Evangelium" würden (Eph. 3,6
nach Schlachter). Die Aufgabe war der neutestamentlichen Gemeinde klar: Nicht Christianisierung, sondern Evangelisierung der Völker.(9)

Die nachpfingstliche Gemeinde stellte die Gesamtheit aller derer dar, die auf die Annahme des Wortes Gottes hin Buße taten, sich bekehrten, taufen
ließen und festhielten an der Lehre der Apostel,
der Gemeinschaft der Gläubigen, am Brotbrechen und
am Gebet (Apg. 2,38-42). Diese neue Glaubensgemeinschaft, die Neuschöpfung Gottes, wird im Neuen Testament unter verschiedenen Aussagen gekennzeichnet.
Nur einige dieser Aussagen können hier erwähnt werden.

A. GEMEINDE ALS JÜNGERSCHAFT

Die Bezeichnung der Gemeinde als Jüngerschaft kommt
in Apostelgeschichte 6, 1ff. am häufigsten vor.
Wenn Glieder der Gemeinde als Jünger gekennzeichnet
werden, dann bedeutet das, daß sie Jesus als ihren
Lehrmeister anerkennen; als Nachfolger sagen sie
ihrem Herrn ganze Treue zu. Ihm sind sie unterstellt, ihm gehorchen sie, ihm folgen sie nach,
selbst den Kreuzesweg durchs Todestal. "Ein Jünger
Jesu sein, meint den Befehl des Meisters auszuführen
und alle Völker zu Jüngern zu machen (Matth. 28,19).
Die Gemeinde als Jüngerschaft weiß sich für das
große Werk der Mission, der Jüngermachung, verantwortlich."(10)

Wenn das Wort Gottes verkündigt wird und der Heilige Geist die Hörer von der Sünde, der Gerechtigkeit und dem Gericht überführt, dann kann der Mensch im Glauben und Vertrauen auf das Wort reagieren und ein Gläubiger werden. "Glaube an den Herrn Jesus Christus, so wirst du selig", sagen die Apostel zum Kerkermeister (Apg. 16,31). Glaube und Gehorsam sind natürlich im Gemeindeleben eng verbunden, sie gehören zusammen. (Vgl. Röm. 1,5, 12,6 und Phil. 2,12). Die Gemeinde besteht aus "Glaubensgenossen" (Gal. 6,10), die im Gehorsam Gottes Werk ausführen (Phil. 2,12).

Sehr häufig werden Gemeindeglieder als Heilige bezeichnet. Das war schon so im Alten Testament und ist im Neuen nicht anders. Die Heiligen sind die "Geheiligten in Christus Jesus" (1. Kor. 1,2). Damit wird die neue Beziehung derer gekennzeichnet, die Gott zur Heiligung gerufen hat und die unter der Heiligung des Heiligen Geistes stehen (vgl. 1. Thess. 4,7, Eph. 5,3, Röm. 15.16).

B. GEMEINDE ALS BEHAUSUNG GOTTES

Die Gemeinde wird ferner auch als Haus Gottes oder Gotteshaus bezeichnet. Damit meint das Neue Testament durchaus nicht - wie es im heutigen Sprachgebrauch oft verstanden wird - ein Versammlungshaus, eine Kirche als Bauwerk oder sonst einen Raum, in dem sich Menschen zur Anbetung versammeln. Gemeint ist vielmehr die von Gott berufene ekklesia, das geistliche Haus, das aus "lebendigen Steinen" (1. Petr. 2,5) besteht und zu einem "heiligen Tempel im Herrn", zu "einer Behausung Gottes im Geist" heranwächst (Eph. 2,21-22). Die Innewohnung des Geistes Gottes im Gläubigen ist buchstäblich zu nehmen. Er wirkt in ihm. Wie der Töpfer den Ton auf der Scheibe formt, so formt der Herr den Gläubigen zu einem Werkzeug, ihm zu Ehren.

Sehr treffend sagt der in Südamerika und Europa
weit bekannte Bibellehrer Hans Legiehn:

> "Da nun aber Gott <u>tatsächlich</u> in jedem der
> Seinigen wohnt, wohnt er folglich auch <u>gleich-
> zeitig</u> in der Gesamtheit <u>aller</u>, d. h. <u>in</u> sei-
> ner <u>Gemeinde</u>. Da, wo sie leben, wo sie wohnen
> und wo sie zusammenkommen, um ihn auch gemein-
> sam zu erleben, <u>da</u> ist seine Wohnung, sein
> <u>Haus</u>. Sein Haus ist also nunmehr nicht ein aus
> Holz und Steinen erbautes, sondern ein leben-
> diges."(11)

C. GEMEINDE ALS "KÖRPERSCHAFT"

In 1. Korinther 12 wird die Gemeinde auch als der
Leib Christi bezeichnet, dessen Haupt Jesus Christus selber ist. "Welch eine hohe Stellung für die
Gemeinde und für jedes Glied derselben! - Welch eine Verantwortung aber auch! - Dieser Gliedschaft
des Leibes Christi kann sich kein Wiedergeborener
ohne große eigene Gefährdung und Gefährdung des
ganzen Organismus entziehen. Es gibt für ihn fak-
tisch <u>kein</u> 'Privatleben' mehr, sondern nur noch ein
organisch-gemeinsames."(12) Die Verbundenheit der
organischen Körperschaft der Gemeinde unter der
Christusherrschaft hat der Begründer und Missions-
führer von Herrnhut sehr treffend geäußert:

> "Herz und Herz vereint zusammen,
> sucht in Gottes Herzen Ruh,
> lasset eure Liebesflammen
> lodern auf den Heiland zu!
> Er das Haupt, wir seine Glieder,
> er das Licht und wir der Schein.
> Er der Meister, wir die Brüder,
> er ist unser, wir sind sein."

D. GEMEINDE ALS BRAUT CHRISTI

Von den vielen anderen Aussagen über die Gemeinde sei hier nur noch die erwähnt, die die Gemeinde als Braut Jesu Christi oder Braut des Lammes beschreibt. Damit sagt die Schrift, daß die Gemeinde nicht nur für eine große Sache, etwa für die Evangelisierung der Welt, bestimmt ist, ihre Bestimmung ist eine noch viel höhere: sie ist für Jesus Christus selber da. Er hat sich für sie dahingegeben. Sie ist nicht nur ein Werkzeug Gottes in seinem wunderbaren Heilsratschluß, wie Legiehn sagt, "sondern vor allen Dingen der Gegenstand seiner ewigen Freude, Wonne, Liebe und Glückseligkeit".(13) Als Braut wartet sie auf das Kommen ihres Bräutigams und auf die Hochzeit des Lammes, auf der sie ihm dargestellt werden wird - "heilig und tadellos... ohne Flecken und Runzeln" (Eph. 5,26 und 27, vgl. Offb. 19,7).

III. EVANGELIKALES VERSTÄNDNIS

Vom evangelikal-biblischen Gesichtspunkt gesehen - und das muß hier unsere Perspektive sein -, ist die Gemeinde weder eine Großaufmachung von Programmen, noch ein Großbetrieb von Organisationen, sondern "eine Gemeinschaft von Sündern, denen vergeben wurde, in deren Mitte der lebendige Christus durch seinen Geist gegenwärtig ist".(14) Diese Gemeinde hat der Herr selbst ins Leben gerufen, als neues Geschöpf in Christo hat er sie geschaffen durch den Heiligen Geist. Ihr gab er die Gabe des Heiligen Geistes, die allergrößte Gabe an sie (Apg. 2,32-38). Zum Aufbau und zur Pflege hat er sie mit geistlich Begabten, sowie mit geistlichen Gaben ausgerüstet (vgl. Eph. 4,10-12, 1.Kor. 12,1-25). Sie ist nie Herrscherin, sondern immer Dienerin. "Daher kennt die Gemeinde auch keine äußerliche Vollmacht und Würde kraft des Amtes, sondern nur eine innere Vollmacht und Autorität kraft des Geistes und der

Leistung."(15) Durch die Entfaltung der verschiedenen Gaben innerhalb der Gemeinde wächst sie heran, wie Haarbeck sagt, "zur vollen Reife Christi und bringt 'das Wachstum des Leibes zustande zur Erbauung in der Liebe' (Eph. 4,13.16)...Wenn nun die Gemeinde Jesu einerseits der Schauplatz des allseitig sich offenbarenden heiligen Geistes und zugleich auch das Objekt der reinigenden, heiligenden und fördernden Arbeit des Geistes ist, so ist sie andererseits zugleich das Organ, durch welches Gott sein großes Heilswerk auf Erden ausrichtet."(16)

Aus dem oben Gesagten geht klar hervor, daß die Gemeinde der Gläubigen nicht in die sprachliche Zweiheit von Judentum und Heidentum einbegriffen werden darf, sondern ein von diesem klar abgegrenztes drittes Element in der Welt darstellt: "die Neuschöpfung Gottes", wie Johannes Schneider sagt.(17) Als solche tritt die Gemeinde der Gläubigen als das "dritte Geschlecht" zu Israel und den Weltvölkern in die Welt.(18) Als Glaubensgemeinschaft stellt sie eine sichtbare Sonderstruktur dar, deren Funktion weder von staatlichen noch von soziologischen Strukturen her bestimmt wird. Ihr Leben ist Christus, ihre Triebkraft ist der Heilige Geist, ihr Bestimmungsprinzip ist der Gehorsam zu Gott, ihre primäre Mission ist Evangeliumsverkündigung, damit Menschen aus Juden und Heiden zum Glauben an Jesus Christus kommen und Glieder seines Leibes werden, ihre sekundäre Mission liegt in dem Dienst an den Mitmenschen, wodurch sie Mitträger ihrer Lasten und Bürden wird, ihre Aufgabe sich selbst gegenüber ist gegenseitiges Wahrnehmen, Fürbitte füreinander, Anbetung Gottes und Erbauung, damit sie zunehme in allen Stücken an dem, der ihr Haupt ist, Christus (Eph. 4,15-16).

Der Dekan der School of World Mission, Dr. Arthur F. Glasser, bestätigt, daß die neutestamentliche Gemeinde einen von Jesus Christus geschaffenen Organismus in der Welt darstellt.(19) Er ist der Schöpfer und ihr Erhalter. Er ist das Haupt und ihr Herrscher. Sie ist seine Neuschöpfung durch den Heiligen Geist. Sie ist sein Leib, in dem der Heilige Geist seine mannigfaltigen Gaben zur Auswirkung bringt. Sie ist seine Dienerin, die die von ihm gegebenen Aufträge in der Welt erfüllt. Sie erkennt ihre Priorität als Trägerin der Heilsbotschaft an die verlorene Welt. Sie beruft sich auf einen Herrn, einen Geist, einen Gott, auf einen Glauben, eine Taufe, eine Hoffnung. Das Größte an der Gemeinde, wie Glasser hervorhebt, ist ihre Wachstumsfähigkeit. Eine gesunde Gemeinde wächst an Gnade und Erkenntnis des Herrn. Das ist geistliches, <u>qualitatives</u> Wachstum. In ihr vermehrt sich auch die Mitgliederzahl, indem sich Menschen durch den treuen Zeugendienst bekehren und hinzugetan werden. Das ist <u>quantitatives</u> Wachstum. Sie breitet sich auch durch Zellenaufteilung aus, indem die Muttergemeinde Tochtergemeinden in der Umgebung pflanzt. Das ist <u>organisches</u> Wachstum.

Wachstum geschieht hauptsächlich durch Mission, Evangelisation und Bekehrung. Davon soll in den nächsten Kapiteln die Rede sein.

LITERATURNACHWEIS

(1) Nachstehend seien einige Bücher genannt, die sich mit der Gemeindefrage befassen: A. J. Klassen (Hg.), The Church in Mission, Hillsboro (Kansas) 1966, S. 33-49; George W. Peters, A Biblical Theology of Missions, Chicago 1972, S. 199-241, (in deutscher Sprache: Missionarisches Handeln und biblischer Auftrag, Bad Liebenzell 1976); C. Peter Wagner (Hg.), Church/Mission Tension Today, Chicago 1972, S. 17-38; Harold Lindsell (Hg.), The Church's Worldwide Mission, Waco (Texas) 1966, S. 18-81; A. Kuen, Gemeinde nach Gottes Bauplan, Frutigen 1975.

(2) Siehe Peter Beyerhaus, Humanisierung: Einzige Hoffnung der Welt? Bad Salzuflen 1969; dass. Englisch von Margaret Clarkson, Missions: Which Way? Grand Rapids (Michigan) 1971; Shaken Foundations: Theological Foundations for Missions, Grand Rapids (Michigan) 1972; Allen Völkern zum Zeugnis: Biblisch-theologische Besinnung zum Wesen der Mission, Wuppertal 1972. In der Reihe "Christusbekenntnis heute" hat der Verlag der Liebenzeller Mission folgende Hefte herausgegeben, in welchen Beyerhaus missionstheologische Fragen behandelt: Die Versuchungsstunde des Ökumenischen Rates; Gemeinschaft in der Kirche heute? Die Grundlagenkrise der Mission. Alle o.J.

(3) Klaus Bockmühl, Die neuere Missionstheologie. Arbeiten zur Theologie, 1. Reihe, Heft 16. Stuttgart 1964, S. 7.

(4) Zitat in Church Growth Bulletin, Vols. I-V, S. 186.

(5) Vgl. Jack F. Shepherd, "Is the Church Really Necessary?" in: Church/Mission Tension, S. 17-38.

(6) Süddeutsche Zeitung, 23.2.1973, S. 44

(7) Theodor Haarbeck, Kurzgefaßte Biblische Glaubenslehre, 4. Aufl. Barmen 1902, S. 227-233; vgl. von Sauberzweig, Er der Meister, S. 255.

(8) Wertvolle Ausführungen über Wesen und Mission der Gemeinde gibt Dr. David Ewert in seinem Aufsatz "The Biblical Concept of the Church", in: The Church and Mission, S. 33-49.

(9) Erich Sauer, Der Triumph des Gekreuzigten, Gütersloh 1948, S. 66.

(10) Ewert, in: Church and Mission, S. 40.

(11) Hans Legiehn, Unser Glaube, S. 83.

(12) Ebenda, S. 85.

(13) Ebenda, S. 92.

(14) Myron Augsburger, Invitation to Discipleship, Scottdale (Pennsylvania) 1964, S. 69.

(15) Legiehn, Unser Glaube, S. 93

(16) Haarbeck, Glaubenslehre, S. 230.

(17) Johannes Schneider, Gemeinde nach dem Neuen Testament, S. 37.

(18) Sauer, Triumph, S. 66-67.

(19) Siehe Arthur F. Glassers Ausführungen unter dem Titel: "Putting Theology to Work: Reflections on the Church Growth Movement", Theology News and Notes, Juni 1972, S. 16-17.

KAPITEL 5

DER MISSIONSBEGRIFF

"Mission ist das Größte, was jetzt in der Welt geschieht. Sie ist eine Großmacht in Knechtsgestalt."

Erich Sauer

Was die Gemeinde Jesu brauche, so die klare Aussage des Pietismus, sei ein Blick für die Weltmission. Dieser weltweite Missionsblick könne jedoch nur kommen, wenn der evangelistische Eifer vorhanden sei. Der evangelistische Eifer aber, so glaubten sie, hänge ganz von der persönlichen Gottseligkeit oder Frömmigkeit ab, die wiederum ohne echte Bekehrung undenkbar sei.(1) Was sie anstrebten, war dynamisches Geschehen, das sich in der Geschichtsära zwischen Auferstehung und Wiederkunft Jesu Christi dauernd fortsetzt: Gemeinde ist Neuschöpfung Gottes. In ihr wird gottseliges Leben gepflegt. Dieses gottselige Leben findet nach außen im evangelistischen Eifer durch die Kraft des Heiligen Geistes seinen Ausdruck. Die Expansion der evangelistischen Tätigkeit über die heimatlichen Grenzen in alle Welt hinaus wird dann zur Weltmission. Solches durch den Geist Gottes gewirkte Handeln der Gemeinde führt zur Bekehrung der mit dem Evangelium Konfrontierten, die dann zur Gemeinde hinzugetan werden und das dynamische Handeln fortsetzen. Darin versteht sich die Mission als die kontinuierliche Handlung des sendenden Herrn durch die gesandte Gemeinde in der Welt.

I. DAS PROBLEM

Wie das Gemeindekonzept, so hat auch das Missionskonzept in den letzten Jahren viel an Klarheit eingebüßt oder im "Nebel" gehangen, wie Dr. McGavran sagen würde.

A. ZWIELICHTIGE DEUTUNGEN

Im öffentlichen wie im kirchlichen Sprachgebrauch herrscht eine gewisse "Stimmungspsychologie", aus der heraus man die Mission als eine sich überlebte Geschichtsepoche beschreibt oder aber auch als eine allumspannende Tätigkeit in der Welt bezeichnet. Das ist, wie Professor Beyerhaus bemerkt, einerseits eine "Abwertung, weil man das herkömmliche Missionswerk wesentlich westlicher Kirchen und Gesellschaften als hoffnungslos mit der abgelaufenen und geächteten Geschichtsphase, der 'Vasco-da-Gama-Epoche', verquickt sieht, aus der es sich nicht mehr zu befreien vermöge." Andererseits aber hat die Mission eine starke Aufwertung erlebt, "insofern, als man heute vielfach das Wort 'Mission' in Beschlag nimmt, um damit die Totalität eines allgemeinen kirchlichen oder weltlichen Willens zum Engagement in einer bestimmten Situation zu bezeichnen."(2)

B. THEOLOGISCHE SPANNUNGEN

Ein weiteres den Missionsbegriff betreffendes Problem liegt in den zwischen den Evangelikalen(3) und den Ökumenikern(4) vorhandenen theologischen Spannungen begründet. Die Evangelikalen sehen ihre missionarische Priorität in der Evangelisierung aller, die nicht an Jesus Christus als den gekreuzigten und auferstanden Gottessohn glauben.(5) Bei vielen Ökumenikern ist das durchaus nicht selbstverständlich Herz der Mission. Was das Problem erschwert, ist die Tatsache, daß die gegensätzlichen Kategorien sich nicht einfach an Organisationen, Konfessionen, Landeskirchen, Freikirchen und Gemeinschaftsgruppen feststellen lassen. Sie ziehen sich oft durch organisierte Denominationen, Missionsgesellschaften und Gemeinschaftsbewegungen hindurch.(6)

C. PLURALISTISCHE PRÄGUNGEN

Was die Definition des Missionskonzepts heute besonders erschwert, liegt noch mehr in der radikalen Umdeutung als in der Mißdeutung. Diese "Umdeutungen" werden in Büros und Arbeitsgruppen von nicht-evangelikalen "Umdenkern" produziert und proklamiert. Die Kommission für Weltmission und Evangelisation (KWME) des ÖRK wird vielfach von Personen kontrolliert, die, wie der amerikanische Missionsphilosoph Harald Lindsell bemerkt, die Evangelikalen nur dulden, sich selbst aber auf die Seite eines "blassen Liberalismus bis hin zur extremen ideologischen Linken" der Säkularisations- und Revolutionstheologie stellen. (7) Dem Einfluß dieser radikalen Missionstheologie begegnet man kaum in konkreteren Formen als in Lateinamerika.(8) Sein stürmisches Wehen spürt man aber auch in wachsendem Tempo aus den Schriften und Berichten über die ÖRK-Weltkonferenzen von New Delhi (1961) über Uppsala (1969) und Bangkok (1972-73) bis Nairobi (1975).(9)
Im Laufe der letzten Jahre sind aus diesem Zusammenhang eine Anzahl Programme und Missionsbegriffe formuliert worden, die dem klassischen Missionskonzept fremd klingen. Christliche Präsenz, Dialog, Entwicklungshilfe, Industriemission, Friedensmärsche, Schalombestrebungen, finanzielle Unterstützung von Befreiungsbewegungen, wirtschaftliche Selbsthilfe, Schlagworte wie "christozentrischer Synkretismus", "Spiritualität für den Kampf" und

andere Aspekte füllen die Mitte des pluralistischen Missionsverständnisses und drängen dabei das evangelistische Bestreben, Gemeindebau und Gemeindewachstum an die Außengrenze. Das Ergebnis ist Akzentverschiebung des missionarischen Handelns.

II. ALTE ERKLÄRUNGEN ZU NEUEN BEGRIFFEN

Aus der langen Reihe der neuen Missionsprägungen und -begriffe greifen wir einige heraus und versuchen, sie im Lichte des noch zu nennenden klassischen Missionsbegriffs zu erklären.

A. IST DIE GEMEINDE MISSION ODER HAT SIE EINE MISSION?

Das ökumenische Schlagwort, "die Kirche ist Mission"(10), macht alles, was die Kirche in der Welt tut, zur Gesamtsumme der Mission. "Und da Kirche nur um dieser ihrer Verantwortung für die Welt als die 'Kirche für andere' existiert, ist sie entweder in allem, was sie tut, Mission, oder sie ist nichts", interpretiert Beyerhaus.(11) In den Worten des britischen Missionswissenschaftlers, Stephen Neill, klingt das so: "Wenn alles Mission ist, ist nichts mehr Mission."(12)

Solche neue inhaltliche Füllung der Begriffe tragen nur zur Konzeptverdunkelung und zur Verrenkung der Distinktion zwischen Gemeinde und Mission bei. Das haben die Verfasser der "Wheaton Declaration" (Erklärung) 1966 schon klar gesehen.(13) Die Evangelikalen erklären: "Die Gemeinde ist nicht Mission, aber sie hat eine Mission."(14)

B. "HEIL HEUTE" - WIE HEIL GESTERN UND MORGEN?

Unter dem Thema "Heil heute" tagte vom 29.12.72 bis

8.1.73 in Bangkok die von der KWME des ÖRK anberaumte Weltmissionskonferenz. Die Frage muß gestellt werden: Ist das Heil, von dem da die Rede war, das Heil in dem gekreuzigten und auferstandenen Christus von gestern und dem wiederkommenden Herrn und König von morgen, oder hat es noch andere Wurzeln? Aus den Berichten geht hervor, daß das "Heil heute", wie es von vielen - aber nicht allen - Delegierten in Bangkok verstanden wurde, eine zwiespältige Bedeutung hat, die ihre Wurzeln tiefer in die pluralistische als in die biblische Missionstheologie schlägt.(15) Das bestätigen selbst die Worte des Direktors der KWME in Genf, Emilio Castro, wenn er sagt: "Das Wort 'Heil' weist auf die Ausdehnung und Humanisierung des menschlichen Lebens hin."(16)

Wenn das "Heil" darin verstanden und erfahren wird, daß ein Mensch die ganze traditionelle Sprache der Kirche sinnlos findet und "ein Atheist durch die Gnade Gottes wird"(17), dann ist das nicht mehr das durch den Opfertod Jesu gewirkte Heil, wie wir es von der Bibel her verstehen. Solcher Heilsbegriff kann nur einer endgeschichtlich-antichristlichen Wahrheitsentstellung entspringen.

Als Evangelikale bezeugen wir: Heil ist nicht, wenn Ungläubige zu Atheisten degenerieren, sondern wenn sie sich zu Christus bekehren. "Es ist in keinem andern das Heil, es ist auch kein anderer Name unter dem Himmel den Menschen gegeben, durch den wir gerettet werden könnten" (Apg. 4,10-12 nach Mühlheimer).

C. HORIZONTALE ODER VERTIKALE ERLÖSUNG

"Horizontalversöhnung" war eins der großen Themen in Uppsala. Gemeint ist "die Christianisierung der gesellschaftlichen Ordnung" im Gegensatz zu vertikalen Dimension der Versöhnung des Sünders mit Gott, wie McGavran bemerkt. Darum wirft er auch die Frage auf, ob die Weltmissionskonferenz in Uppsala die zwei Milliarden Menschen verraten habe, die noch in Sünden und Finsternis "ohne Christus und Gott in der Welt" leben.(18) Sehr bedeutsam klingen die Worte des verstorbenen W. A. Visser't Hooft, der die Vierte Vollversammlung an ihre missionarische Aufgabe erinnerte und sie zum Einsatz vertikaler und horizontaler Erlösung aufrief, wie Beyerhaus berichtet:

> "Ein Christentum, das seine vertikale Dimension verloren hat, hat sein Salz verloren und ist nicht nur in sich selbst fade und kraftlos, sondern auch der Welt unnütz. Hingegen würde ein Christentum, das infolge seiner Konzentration auf die vertikale Dimension seine Verantwortung für das Gemeinschaftsleben vernachlässigen würde, die Inkarnation verleugnen, die Liebe Gottes zur Welt, die sich in Christus dargestellt hat."(19)

Wo der Mensch durch Buße und Bekehrung zum Glauben an Jesus kommt und die vertikale Beziehung zu Gott aufnimmt, da erfährt auch die vertikale Dimension zum Mitmenschen einen konkreten Wandel. Darum weiß sich die Gemeinde der Gläubigen in ihrer Missionsaufgabe in erster Linie als Vertikalistin und dann als Horizontalistin verpflichtet. Eins muß sie tun und das andere nicht unterlassen. Dies wurde auf dem Lausanner Kongreß für Weltevangelisation 1974 sehr deutlich bestätigt und in dessen "Lausanner Erklärung" verankert.

D. WORTVERKÜNDIGUNG ODER SOZIALUNTERNEHMEN?

Der Streit zwischen missionarischer Proklamation einerseits und sozial-politischem Handeln andererseits hat sich in Nordamerika seit Walter Rauschenbusch (1861-1918) steigernd fortgesetzt.(20) Aus der Humanisierungsbetonung auf Kosten der Verkündigung geht klar hervor, daß hier ein falsches Übergewicht zugunsten ersterem entstanden ist. Darüber sind viele Gläubige von heute mit Recht besorgt. Dafür sprechen die Worte des Engländers John Stott, die er an die Delegierten in Uppsala richtete:

> "Die Vollversammlung war vor allem beschäftigt mit dem Hunger und der Armut und der Ungerechtigkeit der zeitgenössischen Welt. Ich selbst ...wurde davon tief bewegt und zur Verantwortung gerufen, ich möchte das nicht verringert sehen; was mich aber quälte, war, daß ich kein vergleichbares Mitgefühl oder eine Beunruhigung über den geistlichen Hunger der unevangelisierten Millionen fand. Der Herr sandte seine Kirche, um die frohe Botschaft zu verkündigen und Jünger zu machen, aber ich fand die Versammlung nicht bereit, diesem seinem Gebot zu gehorchen. Der gleiche Herr weinte über die unbußfertige Stadt, die ihn verworfen hatte, aber ich sah nicht, daß die Versammlung irgendwelche ähnliche Tränen vergoß."(21)

In der existentiellen "Diesseitstheologie" wird selbst mancher Bibelgläubige von einem tiefen Sozialpathos ergriffen, das ihm den Menschen in seinem zeitlichen Erdenlauf und Diesseitsmangel sehen hilft, zugleich aber seine Blickweite einschränkt, denselben Menschen in seiner ewigen Jenseitsverlorenheit und Höllenelend nicht zu sehen. Die Wandlung dieser theologischen Tendenz läßt sich darin erkennen, wie Dr. Ulrich Betz andeutet(22), daß früher dem Menschen das Heil durch die Jesusbotschaft gebracht wurde, dann durch die Entwicklungshilfe, und jetzt soll es durch die soziale oder sogar durch politische Revolution geschehen.

Aus Furcht davor, das evangelistische Zeugnis auf

eine bloße humanistisch-gesellschaftliche Aktion zu reduzieren, haben wir allzuoft den diesseitsbezogenen Dienst am Mitmenschen verringert. Dieses Geständnis macht die Worte eines amerikanischen Missionsdirektors, Jack Shepherd, um so wichtiger: "Es gibt zwar Sozialdienst am Mitmenschen ohne Evangelisation, aber keine evangelistische Handlung, aus der nicht auch soziale Aktion erfolgt. Das sündliche Versagen der Notlinderung an Armen, Kranken und Bedrückten in der Welt ist weniger tragisch als die Dämpfung oder Entstellung des heilbringenden Evangeliums, das allein das Mittel zur Behebung jeder geistlichen Not der Menschen ist."(23)

E. DIALOG ODER KONFRONTATION?

Die Parole mancher Theologen an der Spitze der heutigen ökumenisch ausgerichteten Weltmission ist Dialog anstatt Konfrontation mit dem Evangelium. Dabei geht es um einen Dialog, der den Nichtchristen nicht mehr bekehren, sondern lediglich das "Ferment" Christi(24) in dessen Religion entdecken will. Die Fortführung dieser Aussagen erbringt dann Formulierungen, wie sie in Nairobi von M. M. Thomas gemacht wurden, der dort den Begriff "christozentrischer Synkretismus"(25) ins Gespräch brachte. Dialog bedeutet im evangelikalen Verständnis etwas anderes. Es ist die Kontaktaufnahme mit den Nichtchristen, der Versuch, ihn in seiner Situation verstehen zu lernen. Soll jedoch diesem Menschen eine Hilfe für Zeit und Ewigkeit zuteil werden, so muß er mit dem Evangelium bekanntgemacht und konfrontiert und vor die Entscheidung gestellt werden: für oder wider Jesus Christus.

III. KLASSISCHES MISSIONSVERSTÄNDNIS

Seit Anfang protestantischer Missionseinsätze, die

schon mit der Täuferbewegung des 16. Jahrhunderts
(26) und dann erst recht mit dem Aufbruch des Pietismus in Deutschland und der Erweckungsbewegungen
in England und Amerika begannen(27), hat es trotz
konfessioneller Vielgestalt und allem Wandel in Motiven, Strategie, Methode und Zielsetzung gewisse
kontinuierliche Grundanliegen gegeben, die das
klassische Missionsverständnis bis in unsere Zeit
hinein bestimmt haben. Diese Grundanliegen, wie
Beyerhaus schreibt, "ließen die Mission unserer
Väter trotz aller Rivalitäten und konfessionellen
Eigentümlichkeiten, unterschiedlichem Akzent und
gelegentlicher Verfremdungen als eine ganzheitliche
Größe erscheinen."(28) Grundsätzlich ging es den
Gründern der protestantischen Mission um die Verkündigung der seligmachenden Frohbotschaft, daß
durch Jesus Christus "sollen gesegnet werden alle
Völker auf Erden" (Apg. 3,25).

A. BEI DEN EVANGELIKALEN TÄUFERN

Die evangelikalen Täufer in Zürich, Straßburg, Mähren und Holland stellten nicht nur eine "Erweckungsbewegung" dar(29), sondern auch eine "Missionsbewegung", in der, wie in der Urgemeinde und im späteren Pietismus, die "dynamische Überzeugungskraft"
(30) in der evangelistischen Verkündigung explosiven Ausdruck fand.(31) Weil sie sich nach neutestamentlichem Muster um eine sichtbare freie
Glaubensgemeinde bemühten, betrachteten sie die
ganze Welt als ein "gottloses Geschlecht" und "verwirrtes Babel", und Mitteleuropa als "Heidenland,
Missionsland, wie vor 1500 Jahren."(32) Für dieses
Missionsland stellten sie sich ganz unter den Missionsbefehl Christi, sandten Apostel oder Missionare und Wanderprediger aus und predigten das Evangelium von Jesus Christus als dem alleinigen Herrn
und Heiland. Nach dem Neuen Testament lehrten sie,
daß die Missionare in der Gemeinde von Gott berufen

und von der Gemeinde ausgesandt werden. Das missionarische Ziel war bei ihnen die Bekehrung der Unbekehrten, Sammlung der Gläubigen zur Gemeinde, Wachstum der Glaubensgemeinde(33) und Verherrlichung Gottes.(34)

B. IM 17. JAHRHUNDERT

Der holländische Missionstheologe J.H. Bavinck weist hin auf die im 17. Jahrhundert erschienene <u>Zendingsleer</u> von G. Voetius, in der ein dreifaches Missionsziel erscheint: "Die Bekehrung der Heiden, die Gründung der Gemeinde und die Verherrlichung und Kundmachung der göttlichen Gnade."(35) Der schon erwähnte Freiherr von Welz machte für den Missionseinsatz vier Gründe geltend: Der Wille Gottes. "Gott will, daß alle Menschen zur Erkenntnis der Wahrheit kommen" (1.Tim. 2,4), darum sind die Gläubigen verpflichtet, die missionarische Sendungsordnung nach Römer 10 unter dem Befehl Christi auszuführen. Als zweites nannte er das Beispiel gottseliger Männer. Seit der Apostelzeit, sagte von Weltz, haben sie trotz Mühe, Gefahr und Verfolgung "das Reich Christi unter Nichtchristen aufgerichtet". Das Gemeindegebet ist ein dritter Grund. Die Bitten, daß Irrende zur Wahrheit kommen, darf nicht Wortschall bleiben, sondern muß zur Aussendung tüchtiger Leute führen, die die evangelische Wahrheit fortpflanzen. Als letztes sah er das katholische Vorbild. Die Gesellschaft <u>de propaganda fide</u> muß die Protestanten "zur Nacheiferung reizen, die reine Lehr unter den Heiden auszubreiten."(36) Bei all diesem wurde Welz von zwei Gedanken geführt: Die Hebung des christlichen Lebens in der Heimat, und die Beteiligung der Gläubigen an der Ausbreitung des Evangeliums in der nichtchristlichen Welt.(37) Das redet entschieden von <u>qualitativem</u> wie von <u>quantitativem</u> Wachstum der Gemeinde.

C. IM PIETISMUS

In der pietistischen Bewegung finden wir einen ausgeprägten weltweiten Missionsblick. Als jüngerer Zeitgenosse und Nachfolger Speners wurde Francke der eigentliche Träger und Ausführer desselben. Unter seiner Leitung des Halle-Werkes wurde die Mission "eine Angelegenheit der gläubigen Christenheit", für die der Sendungsbefehl bindend und bleibend war. Sein Bemühen, die Mission zur "Kirchensache" zu machen, mißlang, weil die "amtliche Kirche" im orthodoxen Geiste den Dienst untersagte. So bildete und blieb die ecclesiola in ecclesia die eigentliche heimatliche Missionsgemeinde.(38) Bis in die heutige Zeit hinein blieb die Mission ein wesentliches Anliegen des Pietismus, der so einen ganz entscheidenden Beitrag zur Weltmission geleistet hat.

D. IN DER BRÜDERGEMEINE VON HERRNHUT

"Die Gemeinde exisierte aus der Mission, wie die Flamme aus dem Feuer."(39) Diese Worte Emil Brunners haben sich kaum in einer evangelikalen Konfession so bewahrheitet wie in der Herrnhuter Brüdergemeinde. In zwei Jahrzehnten hatte die kleine Brüdergemeinde "mehr Missionare ins Leben gerufen als der gesamte Protestantismus in zwei Jahrhunderten." (40) Wie konnte das sein? Gott bediente sich des durch Francke und Halle beeinflußten und vom Heiligen Geiste begabten Zinzendorf, eines Mannes mit nur "einer Passion", die "Er, nur Er" war. Sein innigstes und größtes Verlangen war, die Botschaft von Jesus Christus in alle Welt zu bringen.(41) Sein missionarisches Ziel war, Gemeinden zu pflanzen und Gemeinschaften zu bilden.(42) Seine einzigartige Inspiration erfaßte andere. Innerhalb von fünf Jahren war die Herrnhuter Gemeinschaft als "Brüderunität" zu einer missionarischen Großmacht in der Welt geworden. Die ganze Gemeinde in konfessionellem Sinne akzeptierte in Gehorsam den Sendungsbefehl und machte sich für seine Ausführung verantwortlich. Ganze Familien gingen unter Selbstverpflegung als Botschafter der Versöhnung ins Ausland, wo sie als "Sturmkolonne des Missionsheeres" und "Kerntruppe mutiger Tatkraft und zäher Ausdauer" das Evangelium verkündigten, die Gemeinde bauten, und den Namen des Gekreuzigten und Auferstandenen verherrlichten.(43)

E. BEI WARNECK UND ANDERN MISSIONSLEHRERN

Gustav Warneck (1834-1910) hat als Begründer der protestantischen Missionswissenschaft(44) mehr als irgend ein anderer zum Verständnis des Missionskonzeptes beigetragen. Seine umfangreiche <u>Evangelische Missionslehre</u> ist der Beweis dafür. Wie die Täufer und Pietisten, so weiß sich auch Warneck dem Missionsbefehl verpflichtet. Er zeigt ausführlich, daß die "missionarische Tätigkeit zwischen Himmelfahrt und Wiederkunft Christi" aus Gehorsam zum Missionsbefehl hervorgehen muß.(45) Er sieht beides, "Ursprung und Urbild der Mission in Jesu."(46)

Der "spezifische Missionsdienst" hat nach Warneck die Aufgabe der "Kirchengründung" in der nichtchristlichen Welt und der "Jüngermachung" in der werdenden Kirche".(47) Ähnlich wie McGavran und Tippett, Missiologen der Wachstumsbewegung, sah Warneck die Sendungsaufgabe in dem Imperativsatz: "Machet zu Jüngern alle Völker!"(48) Zugleich aber besteht auch ein Unterschied zwischen diesem und jenen. Während Tippett und McGavran in der Jüngermachung zwei Stufen sehen, faßt Warneck das "missionarische Jüngermachen" als einen fortdauernden Prozeß des "Christianisierens" auf.(49) Der Vorgang des <u>mathèteuein</u>, des Jüngermachens, umfaßt nach Warneck Heilsverkündigung, Heilsannahme, Taufe, Eingliederung in die Gemeinde und christliche

Pflege in der Gemeinde.(50) Daraus schließt Warneck, "daß die Missionsaufgabe... immer darauf hinausläuft, durch berufende und erleuchtende Verkündigung des Evangeliums Nichtchristen willig zu machen, daß sie den christlichen Glauben mit seinen sittlichen Konsequenzen annehmen, oder, wie Paulus es prägnant bezeichnet: den Gehorsam des Glaubens unter ihnen aufzurichten (Röm. 1,5, 15,8, 16,26)." (51)

Wie schon gesagt, sehen McGavran und seine Schüler das Jüngermachen in einem zweistufigen Geschehen. Das erste bezeichnen sie als _discipling_, "Jüngermachung", das zweite als _perfecting_, Vervollkommnung. Das eine zu quantitativem, das andere zu qualitativem Wachstum der Gemeinde.(52) Es geht darum, die jungen Christen in der Gemeinde zur Anteilnahme und Verantwortung am Gemeindeleben heranzuziehen.(53)

Für McGavran steht die Lokalgemeinde als das Zentrum der Gemeinde da. Viele Lokalgemeinden bilden die Universalgemeinde. Dieses Missionsverständnis lehnt sich stark an das der Selbständigkeitsbewegung, die im 19. Jahrhundert von dem Amerikaner Rufus Anderson (1796-1880) und dem Schotten Henry Venn (1796-1873) begründet und darauf weit verbreitet wurde. Wie diese, so betont auch die Gemeindewachstumsbewegung die Gründung der bodenständigen Gemeinde, die von der sendenden Gemeinde so schnell wie möglich befreit und selbständig wird, indem sie die Verantwortung für Selbstverwaltung, Selbstunterhaltung und Selbsterweiterung übernimmt.(54)

Worauf es im klassischen Missionsverständnis ankommt, ist Kontinuität der Verkündigung und des Gemeindebaus.

IV. DIE BIBLISCHE MISSIONSIDEE

Dieser Begriff gehört zur Terminologie der Gemeindewachstumsbewegung, ist aber wohl schon von Warneck geprägt worden.(55) Daß die Missionsidee sich wie ein sichtbarer Faden durch die ganze Heilige Schrift zieht, haben kompetente, evangelikale Bibel- und Missionskenner zur Genüge nachgewiesen.(56) Die Missionsidee, wie sie hier verstanden wird, redet von dem missionarischen Denken und Handeln derer, die die ganze Bibel als Gotteswort anerkennen und sich im Gehorsam unter ihre Autorität stellen. Zur weiteren Erläuterung weisen wir auf die Mission Gottes, auf den Apostolat und auf die Inhaltsfülle der Missionsidee hin.

A. DIE MISSION GOTTES

"Die Bibel in ihrer Ganzheit schreibt Gott nur eine Absicht zu: Menschen zu retten." So schreibt Professor Vicedom in seinem aufschlußreichen Buch über die *missio dei*.(57) Die Ausführung dieser missionarischen Priorität ist somit nicht unsere Sache, sondern die "eines Größeren", wie Beyerhaus richtig sagt.(58) Die Gemeinde hat das Vorrecht, an diesem Tun teilzunehmen. So wie Gott seinen Sohn in die Welt gesandt hat, so sendet der Sohn die Seinen auch in die Welt. Diese in der Bibel verankerte Missionsidee hat schon der erste Heidenapostel erkannt und beschrieben. Gott ergreift immer die Initiative der Versöhnung. Zur Ausführung derselben bedient er sich seiner Gemeinde, die aus Erfahrung weiß, was Versöhnung mit Gott heißt. "Denn Gott war in Christus, als er die Welt mit sich selbst versöhnte, ihnen ihre Übertretungen nicht anrechnete und unter uns das Wort der Versöhnung aufrichtete. Jetzt sind wir Botschafter für Christus, ja Gott selbst läßt durch uns den Mahnruf erklingen, wir bitten für Christus:

"Laßt euch versöhnen mit Gott!" (2.Kor. 5,19-20).

B. DER APOSTOLAT

Der <u>missionarus</u> von heute ist im neutestamentlichen Sinne der <u>apostolos</u> von gestern. Missionar und Apostel, Mission und Apostolat sind synonyme Begriffe. Die Gemeindewachstumsbewegung akzeptiert die "Apostolizität" als ein vor-reformatorisches Gemeindemerkmal und als ein von der Bibel ausgehendes Missionskonzept. Damit ist nicht apostolische <u>Amtssukzession</u> gemeint, sondern apostolische <u>Dienstfunktion</u>. Die ganze Gemeinde der Gläubigen ist von Christus dazu berufen, die Mission weiterzuführen, die er den Aposteln und Jüngern auftrug. Alle Nachfolger des Herrn sind zu Menschenfischern und Zeugen für Christus bestellt worden (vgl. Matth. 4,15, Luk. 5,11, Apg. 1,8).

Jede andere Funktion des Apostolats ist dieser unterstellt und beigefügt zur Erreichung des großen Zieles der Versöhnung des Sünders mit seinem Gott. (59) Die Ordnung des missionarischen Apostolats sehen wir in der Gründung, Sendung und Fortpflanzung der Gemeinde: Gott - Christus - Gemeinde - Missionar - Mission - und wieder Gemeinde.

C. DIE FÜLLE DER MISSIONSIDEE

Die große Debatte in der Missionswissenschaft kreist um die Frage nach Wesen und Inhalt der Mission.(60) Für die Vielfalt der Antworten ist hier kein Platz. Um aber zum Kern der Missionsidee im Sinne der Gemeindewachstumsbewegung zu gelangen, bedienen wir uns fünf griechischer Ausdrücke, die den Inhalt kennzeichnen.

1. Das martyrion

An der Spitze steht das vom Heiligen Geist bekräftigte martyrion, das Zeugnis. "Ihr werdet die Kraft des Heiligen Geistes empfangen, der über euch kommen wird, und werdet meine Zeugen (märtyres) sein in Jerusalem, sowie in ganz Judäa und Samaria und auch weiterhin auf dem ganzen Erdenrund" (Apg. 1,8 nach Elberfelder). Das martyrion kann nur von einem martys, einem Zeugen, abgelegt werden, der aus persönlicher Erfahrung heraus oder aber als Augenzeuge bestätigt, was er sagt. Im missionarischen Sinn bezeugt der Zeuge das Evangelium von der Gnade Gottes (Apg. 20,24), dessen seligmachende Kraft er persönlich erfahren hat (Röm. 1,16). "Also nicht das Wissen an sich, noch theologisches Studium befähigen zum Zeugendienst, sondern die Wiedergeburt, die göttliche Berufung und Salbung." Das ist nach Georg Brinke Voraussetzung.(61) Der Inhalt des Zeugnisses besteht aus "Lehre und Blut", wie Johann Albrecht Bengel gesagt hat,(62) und wird von einem heiligen Wandel getragen. Das ist das wahre "Märtyrer-Zeugnis", von dem der Gründer der Tiefenevangelisationbewegung, Kenneth Strachan, so viel spricht. (63) Das aber alles in der Dynamik des Heiligen Geistes, der dazu befähigt.

2. Das kerygma
An zweiter Stelle setzen wir das kerygma, die Verkündigung des Evangeliums unter Nichtchristen. "Dabei handelt es sich nicht um propagandistische Ansichten, Meinungen und Ideen, sondern um Proklamation der großen Taten Gottes", sagt John Stott erklärend.(64) Bei dem martyrion handelt es sich um das christliche Zeugnis aller Gläubigen in ihrem Alltagsleben, bei dem kerygma geht es mehr um das öffentliche Verkündigen des Evangeliums von den dazu berufenen und vom Heiligen Geist begabten Evangelisten. Dr. Robert Mounce summiert den Inhalt des kerygmas unter drei Punkten: Die Kundmachung des Sterbens, der Auferstehung und Himmelfahrt Jesu als Erfüllung des prophetischen Wortes, die daraus ent-

stehende Erkenntnis, daß Jesus Christus der Herr
ist, die Konfrontation der Unbekehrten mit dieser
Botschaft als Einladung zur Buße und Angebot der
Sündenvergebung.(65) Der Unterschied zwischen <u>martyrion</u> und <u>kerygma</u> in der missionarischen Handlung
liegt weniger in Inhalt und Ziel als in Mittel und
Methode.

3. Die didache
Als drittes ist die <u>didache</u>, die christliche Lehre,
zu nennen. Es sollte beachtet werden, daß die <u>didache</u> nicht immer von <u>kerygma</u> zu unterscheiden ist
und daß die zwei oft ineinander greifen, wie aus
Matthäus 4,23 und Markus 1,39 und Lukas 4,31 und 44
ersichtlich ist. Nach den Worten meines Homiletiklehrers ist das <u>kerygma</u> "predigendes Lehren" und
"lehrendes Predigen".(66) Das <u>kerygma</u> muß immer
lehrend sein, die <u>didache</u> aber nicht notwendigerweise predigend. Den Inhalt der <u>didache</u> bildet die
Lehre der Apostel, nämlich das, was der Herr ihnen
im Sendungsbefehl zu lehren befahl. Wie das <u>kerygma</u>
die besondere Aufgabe der Evangelisten in der Gemeinde ist, so ist die <u>didache</u> besondere Aufgabe
der Lehrer. Die Evangelisten tragen mehr dazu bei,
daß die Gemeinde zahlenmäßig zunimmt, die Lehrer,
daß sie in der Gnade und Erkenntnis wächst.

4. Die koinonia
Viertens sei die <u>koinonia</u>, die Gemeinschaft der Gläubigen, genannt. "Das Wort (koinonia), das im Grundtext für die <u>Gemeinschaft</u> gebraucht wird, besagt
beides, daß Gemeinschaft <u>Teilhaberschaft</u> an Christus
und am Bruder in Christus aber auch <u>mitteilende</u> und
<u>empfangende</u> Tätigkeit ist. In der Gemeinschaft hat
der Gläubige <u>Teil</u> an Christus und den andern Gläubigen."(67) In der Gemeinschaft bringen die Gläubigen ihre Einigkeit im Geist, ihre Liebe zueinander,
ihre Dankbarkeit und Anbetung zum Erlöser, ihre Beziehung zum Heiligen Geist und ihre Verherrlichung Gottes zum Ausdruck. Sie ist ein rein christliches Phänomen, das sich in einer vertikalen und horizontalen Be-

ziehung kundtut. Johannes spricht von der Gemeinschaft untereinander (das ist horizontale Beziehung) und von der Gemeinschaft mit dem Vater und dem Sohne (das ist vertikale Beziehung) (1. Joh. 1,3). Der Ungläubige kennt wohl Freundschaft, Kameradschaft, Partnerschaft, Gesellschaft und Genossenschaft, aber keine Gemeinschaft im johanneischen Sinne. Darum wird jeder Missionar, ja jeder Gläubige seelsorgerlich bemüht sein, daß alle, die durch das <u>martyrion</u> oder durch das <u>kerygma</u> zum Glauben gekommen sind, sich der Lokalgemeinde anschließen, wo das geistliche Leben durch <u>didache</u> und <u>koinonia</u> gepflegt wird. Das führt zu gesundem Gemeindewachstum und zur Erfüllung des missionarischen Ziels.

5. Die diakonia

Endlich weise ich auch noch auf die <u>diakonia</u> hin, auf den Dienst der gläubigen Gemeinde am Mitmenschen. Jeder <u>apostolos</u> oder <u>missionarus</u> ist auch ein <u>diakonos</u>, ein Diener. So hat es der Apostel Paulus erkannt, wenn er die Korinther in ihrem Parteienstreit befragt, wer nun eigentlich Paulus und wer Apollos ist. Seine Antwort ist klar: "Diener sind sie, durch die Gnade Gottes, durch welche ihr seid gläubig geworden" (1.Kor. 3,5). Die Mannigfaltigkeit der missionarischen <u>diakonia</u> kann hier nicht besprochen werden. Wenn wir sie im Rahmen des totalen Sendungsbefehls (vgl. Kapitel 3) betrachten, dann bildet sie den kulturell-gesellschaftlichen Auftrag, der es sich zur Aufgabe macht, den Menschen nicht nur in seinem geistlichen Elend zu sehen, sondern ihm auch in seinem zeitlichen Dienstzustand zu dienen und zu helfen.

Mit Nachdruck sei darum noch einmal daran erinnert, daß die Priorität der biblischen Missionsidee in dem <u>martyrion</u> und dem <u>kerygma</u> wurzelt, wodurch die Menschen in ihrer Sündensituation angesprochen und zur Buße, Bekehrung, Versöhnung und Jüngerschaft aufgerufen werden. Durch koinonia und didache findet die geistliche Pflege und Lehre ihre notwendige Betonung. Endlich aber darf die diakonia, der Barmherzigkeitsdienst an Armen, Kranken, Bedrückten, Alten, Einsamen, Gefangenen und Hungrigen nicht unterlassen werden. Das große Ziel bei allem jedoch muß das Wachstum der Gemeinde und dadurch die Verherrlichung Gottes bleiben.

Nur so wird die christliche Mission verwirklicht und wird, um noch einmal an die Wort der Einleitung zu diesem Kapitel zu erinnern, "eine Großmacht in Knechtsgestalt".

V. DIE ROLLE DER MISSIONSGESELLSCHAFT

Gustav Warneck definiert Missionsgesellschaften als "freie Vereinigungen von gläubigen Christen, welchen es ein heiliger Ernst ist, daß Missionare zu den Heiden gesendet werden und die für die Unterhaltung derselben sorgen."(68) Schon im 17. Jahrhundert sah Justinian von Welz die Notwendigkeit zur Gründung solcher Gesellschaften, die bereit wären, Boten der Versöhnung in die weite Welt zu entsenden.(69) Obwohl sein Bestreben in seiner Zeit erfolglos blieb, so wurde doch sein Denken von andern weitergeführt und verwirklicht. Die spätere Dänisch-Hallesche Missionsgesellschaft, die schon 1706 die ersten Missionare aussandte, verwirklichte das, was von Welz angestrebt hatte. Auch in England wurde die Idee der Missionsgesellschaft schon gegen Ende des 17. Jahrhunderts wachgerufen und um 1701 in der Gründung der Society for the Propagation of the Gospel in Foreign Parts (Gesellschaft für die Verkündigung des Evangeliums in fremden Gebieten) zur Wirklichkeit. Diese und ähnliche Bestrebungen können mit Recht als Bahnbrecher des großen Missionsjahrhunderts bezeichnet werden (70), in dem die Missionsgesellschaften (ca. 1795-

1910) die sendenden Strukturen der Gemeinden wurden, weil diese eben in ihrer Sendungsaufgabe versagt hatten.

Die Missionsgesellschaft hat seit Beginn des 19. Jahrhunderts in der Weltmission und -evangelisation eine äußerst wichtige Rolle gespielt. Hätten nicht einzelne durch die Missionsvision und -bürde angeregte Personen in Kirchen und Konfessionen die Initiative ergriffen und Gesellschaften gegründet, so wären die protestantischen Kirchen noch länger missionslos geblieben. Damit soll nicht gesagt sein, daß die Organisation von Missionsgesellschaften der in der Bibel gewiesene Weg war. Geschichtlich gesehen aber gab sie den gläubigen Sektoren in den Kirchen, also den ecclesiolae in ecclesia, eine Möglichkeit, sich missionarisch-evangelistisch in der Welt zu betätigen. Von der biblischen Perspektive her gab der Herr Jesus Christus der Gemeinde, nicht einer Missionsgesellschaft, den Missionsbefehl. Weil aber die institutionelle Kirche in ihrer primären Aufgabe schmählichst versagt hat, so haben die Gläubigen aus ihrer Mitte durch eine ins Leben gerufene Missionsgesellschaft stellvertretend den Missionsbefehl ausgeführt. Wer dem Beispiel nicht folgte, blieb missionarisch einfach unbeteiligt. Die Konsequenzen solchen Handelns hat Dr. David Ewert in einem Zitat als "missionslose Kirchen" und "kirchenlose Missionen" bezeichnet.(71) Die Realität dieses Wortspiels ist historisch nie klarer in Erscheinung getreten als in dem (1961) in New Delhi stattgefundenen Zusammenschluß des missionslosen ÖRK und des kirchenlosen Internationalen Missionsrats. Der Missionsrat wurde, wie Bischof Sundkler es bildlich ausgedrückt hat, auf der Konferenz zu Edinburgh (1910) geboren, vom Komitee, das die Konferenzprinzipien weiterführte (1911), getauft und in der Sonderversammlung in Mohonk im Bundesstaat Neuyork (1921) konfirmiert.(72) Der ÖRK wurde offiziell auf der ersten Vollversammlung in Amster-

dam (1948) ins Leben gerufen. Er setzte sich aus
zwei oder drei Strömen zusammen, die größtenteils
aus Edinburgh her stammten, aber im Laufe der Zeit
manches an Momentum und Frische eingebüßt hatten.
(73)

Mittlerweile hatten sich in Amerika auch die <u>Inter-
denominational</u> <u>Foreign</u> <u>Mission</u> <u>Association</u> (1917)
und die <u>Evangelical</u> <u>Foreign</u> <u>Missions</u> <u>Association</u>
(1945) aus Missionsgesellschaften zusammengefunden,
die ihre theologischen Überzeugungen nicht mit
denen des Internationalen Missionsrates teilen
konnten. Diese haben in Amerika nun schon viele
Jahre eine ähnliche Funktion gehabt wie die vor
einigen Jahren ins Leben gerufene Arbeitsgemein-
schaft Evangelikaler Missionen im deutschsprachi-
gen Europa. Solche historischen Entwicklungen haben den biblischen Apostolat von der Gemeindesen-
dung in nicht biblisch ideale, aber historisch un-
vermeidliche Bahnen geleitet. Dadurch aber ist das
Apostolat nicht aufgehoben, der Herr Jesus hat die
Gemeinde gesandt und sendet sie heute noch wie der
Vater den Sohn gesandt hat. Biblisch gesehen sollte
die Gemeinde selbst die eigentliche Missionsgesellschaft sein.(74) Weil aber die Kirche im Laufe der
Geschichte ihre biblische Berufung des Apostolats
nicht treu verwaltet hat, hat die Missionsgesellschaft einsetzen müssen, um als missionarisch-evangelistischer Arm der Gemeinde zu funktionieren.

Die jeweiligen Beziehungen der in diesen Vereinigungen vertretenen Missionsgesellschaften zu Konfessionen und Kirchen ist verschiedenen Grades. Es
gibt solche Gesellschaften, die die Mission für
eine ganze Konfession ausführen, oder durch die die
Gemeinde, bzw. die Konfession, Mission betreibt.
Diese nennen wir "vertikale Missionsgesellschaften",
weil sie eben unmittelbar unter der Gemeinde oder
Konfession stehen. Auf der anderen Seite aber gibt
es unabhängige Missionsgesellschaften, die keine

direkte Beziehung, noch Verantwortung zu einer
Kirchengemeinde oder Konfession haben und gerne
von ihrem "interdenominationellen" und "unkonfes-
sionellen" Charakter sprechen. Diese bezeichnen
wir am besten als "horizontale Missionsgesellschaften".(75) Zwischen den vertikalen und horizontalen
gibt es eine komplette Variation von Gesellschaften,
die wir hier nicht näher besprechen können. Ihre
Struktur läßt sich bildlich etwa so darstellen,
s. Schaubild nächste Seite:

II. SCHAUBILD

BEZIEHUNG ZWISCHEN GEMEINDE UND MISSIONSGESELLSCHAFT

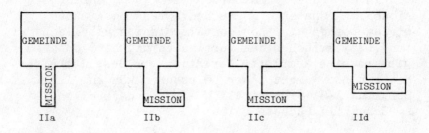

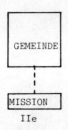

IIa. Die vertikale Missionsgesellschaft, die sich einer Gemeinde oder Konfession unmittelbar verantwortlich weiß.

IIb. Die vertikale und semihorizontale Missionsgesellschaft, die sich zur Gemeinde hält, aber auch von der Gemeinde unabhängige Zweige verfolgt.

IIc. Die vertikal-horizontale Missionsgesellschaft, die ebensoviel von konfessionellen als von nichtkonfessionellen Strukturen verwaltet und getragen wird.

IId. Die horizontale und semivertikale Missionsgesellschaft, die größtenteils von nicht konfessionellen Vertretern verwaltet und unterstützt wird.

IIe. Die horizontale Missionsgesellschaft, sie sich von keiner Gemeinde oder Konfession abhängig wissen will.

Quelle: Nach Ralph D. Winter, The Warp and the Woof, S. 14-19.

LITERATURNACHWEIS

(1) J. Herbert Kane, A Global View of Missions, S.77.

(2) Beyerhaus, Humanisierung, S. 3.

(3) Siehe Fritz Laubach, Aufbruch der Evangelikalen, Wuppertal 1972.

(4) Siehe Norman V. Hope, One Christ, One World, One Church, Philadelphia 1953.

(5) Dokumente dafür sind die "Frankfurter Erklärung" (1970) und die "Lausanner Verpflichtung" (1974). Sie gehören zweifellos zu den wichtigsten biblisch-theologischen Dokumenten unserer Zeit.

(6) Vgl. Theophil Rehse, Ökumene auf dem Weg zur Weltkirche? 2. Aufl., Wetzlar 1972; Beyerhaus, Humanisierung, S. 4.

(7) Harold Lindsell, "Kommentar: Schlußfolgerungen aus Bangkok", idea Nr. 15, 9. April 1973, S. III.

(8) Während des Missionsdienstes und der Dienstreisen in Lateinamerika habe ich die radikale und revolutionäre Gesinnung nie so verspürt als während eines kürzlichen Aufenthalts in Mexiko City. In Gesprächen mit Seminaristen verschiedener Länder wurde immer wieder darauf hingewiesen, daß die Lösung der Probleme eine sich dazu verpflichtende Stellung einnehmen müsse. Zur Orientierung über die theologische Tendenz in Lateinamerika vgl. Pedro Wagners Buch, Theologiá Latinoamericana: Jsquiérda o evangélica? Miami 1969.

(9) Vgl. Arthur F. Glasser, "What has been the Evangelical Stance, New Delhi to Uppsala?" EMQ, Spring 1969, S. 129-150; wichtig sind ferner Artikel von McGavran, Tippett und Ralph Winter in der speziellen Uppsala-Ausgabe des CGB, Vol. IV, No. 5 (1968), S. 292-302; EMQ, Spring 1973, gibt das Echo von Bangkok von amerikanischer und europäischer Persepktive wieder, S.130-161; auch idea Nr. 11, 14, 19

(1973) liefert Nachdenkliches, Erklärungen, Licht und Schatten, Pro und Kontra von Bangkok. Weitere wichtige Titel zu diesen Fragen: P.Beyerhaus, Humanisierung, Salzuflen 1969; ders., Bangkok'73 - Anfang oder Ende der Weltmission?, 1973; W.Künneth/P.Beyerhaus (Hg.), Reich Gottes oder Weltgemeinschaft?, 1975; P.Beyerhaus/U.Betz (Hg.), Ökumene im Spiegel von Nairobi'75, 1976; alle drei letztgenannten Titel sind erschienen im Verlag der Liebenzeller Mission.

(10) Glasser, "New Delhi to Uppsala", EMQ, Spring 1969, S. 130.

(11) Beyerhaus, Humanisierung, S. 21; ders. Allen Völkern, S. 57.

(12) Zitat bei Jack Shepherd, "Continuity and Change in Christian Mission", in: Tippett, Festschrift, S. 77.

(13) Vgl. "Wheaton Declaration", in: The Church's Worldwide Mission, S. 220. Die deutsche Übersetzung wurde in der Reihe "Christusbekenntnis heute" veröffentlicht: "Die Wheaton-Erklärung", Hrsg. P. Beyerhaus, Verlag der Liebenzeller Mission, 1970.

(14) Jack Shepherd, "The Missionary Objective: Total World Evangelization", in: Prostestant Crosscurrents, S. 118-119.

(15) Vgl. Arthur F. Glasser, "Zwiespältige Eindrücke", idea Nr. 14, 2. April 1973; s. a. Fußnote 12: P.Beyerhaus, Bangkok'73.

(16) Zitiert in Missionary Information Service, 15. January 1973, S. 4.

(17) Peter Beyerhaus, "The Theology of Salvation at Bangkok", EMQ, Spring 1973, S. 159; ders., Bangkok'73, S. 204.

(18) Donald McGavran, "Will Uppsala Betray the Two Billion?" CGB, IV No. 5 (1968), S. 292.

(19) Zitat bei Beyerhaus, Humanisierung, S. 44-45.

(20) Rauschenbusch wird in Amerika "the prophet of the Social Gospel" genannt. Vgl. seine Bücher: Christianizing the Social Order, New York 1912, und A Theology for the Social Gospel, New York 1918. Zu den Beziehungen zwischen Verkündigung und Sozialaktion siehe meine Schrift "Proclamation and Social Concern in Missions", in: The Journal of Church and Society, Spring 1969, S. 24-32.

(21) Zitat bei Beyerhaus, Allen Völkern, S. 65-66; Vgl. Shaken Foundations, S. 43-44.

(22) Ulrich Betz, "Die Scheidung der Geister beginnt", idea Nr. 11, 12. März 1973, Kommentar, S. III.

(23) Shepherd, "Missionary Objectives", in: Crosscurrents, S. 191.

(24) Zitat bei P.Beyerhaus/U.Betz (Hg.), Ökumene im Spiegel von Nairobi'75, S. 106.

(25) Ebenda, S. 103.

(26) Wolfgang Schäufele, Missionarisches Bewußtsein der Täufer. Ein Buch über den Expansionsbetrieb im 16. Jahrhundert.

(27) William Richey Hogg, "The Rise of Protestant Missionary Concern, 1517-1914", in: Theology of Christian Mission, S. 95-111.

(28) Beyerhaus, Humanisierung, S. 5

(29) Schäufele, Missionarisches Bewußtsein der Täufer, S. 70.

(30) Ebenda, S. 71

(31) Ebenda, S. 61. Vgl. Kenneth Scott Latourette, A History of Christianity, New York, Evanston, London 1953, S. 781.

(32) Schäufele, Missionarisches Bewußtsein der Täufer, S. 52.

(33) Ebenda, S. 76-77. Vgl. Franklin H. Littell,

Von der Freiheit der Kirche, Bad Nauheim 1957,
S. 149.

(34) Dr. Augsburger zitiert ein Täufergebet aus dem
Märtyrerspiegel. Der Beter betet um Gehorsam und
Kraft, das "große Feld der Erde zu gewinnen" und
des Herrn Namen preisen. Discipleship, S. 109.

(35) J.H. Bavinck, An Introduction to the Science
of Missions, Engl. von David H. Freeman, Philadelphia 1960, S. 155 u. 311; vgl. Beyerhaus, Humanisierung, S. 5

(36) G. Warneck, Geschichte der Protestantischen
Mission, 9.Aufl., S. 33.

(37) Ebenda, S. 31.

(38) Ebenda, S. 57

(39) Zitat bei Elton Trueblood, The Validity of the
Christian Mission, New York 1972, S. 91.

(40) G. Warneck, Geschichte der Protestantischen
Mission, 9. Aufl., S. 67-68.

(41) Latourette, History, S. 897.

(42) G. Warneck, Geschichte der Protestantischen
Mission, 9. Aufl., S. 63.

(43) G. Warneck, Geschichte der Protestantischen
Mission, 9. Aufl., S. 64.

(44) Vgl. Peter Beyerhaus, Selbständigkeit, S. 78.

(45) Seppo A. Teinonen, "The Theological Basis of
Gustav Warnecks Early Theory of Missions: Summary",
in: Gustav Warneck in Varhaisen Lähetijsteorian
Teologiset Perusteet, Soumalaisen Teologisen
Kirjallisuuseuran Julkaisuja, Bd. LXVI, Helsinki
1959, S. 253.

(46) G. Warneck, Missionslehre, III, 1, S. 176;
vgl. S 210f.

(47) Ebenda, S. 211.

(48) Vgl. ebenda, S. 213 mit McGavran, Bridges of God, S. 10f.

(49) G. Warneck, Missionslehre, III, 1, S. 215.

(50) Ebenda, S. 213-234.

(51) Ebenda, S. 219.

(52) Ausführlicheres bei McGavran, How Churches Grow, S. 93-101; Understanding Church Growth, S. 62-63; Tippett, Church Growth and the Word of God, S. 58-64.

(53) Vgl. McGavran, Understanding Church Growth, S. 34.

(54) Ausführlich behandelt von Beyerhaus, Selbständigkeit, S. 31-77; dasselbe Engl. von Henry Levefer, Responsible Church and the Foreign Mission, Grand Rapids (Michigan) 1964, S. 25-44; Beyerhaus, "The Three Selves Formula: Is it Built on Biblical Foundation?" International Review of Missions, 53 (1964), S. 393-407. Ein umfangreicher Literaturnachweis ist in meiner Schrift, "Indigenous Church Principles: A Survey of Origin and Development", School of World Mission, Pasadena 1972, gegeben.

(55) Vgl. Shepherd, "Continuity and Change", in: Tippets Festschrift, S. 70.

(56) Vgl. Blauw, Missionary Nature of the Church; Peters, Missionarisches Handeln und biblischer Auftrag.

(57) Georg Vicedom, The Mission of God. Engl. von Gilbert A. Thiele und Dennis Hilgendorf, Saint Louis 1965, S. 4.

(58) Beyerhaus, Allen Völkern, S. 20.

(59) R. Pierce Beaver, "The Apostolate of the Church", in: Theology of Christian Mission, S. 259. Vgl. dens., The Missionary Between the Times, Garden City (New York) 1968, S. 2-8

(60) Siehe McGavran, Eye of the Storm; wesentlich zu diesem Thema sind die Auseinandersetzungen zwischen Kenneth Strachan, dem Begründer der Tiefenevangelisation in Lateinamerika und seinen Gegnern. Man lese die Artikel in International Review of Mission: "Call to Witness", Vol. 53 (1964), S. 191-200; "Call to Witness - But What Kind of Witness?" S. 200-208; "A Further Comment", S. 209-215; "What is the Gospel?" S. 441-448; "A Permanent Argument?" S. 449-451; "Evangelism in Latin America", S. 452-456; "Call to Witness", Vol. 54 (1965), S. 189-192.

(61) Georg Brinke, Skizzen über die Apostelgeschichte, Bern o. J., S. 23.

(62) Johann Albrecht Bengel, Gnomon, Deutsch von C. F. Werner, 5. Aufl., Bd. I, Leipzig 1932, S. 594.

(63) Vgl. Kenneth Strachan, The Inescapable Calling, Grand Rapids (Michigan) 1968, S. 69f.

(64) John R. W. Stott, The Preacher's Portrait, Grand Rapids (Michigan) 1961, S. 34.

(65) Ebenda, S. 39.

(66) Bei meiner ersten öffentlichen "Probepredigt" an der Winkler Bibelschule bemerkte Lehrer Pries auf der Zensur: "Sie haben lehrend gepredigt und predigend gelehrt".

(67) Legiehn, Unser Glaube, S. 116.

(68) Gustav Warneck, Die Mission in der Schule, Gütersloh 1889, S. 12-13.

(69) James Scherer, Justinian von Welz: Essays by an Early Prophet of Mission, Grand Rapids (Michigan) 1969, S. 16f.

(70) Vgl. Stephen Neill, Gerald Anderson and John Goodwin (Hg.), Concise Dictionary of the Christian World Mission, Nashville und New York 1971, S. 159-160; 389-404.

(71) David Ewert, "The Convenant Community and Mis-

sion", in: Consultation on Anabaptist Mennonite Theology, hg. von A. J. Klassen, Fresno (Kalifornien) 1970, S. 129. Vgl. James A. Scherer, Missionary, Go Home, Englewood Cliffs (New Jersey) 1964. Scherer redet von einer "Un-Missionary Church and Un-Churchly Mission", S. 41.

(72) Hans Kasdorf, "From Edinburgh to New Delhi: A Survey of Ecumenical Movements 1910-1961", School of World Mission 1972, S. 14.

(73) Ebenda, S. 9-13.

(74) Trueblood, Validity of the Christian Mission, S. 70.

(75) Ralph D. Winter, The Warp and the Woof, South Pasadena (Kalifornien) 1971, S. 14-15.

Kapitel 6

Der Evangelisationsbegriff

"Die Gemeinde muß evangelisieren - oder sterben."

J. A. Toews

Evangelisation ist der geistliche Ackerboden, auf dem die Gemeinde wächst. Je mehr er gepflegt wird, desto mehr Frucht bringt er ein. Je mehr Samen ausgestreut wird, desto reicher kann die Ernte sein. Nur eine evangelisierende Gemeinde ist eine wachsende Gemeinde. Legitimes Wachstum findet da statt, wo die Gemeinde die ungläubige Welt mit dem Evangelium konfrontiert und wo sich als Folge solcher Konfrontation Menschen zu Jesus Christus bekehren. Dadurch treten sie in ein neues Bundesverhältnis mit dem Herrn, sie kommen in die Gemeinde der Gläubigen unter das neutestamentliche Gottesvolk.

Evangelisation und Mission gehören zur Gemeindepriorität. Aber die beiden sind nicht gleichbedeutend, was man leider zu oft übersieht. Daher soll in diesem Kapitel nicht nur gezeigt werden, was Evangelisation ist und wo die Verantwortung ankert, sondern auch inwiefern sie sich mit der Mission deckt und inwiefern sie sich von ihr unterscheidet.

I. DAS EVANGELISTISCHE VERSTÄNDNIS

Wir reden hier nicht von evangelistischen Methoden, wie z. B. Zeltevangelisation, Tiefenevangelisation, evangelistische Kreuzzüge und ähnliche Formen und Methoden der evangelistischen Tätigkeit, sondern nur vom biblischen und zeitgeschichtlichen Verständnis der Evangelisation.

A. WAS DIE BIBEL SAGT

Es ist etwas überraschend und sogar etwas enttäuschend, daß der von uns so biblisch angesehene Ausdruck Evangelisation in dieser Form in der Bibel nicht vorkommt. Verwandte Wörter aber helfen uns, den Ausdruck zu verstehen und zu erklären.

1. Evangelisation als Evangelium

Unser Wort wird von verwandten griechischen Hauptwörtern wie euangelion (gute Botschaft, Evangelium), euangelos (Überbringer der Botschaft, Herold, Evangelist), und von dem Zeitwort euangelizein oder euangelisesthai (die gute Botschaft verkündigen) abgeleitet. Obschon das Wort "Evangelium" im Orakelwesen und Kaiserkult der neutestamentlichen Umwelt mit religiösem Sinn gefüllt war, so bezeichnet es aber erst im Neuen Testament "die Botschaft von der anbrechenden Heilszeit".(1) Darum reden auch die Engel bei der Geburt Jesu von der Freudenbotschaft für alles Volk, denn der prophetisch angekündigte Heiland, Retter und Erlöser ist geboren (Luk. 2, 10-11).

In den Reden Jesu umfaßt das Evangelium "die ganze Fülle seiner Verkündigung in Tat und Wort." Matthäus und Markus fassen das gesamte Wirken Jesu als "das Evangelium" zusammen (Matth. 4,23, 9,35, Mark. 1.14).(2) Christus verkündigt nicht nur Evangelium, sondern gehört durch sein Heilswerk selbst in den Inhalt desselben.(3) War er im Alten Testament der verheißene Friedensbote, den die Propheten als Herrn und König ankündigten (Jes. 52,7, 41,47, 60,6, Nah. 2,1, Ps. 96,2.3), so ist er im Neuen Testament der Gekommene. Paulus spricht von dem Evangelium als "Evangelium Gottes", weil es von Gott ausgeht (Röm.1,1, 15,16) und "Evangelium Christi", weil es von ihm handelt (1.Kor. 9,12, Gal. 1, 7). Als seinen Inhalt nennt Paulus immer wieder den Tod und die Auferstehung Jesu Christi. Das ist das

Erlösungswerk und bildet das eigentliche Thema der biblischen Heilsverkündigung.(4)

2. Evangelisation als Werk des Evangelisten
Die Bibel macht es klar, daß der, der an der Verkündigung des Evangeliums teilnimmt, in der Tat die Arbeit eines Evangelisten tut (2. Tim 4,5). Er betreibt Evangelisation. Er evangelisiert. Somit ist Evangelisation die Aktion der Verkündigung der Heilsbotschaft. Der Inhalt ist einfach der gekommene, gekreuzigte und auferstandene Jesus Christus. Wer an ihn glaubt, der wird selig.

Das Werk eines Evangelisten ist das "eines Verkündigers der guten Botschaft", wie Adolf Schlatter übersetzt. Solches Werk erfordert Arbeit und steht nie in leeren Worten.(5) Das ist aber kein Amt, sondern ein Dienst, und zwar "ein Dienst von primärer Bedeutung", wie es mein Kollege Dr. D. Edmond Hiebert behauptet.(6) Das Werk des Evangelisten ist immer, dem von Gott entfremdeten Menschen die frohe Botschaft zu überbringen, daß Jesus gekommen ist, Sünder selig zu machen und Menschen mit Gott zu versöhnen. Das ist Evangelium, das Hauptanliegen der Evangelisation.(7)

Das Werk eines Evangelisten in 2. Tim.4,5 unterscheidet sich von der Gabe des Evangelisten in Eph. 4,11 insofern, als es sich hier um eine besondere Gnadengabe der evangelistischen Verkündigung handelt, dort einfach um eine allgemeine Aufgabe des evangelistischen Zeugnisses, die alle Gotteskinder auch haben. Timotheus war Pastor oder Ältester der ephesischen Missionsgemeinden. Aber er durfte das Werk des Evangelisten und "Seelengewinners" zu Hause in der Umgebung nicht unterlassen.(8) Außerdem hatten die Ephesergemeinden, wie manche andere Ortsgemeinden, das besondere Geschenk der durch das Charisma begabten Evangelisten, deren Aufgabe darin bestand, zu reisen und in wei-

Bücherwünsche

erfüllen wir gern; bitte benutzen Sie diese Karte für Ihre Bestellung.

Es gibt ca. 200 000 lieferbare Bücher allein in deutscher Sprache. Wir können daher nicht alle Titel an Lager halten, besorgen aber gern jedes lieferbare Buch auf schnellstem Wege.

Die Ausführung des Auftrags erfolgt zu den vom Verlag zum Zeitpunkt der Lieferung festgesetzten Preisen.

Heinr. Seesche
Buch- und Kunsthandlung
3 Hannover 1, Georgsplatz 1
Tel. (0511) 18515/16

Bücherzettel

bei Buchbestellungen 40 Pf

An

Heinr. Seesche
Buch- und Kunsthandlung
Georgsplatz 1

3 Hannover 1

Bei der Buchhandlung Helwing'sche, Hannover, Georgsplatz 1, Tel. 18515
bestelle ich folgende Bücher / Zeitschriften zur baldmöglichen Lieferung
Zahlung folgt nach Empfang

.... Expl.
.... Expl.
.... Expl.
.... Expl.
.... Expl.
.... Expl.

_____

Name: ....

Vorname: .... Beruf: ....

Wohnort: ....

Straße: ....

Datum: .... Unterschrift: ....

Blockschrift oder Stempel

Die Rechnung soll beigelegt und
☐ auf meinen Namen
☐ auf ....
   .... ausgestellt werden.

teren Kreisen evangelistisch tätig zu sein.(9) Solche Evangelisten, wie z.B. heute Gerhard Bergmann, Billy Graham, Anton Schulte, Pablo Finkenbinder, Manuel de Melo, Festo Kivengere und Fernando Vangioni – um nur einige zu nennen – sind besonders begnadete Erweckungsprediger und Evangelisten nach Eph. 4, die die Menschheit zur Buße und zu Gott rufen. Die Geschichte Deutschlands hat eine ganze Anzahl solcher Boten Gottes zu verzeichnen, wie Ernst Modersohn in seinem packenden Buch, <u>Menschen, durch die ich gesegnet wurde</u>, nachweist.(10) Damit ist nun schon unser nächster Punkt angeschnitten.

B. ZEITGESCHICHTLICHE INTERPRETATION

Wie die Mission, so hat auch die Evangelisation dürre Zeiten erlebt und reiche Jahre gehabt. Sie hat ihre Abwertung und auch wieder ihre Aufwertung erfahren. Man hat sie bald negativ beurteilt und dann wieder positiv eingeschätzt. Oft erlebt sie beides zugleich in verschiedenen Lagern der Weltkirche. Dabei übersieht man allgemein den Unterschied zwischen Mission und Evangelisation, worauf wir noch zu sprechen kommen. Hier wenden wir uns dem allgemeinen zeitgeschichtlichen Verständnis zu.

1. Die Bürde der Dringlichkeit
Die Missionskonferenz in Edinburgh tagte 1910 unter dem von John Mott geprägten Schlagwort: "Die Evangelisierung der Welt in der gegenwärtigen Generation." Das war die Last und Bürde der damals führenden Personen.(11) Sie sahen es als Aufgabe und als Möglichkeit, alle lebenden Menschen mit dem Evangelium bekanntzumachen. Diese Dringlichkeit der Evangelisation ist immer wieder betont worden. Sogar die erste Ökumenische Vollversammlung in Amsterdam (1948) bekundete eine gewisse "heilige Ungeduld", wie Beyerhaus sagt, indem sie erklärte:

"Wenn es im Evangelium wirklich um Leben und Tod geht, so erscheint es uns als ein untragbarer Gedanke, daß auch nur ein einziger Mensch in dieser Welt sein Leben leben sollte, ohne Gelegenheit zu haben, dieses Evangelium zu hören und anzunehmen." (12)

Auch bei dem Missionstheologen Johannes Christian Hoekendijk vernehmen wir in einem Zitat das Echo der Dringlichkeit zur Evangelisation: "Die Zeit drängt. Der Ruf zum Vormarsch liegt in dem Ernst der Tage, in denen wir leben, in der Vollmacht Christi und in der Notwendigkeit neuen Lebens für alle Menschen durch Gehorsam und Glauben an IHN." (13)

Das war auch die große Bürde im Leben und Sterben von Kenneth Strachan (1910-1964), Begründer der Tiefenevangelisation in Lateinamerika.(14) An dieser Bürde trägt auch die Schule für Weltmission und das Institut für Gemeindewachstum unter McGavran und seinen Kollegen aktiv mit. Von dem neuen Erwachen für die Evangelisation sprechen heute ganz besonders die Evangelisationskongresse. Der erste fand in Berlin statt 1966.(15) Ein besonderer Höhepunkt stellte der "Weltkongreß für Evangelisation" in Lausanne 1974 dar. Er trat unter dem Motto "Alle Welt soll sein Wort hören" an und vertiefte die große Verantwortung für die 2,7 Milliarden Menschen, die das Evangelium noch nicht gehört haben, in sehr eindrücklicher Weise. Die Teilnehmer trugen den Appell wiederum hinein in ihre Heimatgemeinden und -kirchen, wo viele regionale Kongresse folgten und noch folgen. Es ist ermutigend, daß die Gemeinde der Dritten Welt daran teilnimmt und oft eine führende Rolle spielt, der "Vierten Welt" (allen Unbekehrten) das Evangelium zu bringen.

2. Negative Bewertungen
Evangelisation darf weder als Propaganda angesehen

noch behandelt werden. Der Propagandist "macht
Wiederholungen dessen, was man selber ist".(16)
Weil manche Kritiker Evangelisation in diesem Sinne
interpretieren, haben sie zum Teil recht, wenn sie
sagen, daß es in der kolonialen Missionsära, die
auch als die "Vasco-da-Gama-Epoche" (1592-1947) bekannt ist(17), bestimmt zu viel Propaganda gegeben
hat, die darauf zielte, den Corpus Christianum
durch einen stark "christlich" integrierten und von
den westlichen Kirchen eingeführten Kulturkomplex in
der eroberten Welt herzustellen.(18) Ebensowenig
ist Evangelisation bloße Volkschristianisierung im
Sinne des verkirchlichten und verknöcherten Namen-
christentums in manchen Teilen der Welt. Wo Evangelisation als solche angesehen wird, da entsteht
wieder nur ein nominelles Christentum, das wohl ein
Mundbekenntnis führt und "den äußeren Schein der
Gottseligkeit, aber deren innere Kraft nicht besitzt" noch erkennt (2. Tim. 3,1f.). Auf die Ge-
fahren, Mängel und Schäden der Nominalität, die
aus der Evangelisation als Volkschristianisierung
entstehen, hat Missionar Herman Bühler von den
Truk-Inseln in seiner gründlichen Analyse der gegenwärtigen Gemeindezustände in seinem Missionsgebiet
hingewiesen.(19) Damit soll nicht gesagt sein, daß
es keine legitime Volkschristianisierung gibt. Wo
ganze Familien, Sippen, Stämme und Völker durch
Einzelbekehrung zum persönlichen Glauben an Jesus
kommen und die Vergebung der Sünden erlangen, da
kann schon ein "christliches Volk" enstehen (siehe
Kap. 2 und 10). Doch kann es kaum ein christliches
Volk bleiben, es sei denn, die heranwachsende Generation kommt wieder durch Einzelbekehrung und Wiedergeburt zum Glauben an Jesus Christus.

3. Positive Interpretation
Wenn wir auch nicht in allem mit Hoekendijks Evan-
gelisationsverständnis mitgehen können, so müssen
und wollen wir doch auf diesen seinen dringlichen
Ruf hören: "Was wir brauchen", sagt er, "ist ein

neuer Blick für die Evangelisation, eine Entbindung
von allen säkularen Komplexen und geheimen Ideologien, kurzum, eine Wiederherstellung des biblischen Evangelisationssinns."(20) Leider behauptet
er in seinen weiteren Ausführungen, daß der "biblische Missionssinn" in dem "messianischen Schalom"
wurzelt, der im kerygma proklamiert, in der koinonia praktiziert und in der diakonia demonstriert
wird.(21) Wie wir oben gezeigt haben (Kap. 5), bilden Verkündigung, Gemeinschaft und Dienst einen
wesentlichen Teil der biblischen Missionsidee. Aber
den "biblischen Evangelisationssinn" auf den "messianischen Schalom" beschränken, also auf die bloße
Kundmachung, daß der horizontale Friede mit dem
Kommen Jesu in die Welt fortan gegenwärtig ist und
dann erst recht eschatologisch in Kraft treten wird,
scheint der biblischen Fülle und Zielsetzung des
Evangeliums kaum gerecht zu werden. Gerade die Betonung des "geweihten Terzetts" von kerygma, koinonia und diakonia beanstandet Dr. McGavran in seiner
Antwort auf Dr. Hoekendijks "Ruf zur Evangelisation."
(22) Die evangelistische Botschaft muß den Schalom
als horizontales Friedenszeugnis der Gemeinde enthalten, die Gemeinschaft der Gläubigen muß ihn
praktizieren und ihn demütig durch Dienst an der
Welt bestätigen. Doch kann das alles nur da geschehen, wo die Menschen von einem vertikalen Frieden
erfaßt worden sind, nämlich von der eireenee, der
vor allen Dingen bewirkt, "daß der Mensch in Frieden mit Gott steht durch Christus, der 'in Person
unser Friede' ist (Eph. 2,14). Denn er hat nach
Eph. 2, 14-18 Frieden gestiftet in doppelter Beziehung" - zu Gott und zum Mitmenschen (vgl. Kol. 1,
27, 3,14f, Röm. 5,1).(23) Dieser Friede muß Besitz
des Trägers der evangelistischen Botschaft sein und
Eigentum des Empfängers derselben werden, wie wir
schon in Kapitel 3 gesehen haben. Das bringt uns
nun näher zur Definition.

"Nach dem Neuen Testament", sagt der englische Professor J. I. Packer aus Oxford, "ist die Evangelisation einfach die Kundmachung des Evangeliums." "Evangelisation", so sagt er weiter,

> "ist Kommunikationsdienst, zu dem sich Gläubige dem Herrn als Sprachrohre seiner Gnadenbotschaft an die Sünder zur Verfügung stellen. Wer die Botschaft treu weitergibt, abgesehen von Umständen und Bedingungen – ob in einer großen Versammlung oder in einer kleinen, ob öffentlich von der Kanzel oder im Privatgespräch – der evangelisiert. Der Höhepunkt der Verkündigung liegt darin, daß Gott als Schöpfer einer rebellierenden Welt zuruft, zu ihm zurückzukehren und an Christus zu glauben. Darum muß der Hörer in der Evangelisation zur Entscheidung aufgefordert werden."(24)

So ähnlich definiert auch Dr. Samuel Moffett aus Korea. Er sieht die Evangelisation als Evangeliumsverkündigung in der Kraft des Heiligen Geistes zur Bekehrung der Menschen. Das Moment der Entscheidung in der Evangelisation ist selbst in den ersten Ökumenischen Versammlungen ernst genommen worden. In Amsterdam (1948) wurde gesagt: Evangelisation ist "Christus den Menschen so nahezubringen, daß jeder vor die Notwendigkeit einer persönlichen Entscheidung gestellt wird – ja oder nein." In Evanston (im amerikanischen Bundesstaat Illinois 1954) wurde dieser Gedanke unterstrichen und mit Nachdruck gesagt, daß Evangelisation darin bestehe, daß Personen zu Christus als dem Heiland und Herrn geführt werden, "damit sie an seinem ewigen Leben teilnehmen können. Das Herz der Sache liegt in der persönlichen Begegnung mit Christus, weil eben des Menschen ewiges Schicksal von seiner Beziehung zu Gott in Christus abhängt."(25)

Aus der obigen Definition unterstreichen wir einige Hauptpunkte: Erstens: Evangelisation ist Verkündi-

gung des Evangeliums; zweitens: Verkündiger sind
immer die Gläubigen und mit Gott versöhnten Friedensboten; drittens: die Empfänger sind die Unbekehrten; viertens: Umstände der Verkündigung sind
verschiedene; fünftens: Inhalt der Botschaft ist
der gekreuzigte und auferstandene Christus, der da
Sünden vergibt; sechstens: das Ziel ist Bekehrung
der Unbekehrten; siebtens: der Ruf zur Entscheidung
ist das wichtige Moment; achtens: der Heilige Geist
ist in allem die Wirkungskraft. Darüber hinaus sind
Taufe und Gemeindeanschluß biblische Folgerungen.
Doch kommen wir darauf noch zu sprechen.

II. EVANGELISATION UND GEMEINDE

So wie die christliche Mission einen weiteren Rahmen der Gemeindedienste darstellt, so bildet die
Evangelisation einen engeren Dienstzweig. Beide
aber gehören unlösbar zum Leben und Sterben der Gemeinde der Gläubigen. In den Worten J. A. Toews ist
Evangelisation "Lebensbedingung für die Gemeinde".
Damit ist natürlich nicht eine Reihe von besonders
erwecklich ausgerichteten Versammlungen gemeint,
sondern das "gesamte und beständige Wirken der ganzen Gemeinde Jesu Christi in der Rettung der Verlorenen."(26) Das führt zur folgenden Feststellung:

A. EVANGELISATION GEHÖRT ZUM "LAIKOS" WIE ZUM "KLEROS"

Der amerikanische Prediger James Kennedy hat den
Ausdruck geprägt, daß es an der Zeit sei, den
"schlafenden Riesen" aufzuwecken. Damit meint er
das unbeteiligte Laientum in der Gemeinde Jesu überhaupt und in der Ortsgemeinde besonders.(27) Durch
das Einpredigersystem in Kirchen und Gemeinden Europas und Amerikas hat sich ein ungesunder, wachstumshemmender Dualismus zwischen Prediger und Laie

entwickelt, wodurch die evangelistische Tätigkeit
der Ortsgemeinde vielfach gelähmt und unbeweglich
am Boden liegt. Wo wir als Laien nicht die Aufgabe
zur Evangelisation empfinden, da kommen wir höchstens zum Gottesdienst, "um dem Prediger eine Zuhörerschaft zu geben", oder aber uns von ihm geistlich ansprechen zu lassen. Das sollte nicht so sein.
Wo die Gemeinde nicht "predigerzentrisch" sondern
"christozentrisch" ist, da geht man in die Versammlung, um gelehrt zu werden, um ausgerüstet zu werden, um gestärkt zu werden, damit wir als Glieder
der Gemeinde ermutigt den Zeugendienst, die Evangelisation in der Alltagswelt, ausführen können.(28)
Für diese Praxis gab es unter den Täufern während
der Reformation gute Ansätze (siehe Kap. 4). Leider hat es aber auch unter ihnen im Laufe der Geschichte an anhaltender Fortsetzung der Praxis gemangelt.

Der vorhandene Abstand zwischen dem kleros ("Geistlichkeit") und dem laikos ("Nichtgeistlichkeit") ist
nicht nur vollkommen unbiblisch(28a), sondern verletzt auch das historisch so schwer erkämpfte und
wichtige protestantische Prinzip vom allgemeinen
Priestertum der Gläubigen. Mit diesem Prinzip "muß
es Ernst gemacht werden", wie Andreas von Bernstorff
(1844-1907), einer der Mitbegründer der Gnadauer Konferenzen, gesagt hat. Es ist nicht genug, daß es nur
auf dem Papier steht.(29) Eine weitere Folge dieses
Mißstandes ist die Vernachlässigung der biblischen
Lehre von den geistlichen Gaben (siehe unten). Wir
tun in unseren Gemeinden vielfach, als gäbe es keine
geistlichen Gaben, oder aber als wären sie nur für
den ordinierten Kleriker da. Die schlimmste Folge
aber ist die, daß das Laientum vielfach unaktiv am
Rande sitzt und schläft. Natürlich gibt es da Ausnahmen, und nur wo solche herrschen, da wird evangelisiert, da wächst auch die Gemeinde.

Der englische Prediger L. R. Misselbrook aus London

schreibt beachtenswertes zu dem Thema:

> "Es liegt auf der Hand, daß die erstaunliche Ausbreitung des Christentums in seiner Frühzeit weitgehend auf das Zeugnis der schlichten Gemeindeglieder zurückzuführen ist... Er nahm dazu schwache und unvollkommene Menschen, damit sich vor ihm kein Fleisch rühme und damit es deutlich würde, daß sein Werk nicht durch Heer oder Kraft, sondern durch seinen Geist vollbracht wird."(30)

Damit soll nicht gesagt sein, daß die ordinierten Pfarrer und Prediger nicht evangelisieren sollen. Im Gegenteil. Sie sollen darin vorangehen und "das Werk des Evangelisten" treu ausführen. Sie müssen dazu anleiten, schulen, erziehen. Ihre Aufgabe ist es, <u>zusammen</u> mit anderen Gemeindegliedern "die Heiligen tüchtig machen, für die Ausübung des Gemeindedienstes" (Eph. 4,12 nach Menge). Ja, auch die bekehrten Laien sind "Heilige", wenn sie auch als <u>laikos</u> (Nichtgeistliche, bzw. Weltliche) bezeichnet werden! Der <u>laikos</u> ist ebensoviel Vertreter Gottes in der täglichen Evangelisation wie der <u>kleros</u>. Obgleich jeder eine andere Funktion hat, so ergänzen sie sich im Dienst, und nur wenn beide das <u>sind</u> und <u>tun</u>, wozu Gott sie berufen hat, kann die Evangelisation der Gemeinde ausgeführt werden.(31)

B. EVANGELISATION IST AUFGABE DER ORTSGEMEINDE

Paulus schrieb an die bedrängte Philippergemeinde, die sich in einer schwierigen Situation befand, folgende Worte: "Tut alles ohne Murren und Bedenken (oder Zweifel), damit ihr euch tadellos und lauter erweist, als unsträfliche Gotteskinder inmitten einer verkehrten und verdrehten Menschheit, unter der ihr wie helle Sterne in der Welt leuchtet" (Phil. 2, 14-15). Die gläubigen Schwestern und Brüder, die

sich in einem gewissen Wohnviertel der Stadt oder
in einem Dorf auf dem Land in eine Glaubensgemeinde eingegliedert haben, wissen sich von Gott als
"helle Sterne" an den Ort gestellt. Sie lassen
durch ihren guten Wandel ihr Licht leuchten vor den
Menschen, sie bezeugen mit ihren Worten als "Sprachrohre Gottes", daß Jesus Christus Menschen mit Gott
versöhnt. An diesem örtlichen Zeugnis muß jeder
Christ irgendwie beteiligt sein. Die Ortsgemeinde
ist immer das geordnete Evangelisationszentrum in
ihrer unmittelbaren Nachbarschaft. Für diese hat
Gott die einzelnen Gemeinden verantwortlich gemacht.
Es ist sein Wille, uns als seine Werkzeuge zu gebrauchen, durch die er Menschen zu sich ruft. Weder
der Erweckungsfeldzug, zu dem man einen Bruder oder
ein Team einlädt, die evangelistische Verantwortung
zu übernehmen, noch jährliche Evangelisationswochen
sind dafür ein Ersatz. Solche Veranstaltungen können die Evangelisation der Gemeinde nur bekräftigen, aber nie ersetzen.(32)

C. EVANGELISATION IST HERZ UND LEBEN DER GEMEINDE

"Wo die Gemeinde auf den Ruf zur Evangelisation
hört", sagten die Vertreter der Internationalen
Missionskonferenz in Willingen (1952), "da erwacht
sie zu neuem Leben, wo sie aber den Ruf überhört
und nicht achtet, da verliert sie auch das, was sie
noch an Leben hat."(33) Diese Überzeugung wird auch
von Pfarrer Misselbrook unterstrichen: "Wenn unser
Gemeindeleben in Wahrheit <u>Gott in Jesus Christus</u>
als Mittelpunkt hat, dann wird fortgesetzte, ständige Evangelisation eine seiner natürlichen und unausbleiblichen Äußerungen sein."(34) Eduard Schweizer, ein Theologe der Gegenwart, sagt in seinem
Buch <u>Gemeinde als Missionsleib Christi</u> folgendes:
"Das Leben oder der Tod der Gemeinde hängt davon
ab, inwiefern die Glieder der Gemeinde willig sind,
das Evangelium in der Welt zu verkündigen."(35)

Evangelisation ist das geistliche Thermometer, das den Pulsschlag der Gemeinde sehr genau mißt. Eine evangelisierende Gemeinde ist auch eine betende Gemeinde, in ihr wird viel Dienst mit gefalteten Händen und auf gebeugten Knien ausgeführt. Sie ist eine Gemeinde, wo man sich liebt; sie ist eine Gemeinde, wo man die Menschen der Welt liebt, ohne die Welt liebzuhaben; sie ist eine Gemeinde, in der man für die Sache des Herrn gibt, damit die Weltmission betrieben werden kann; sie ist eine Gemeinde, aus der Söhne und Töchter kommen, die in die Welt hinausgehen mit dem Evangelium; sie ist eine Gemeinde, die den Selbsterhaltungswahn längst überstanden hat; sie ist eine Gemeinde, die nicht egozentrisch, sondern christozentrich ist; sie ist eine Gemeinde, in der der Heilige Geist seine große Kraft im _laikos_ sowie im _kleros_ kundtut; sie ist eine gesunde, lebenskräftige Gemeinde, die am geistlichen Merkmal organischen, quantitativen und qualitativen Wachstums erkennbar ist.

D. EVANGELISATION BEDEUTET WACHSTUM DER GEMEINDE

So war es in der Urgemeinde, wie wir schon gezeigt haben. Sie erkannte in der Evangelisation das einzige Mittel zum Fortbestand und Wachstum. Sie wußte sich für den unbekehrten Menschen in ihrer unmittelbaren Umgebung verantwortlich. Dr. J. A. Toews bemerkte: "Durch Buße und Glauben wird der Mensch zum Gotteskind. Durch Wiedergeburt kommt er zum neuen Leben. Der Fortbestand einer lebendigen Gemeinde hängt folglich davon ab, ob durch ihre Arbeit Menschen zu dieser inneren Erfahrung gebracht werden und dann als lebendige Glieder die Gemeinde weiter bauen."(36)

Wie wir schon gesagt haben (vgl. Kap. 2 u. 10) gibt es eine Art von Gemeindewachstum, die durch natürliche Fortpflanzung, also durch Zuwachs von Kindern gläubiger Eltern, stattfindet. Wir wollen jedoch unterstreichen, daß auch sie evangelisiert werden müssen, damit sie wiedergeboren werden. Natürliche Geburt hat in Gottes Augen keinen Heilswert, selbst bei den frömmsten Eltern nicht. Alles, was sie vererben, ist Sünde, nicht Heil. Darum ist Gott auch aller Enkel beraubt. Damit ist nicht gesagt, daß Kinder gläubiger Eltern keinen Segen davon haben. Die geistliche Atmosphäre betender Eltern, die den Herrn, sein Wort, sein Werk und seine Gemeinde lieb haben, macht einen positiven Eindruck auf das Leben der Kinder. Trotzdem aber müssen sich diese Kinder, wie alle anderen, persönlich zu Christus bekehren.

Ebensowenig wie das Heil nicht biologisch vererbt werden kann, wird es auch nicht pädagogisch vermittelt. D. h., keine Belehrung und Erziehung, keine Schulung und Ausbildung - wie bedeutungsvoll sie auch als Vorbereitung zur Heilsannahme sein mögen - können die durch das Evangelium gewirkte Bekehrung des Sünders zu Gott ersetzen. Wachstum geschieht durch Evangelisation. Das erinnert mich an die Worte meines ehemaligen Lehrers, Dr. J. A. Toews: "Wenn das ganze Wirken einer Gemeinschaft erst vom Selbsterhaltungsprinzip bestimmt wird, ist eine Vermehrung undenkbar und man kann mit einem sichern, wenn auch langsamen Sterben derselben rechnen. Die Gemeinde, die ihr Leben erhalten will, wird's verlieren." Dazu gibt der bekannte mennonitische Erzieher und Historiker, Dr. Harold S. Bender, ein Beispiel aus seiner Konfession. Zu Anfang war sie eine geistliche, evangelisierende Gemeinde. Nach und nach aber ließ der Rettungseifer nach und die Gemeinde nahm stark ab. Doch da schenkte der Herr ihr begnadete Erweckungsprediger und Evangelisten, wie John S. Coffmann, John Funk und andere, und das führte zu neuem Leben und zu erstaunlichem Wachstum.(37)

III. EVANGELISATION UND THEOLOGIE

Dies ist an sich ein interessantes Thema, das ich hier jedoch nur ganz kurz streife. Vom 16. bis zum 18. Jahrhundert nennt die Geschichte der Evangelisation im englichen Sprachraum manche Evangelisten, die auch Theologen waren, aber nur wenige große Theologen, die auch Evangelisten waren. Im 19. Jahrhundert sahen Theologen und Evangelisten oft skeptisch auf des andern Handwerk. Sie schienen sich gegenseitig zum Schaden beider zu verkennen.(38) J. C. Hoekendijk weist auf die Geschichte und urteilt recht scharf, wenn er sagt, daß die Theologen zu den "unüberwindbarsten Saboteuren der Evangelisation" gehört haben. Heute aber sieht er auch unter ihnen hin und wieder ein Erwachen und ein "Wiedererobern der theologischen Relevanz" und der "biblischen Authentizität" oder Echtheit der Evangelisation.(39)

Andererseits aber besteht auch die Gefahr, daß Evangelisten "Saboteure der Theologie" werden. Damit ist nicht gemeint, daß sie sich wegen ihrer meist volkstümlich ausgerichteten Sprechweise von dem ihrer Zuhörerschaft unverständlichen theologischen Jargon abwenden. Das tun sie berechtigterweise ihrer Hörer wegen. Die Gefahr besteht vor allen Dingen darin, daß unter ihnen populäre Persönlichkeiten sind, die biblisch-theologische Fundierung ihrer Botschaft durch eine verwässerte Oberflächlichkeit und manchmal sogar durch unbiblische Unnüchternheit und unchristliche Albernheit ersetzt haben. In dieser Beziehung haben sich die leitenden Männer der Gemeinschaftsbewegung innerhalb der Landeskirche auf deutschem Boden besonders verdient gemacht, indem sie von je her das Gleichgewicht zwischen Evangelisation und Theologie anstrebten und streng überwachten. Sobald es da ein Ausgleiten gab, wurde dazu Stellung genommen.(40) Es kann sich auch nur da zum Segen auswirken, wo

berufene Evangelisten und geschulte Theologen die
evangelistische Relevanz der Theologie einerseits
und die theologische Relevanz der Evangelisation
andererseits anerkennen. Nur dann wird ihre Botschaft sicheren Grund und ihre Lehre anziehenden
Inhalt haben.

Worauf es bei Evangelisation und Theologie ankommt
ist, daß sie "biblisch authentisch" sind.(41)

IV. EVANGELISATION UND MISSION

Auf der 179. Generalversammlung der "United Presbyterian Church" stellte man folgende These zur Unterscheidung zwischen Evangelisation und Mission
auf: "Alle Evangelisation ist Mission, aber nicht
alle Mission ist Evangelisation."(42) Der amerikanische Missionslehrer Jack F. Shepherd widerspricht
dieser These etwa so: "Obzwar es keine Mission ohne
Evangelisation und ohne Zeugendienst gibt, so gehört doch nicht alles, was Evangelisation und Zeugendienst ist, zur Kategorie 'Mission'."(43) Mir
scheint Shepherds Interpretation richtiger zu sein
als die der Generalversammlung. Denn die Priorität
der christlichen Mission, wie sie von Evangelikalen
verstanden wird, liegt in der Kontinuität der Verkündigung des Evangeliums, was wir ja schon wiederholt betont haben.

Aber gerade hier befinden sich viele Gotteskinder
im Nebel des evangelistischen und missionarischen
Verständnisses. Der Unterschied ist wesentlich, seine Darstellung aber nicht einfach. Um Unterschied
und Gleichbedeutung der zwei zum Wesen der Gemeinde gehörenden Pulsadern zu zeigen, wird es notwendig, daß wir einen Blick tun auf die Träger des
Evangeliums und ihre göttliche Ausrüstung, sowie
auf Beziehung zwischen Evangelist und Missionar,
bzw. Evangelisation und Mission.

A. DIE TRÄGER DER BOTSCHAFT

Ob Evangelist oder Missionar, seine primäre Aufgabe
ist das Jüngermachen. Dazu bedarf es von biblischer
Sicht gewisser unentbehrlicher Bestandteile, die
uns zugleich auch helfen können, den Unterschied
zwischen Mission und Evangelisation besser zu verstehen. Ich meine da "die Gabe des Heiligen Geistes" (Apg. 2,38), "die geistlichen Gaben" (1.Kor.
12,1) und "die göttliche Berufung" (1.Thess. 2,12).

1. Sie besitzen die Gabe des Heiligen Geistes
Vor wie nach seiner Auferstehung verhieß der Herr
Jesus den Seinen den Heiligen Geist vom Vater (siehe Joh. 7,37-39, 14,15-17.26, 15,26, 16,7-14, Luk.
24,48-49, Apg. 1,4.5.8). Die Erfüllung dieser Verheißung kam am Pfingsttag. Der Apostel Petrus lüftet uns da etwas den Schleier und läßt uns in die
Gegenwart der Heiligen Dreifaltigkeit sehen, wo
sofort nach der Rückkehr des Sohnes von der Erde
in den Himmel die große Transaktion zwischen ihm
und dem Vater stattfand: die Übergabe des Heiligen
Geistes vom Vater an den Sohn. Es steht nämlich geschrieben: "Nachdem er nun durch die Rechte Gottes
(oder zur Rechten Gottes) erhöht worden ist und den
verheißenen Heiligen Geist empfangen hat vom Vater,
hat er jetzt diesen (Geist), wie ihr selbst seht
und hört, hier ausgegossen" (Apg. 2,33 nach Menge,
vgl. dazu Jes. 11,1-2, Offb. 1,4, Joel 3,1-5). Erst
nachdem Christus den Heiligen Geist in vollem Maße
erhalten hatte, konnte er seine Verheißung an die
Seinen erfüllen. Und er tat es. Er beschenkte die
Gemeinde mit der "Gabe des Heiligen Geistes" (Apg.
2,38). Durch diese Gabe schuf er aus bekehrten
Juden, Samaritern und Heiden die <u>Una Sancta</u>, die
eine vereinte Heilige Gemeinde (Apg. 2,37-41,
8,14-17, 10,44-45). Jeder an Jesus Christus Glaubende bekommt diese Gabe des Heiligen Geistes als
Siegel seiner Gotteskindschaft (Röm. 8,9.11.14-16,
Eph. 1,13-14). Sodann wird er auch Kandidat für die

"geistlichen Gaben". Somit sind die Gläubigen nicht nur Besitzer der Gabe des Geistes, sondern:

2. Sie werden Empfänger geistlicher Gaben
Die drei Schriftabschnitte, die von den geistlichen Gaben reden, geben uns eine lange Liste von solchen (Röm. 12. 1.Kor. 12-14. Eph. 4). Da keine dieser Listen als in sich abgeschlossen erscheint, dürfen wir wohl annehmen, daß Paulus keinen Anspruch auf Vollständigkeit erhebt und daß alle drei Schriftabschnitte die vorhandenen geistlichen Gaben nicht erschöpfen.(44) Es wird uns aber klar, daß jeder wiedergeborene Christ wenigstens eine (oft auch mehr) geistliche Gabe empfängt zu einer bestimmten Funktion am Leibe Christi, also in der Gemeinde. Auch ist es klar, daß jede Gabe zum allgemeinen Nutzen und zum Aufbau der Gemeinde gegeben wird. Dazu sagt die Schrift:

> "Es gibt nun zwar verschiedene Arten von Gnadengaben, aber nur einen und denselben Geist, und es gibt verschiedene Arten von Dienstleistungen, doch nur einen und denselben Herrn, und es gibt verschiedene Arten von Kraftwirkungen, aber nur einen und denselben Gott, der alles in allen wirkt. Jedem wird aber die Offenbarung des Geistes zum allgemeinen Besten (zum Nutzen der Gemeinde) verliehen" (1.Kor. 12,4-7 nach Menge).

Drei Ausdrücke müssen hier unterstrichen werden, weil sie den Ursprung, die Anwendung und den Zweck der geistlichen Gaben angeben.(45) Der erste ist das charismata, was Menge mit Gnadengaben übersetzt. Das ist eine übernatürliche Gabe, die der cháris, der Gnade und Gunst Gottes entspringt. "Er hat den Menschen Gaben gegeben", heißt es in Eph. 4,8. Diesen Ursprung müssen wir immer im Auge behalten, wenn wir mit den Gnadengaben umgehen. Sie sind ein heiliges Vermächtnis und dürfen nicht nach sensationeller Willkür zu egoistischen Zwecken gebraucht oder mißbraucht werden. "Eine Gabe verliert jeglichen Wert, sobald der damit Begabte sich vom Geber und dessen Willen loslöst."(46) Als zweiter Ausdruck steht das <u>diakoniai</u> (daher Diakon, Diener), das mit Dienstleistungen verdeutsch wird. Das Wort redet von der Art und Weise, wie man die Gnadengaben in die Praxis umsetzt. Der Sinn des Wortes weist auf die Bereitschaft, das als Dienst (nicht als Herrschen!) auszuführen, was Gott uns anvertraut hat. Das dritte Wort ist <u>energemata</u> (daher unser Lehnwort Energie), die <u>Kraftwirkungen</u>. Der Gebrauch der Gnadengaben duldet kein leeres, wirkungsloses Handwerk. Wenn der Gläubige seine geistlichen Gaben im Gemeindedienst praktiziert, dann bleibt Wirkung und Frucht nicht aus. Daher kommt es ja gerade auf die Treue an. Wir sind eben Haushalter des Dreieinigen Gottes, der "alles in allen wirkt" (1.Kor. 12,6, 15,58). Beachten wir doch als Boten der Versöhnung und Träger des Heils, was Paulus an die Korinther schreibt: "Darum sollte uns jeder nur für Diener Christi und Verwalter der Geheimnisse Gottes ansehen. Nichts aber sucht man bei den Verwaltern mehr, als daß jeder einzelne treu erfunden wird" (1.Kor. 4,1-2).

Hier muß ich eine ergänzende Erklärung hinzufügen. Die <u>geistlichen Gaben</u> dürfen nicht mit der <u>natürlichen Begabung</u>, die auch der unbekehrte Mensch als Naturanlage mitbekommt, verwechselt werden. Eine geistliche Gabe empfängt nur der, der die Gabe des Heiligen Geistes besitzt, also nur das Gotteskind. Ebensowenig dürfen die geistlichen Gaben mit der <u>Frucht des Geistes</u> (Gal. 5,22-23) verwechselt werden. Bei der Frucht handelt es sich um den <u>Wandel</u>, um das <u>Sein</u>, bei den Gaben geht es um den <u>Dienst</u>, um das <u>Tun</u>. Der Gläubige kann und muß beide haben - Frucht und Gaben. Dazu kommt bei den Trägern der Botschaft noch ein Drittes:

3. Sie vernehmen die göttliche Berufung
Mit dem Wort "Berufung" meint das Neue Testament das, was es besagt: "daß jemand von einem andern zu etwas berufen ist, zu einer Arbeit, zu einem Stand, zu einem Fest"(47), zu einem Dienst, hier zum Zeugen Christi und Träger der Frohbotschaft. Da alle Gotteskinder die Gabe des Heiligen Geistes zum neuen Leben aus Gott besitzen und die geistlichen Gaben als Kraftwirkung zu den Dienstleistungen empfangen haben, so gilt das an sich schon als <u>allgemeine Berufung</u> zum Zeugendienst. Davon ist niemand ausgeschlossen (Apg. 1,8). Wie schon gesagt, kommt es auf Treue, Gehorsam und Willigkeit an, aktive Zeugen zu sein und das Evangelium in der Alltagswelt, in der unmittelbaren Umwelt, kundzutun.

Nicht jeder mag die geistliche Gabe der persönlichen Evangelisation besitzen, um mit Menschen über ihre Beziehung zu Jesus Christus zu <u>reden</u>, doch manche mögen sie besitzen, aber unterdrücken. Ich wiederhole darum: Es kommt auf den Gehorsam an in dieser ganzen Angelegenheit um den Heiligen Geist und seine Gaben. Darin zeigt sich dann gerade die Frucht des Geistes. Man wird es uns verzeihen, wenn wir nicht große Gaben in der Evangelisation zur Schau tragen. Wenn wir aber ungeistlich, unaufrichtig, ungehorsam sind, das fällt schwer ins Gewicht und löscht auch das noch aus, was wir zu sagen wagen.(48)

Außerdem aber gibt es nach Epheser 4,8-13 unter den Gemeindedienern die mit einer besonderen geistlichen Gabe ausgerüsteten Evangelisten, deren Evangelisationsarbeit und Evangelisationsziel darin besteht, daß sie "nachgehende, suchende, sammelnde, erweckende Evangelistenarbeit" tun, wie es die Gnadauer Väter auf der ersten Pfingstkonferenz (1888) so treffend ausgesprochen haben, damit Menschen gerettet und zur Gemeinde hinzugetan werden.(49)

Das ist echt biblische Evangelisation. Das Werk des einen sowie des andern ist aber immer nur Dienst des Dieners unter der Herrschaft des Herrn.

Man hört zuweilen die Behauptung, daß jeder Christ ein Missionar ist und jeder Nichtchrist ein Missionsfeld. Solche Verallgemeinerung ist aber kaum biblisch, weil sie die geistlichen Gaben unberücksichtigt läßt. Man könnte ja dann geradesogut sagen, daß jedes Gemeindeglied ein Pastor sei oder jedes Glied am Leibe Auge wäre. Solches Denken trägt jedoch immer mehr zur Umnebelung der Begriffe bei und erinnert unwillkürlich an die Worte des Missionshistorikers Stephen Neill, der aus der Verallgemeinerung der Mission diesen Schluß gezogen hat: "Wenn erst alles Mission ist, dann ist bald nichts mehr Mission." Parallel zu diesem Satz könnte dann auch stehen: "Wenn erst jedermann Missionar ist, dann ist bald niemand mehr Missionar."(50)

Der spezielle Dienst, in den die Berufenen als Träger der Botschaft und als Boten der Versöhnung ziehen, kommt auf die geistlichen Gaben an, die jeder vom Heiligen Geist erhält. Berufung, Gnadenbegabung und Dienstanweisung gehen immer Hand in Hand. Von seiten der Berufenen spielen Treue und Gehorsam die große Rolle (Apg. 13,1-4, 6,1-7, Eph. 4,8-11, 1.Kor. 12,1f.).

B. BEZIEHUNG ZWISCHEN EVANGELISATION UND MISSION

Evangelisation kann von einzelnen Gemeindegliedern durch das Zeugnis in Wort und Wandel oder nach dem Muster der Siebzig in Paaren zu je zwei getan werden (vgl. Luk. 10,1f.). Sie kann aber auch im Rahmen einer Gruppe, einer Ortsgemeinde, einer ganzen Konfession und sogar durch interdenominationelle Veranstaltungen in Zusammenarbeit von Gemeinden und Evangelisten durchgeführt werden, wie z. B.

die Billy Graham-Kreuzzüge. Die Methode ist nicht am wichtigsten, solange sie im Rahmen biblischer Prinzipien gehalten wird. Am wichtigsten ist, daß Seelen gerettet werden und zur Ortsgemeinde hinzukommen. Darum ist darauf zu achten, daß es sich beim persönlichen Zeugnis der Gläubigen in ihrem Alltagsleben und in der Alltagswelt sowie bei der persönlichen und öffentlichen Evangelisation der Evangelisten immer darum handelt, daß die Evangelisation von der Ortsgemeinde ausgeht und ihre Frucht in die Ortsgemeinde zurückführt. Es ist unverantwortlich, wenn wir in der Kraft des Heiligen Geistes Zeugnis ablegen und wenn wir "nachgehende, suchende" und "erweckende" Evangelisationsarbeit tun, ohne zur Gemeinde "sammelnde" Dienste zu tun. Ganz richtig hat Baron Jasper von Oertzen (1833-1893) aus Hamburg, Mitbegründer der Gemeinschaftsbewegung (51), die Notwendigkeit erkannt, "daß der Evangelist seine Freiheit nicht mißbraucht, sondern so viel wie möglich in Anlehnung an das Hirtenamt arbeitet und die Frucht seiner Arbeit einer festgeschlossenen kirchlichen Gemeinde zuführt."(52) Voraussetzung ist natürlich (was von Oertzen mit dem vorsichtigen "so viel wie möglich" vielleicht auch gemeint hat), daß die "festgeschlossene" oder organisierte "kirchliche Gemeinde" eine Gemeinde der Gläubigen ist. Anderfalls hat es wenig Zweck, wenn man einen Neubekehrten aus dem weltlichen Bereich in eine verweltlichte Kirche führt. "Wir können nicht Evangelisation betreiben und Menschen zu Christus rufen", sagt Jack Shepherd, "ohne sie auch in die Gemeinschaft der Gläubigen zu rufen." In der Evangelisation rufen wir die Menschen auf, auf die Botschaft des Evangeliums zu reagieren. Eine positive Reaktion fordert vor allen Dingen eine vertikale Beziehung zu Gott. "Sie sollte aber auch zugleich eine freiwillige, horizontale Beziehung zur Gemeinschaft der Gläubigen einschließen."(53) Auf die Verantwortung der Gemeinde dem Neubekehrten gegenüber kommen wir in Kapitel 7 noch zu sprechen.

Das führt mich nun endlich zu dem Punkt, wo ich den Unterschied zwischen Evangelisation und Mission in klareren Umrissen zu zeichnen suche.

1. Evangelisation bedeutet unmittelbares Zeugen, Mission mittelbares Gesandtwerden. Im allgemeinen Sinne sind alle Gläubigen von Christus gesandt, wie Christus vom Vater gesandt ist (siehe dazu Kap. 3). Doch hier ist die Rede von der unter der sendenden Herrschaft Christi stehenden Gemeinde als die von ihm bevollmächtigte Senderin der Missionare. Nur die <u>gesandte</u> Gemeinde wird die <u>sendende</u> Gemeinde. In dieser Beziehung steht sie unmittelbar unter ihrem Herrn. Ich erinnere noch einmal an die Sendungsordnung: Vater - Sohn - Gemeinde - Missionare - Mission. Nur wenn die Gemeinde <u>sendet</u>, betreibt sie Mission, und nur ein gesandter Bote der Versöhnung ist ein Missionar.

Evangelisation wird direkt von den Gläubigen der Ortsgemeinde in ihrer Umgebung unternommen. Selten werden diese evangelistischen Arbeiter, ganz gleich, ob Laien oder Hauptamtliche, von der Gemeinde gesandt. Darum sind sie im wahren Sinne des Wortes auch keine Missionare. Damit soll aber nicht gesagt sein, daß gesandte Missionare nicht evangelisieren. Mission liegt ja im Evangelium begründet und hat das Werk des Evangelisten in Form von Zeugendienst und Proklamation als primäre Aufgabe auszuführen.

2. Evangelisation ist die Passion um die Ungeretteten in der Umwelt, Mission ist die Bürde um das Wohl des ganzen Menschen in der weiten Welt. Es ist schon wahr, daß die Grenzen dieser zwei Welten sich oft begegnen und ineinandergreifen. Die zu missionierende Welt liegt in Gebieten, wo der Name Christi nicht angerufen wird, aber angerufen werden sollte. Dazu steht geschrieben:

"Wie sollen allerdings die Menschen ihn anrufen, wenn sie nicht zum Glauben an ihn gekommen sind? Wie sollen sie zum Glauben kommen, wenn sie nicht von ihm gehört haben? Wie sollen sie von ihm hören, wenn es ihnen nicht verkündigt wird? Wie aber sollen sie das Evangelium verkündigen, wenn sie nicht dazu gesandt werden" (Röm. 10,14-15 nach Bruns).

Die Gläubigen der Gemeinde in Thailand, Deutschland oder Peru evangelisieren in ihrer Innen- und Umwelt, aber sie missionieren durch ihre entsandten Missionare und Apostel in der Außen- und Fernwelt. Diese "Fernwelt" ist die oikoumene, sie ist die von den über zwei Milliarden ungeretteten Menschen bewohnte Erde. Diese missionarische Fernwelt erfordert das "Gesandtwerden" und das "Hingehen".

3. Evangelisation bedeutet, auf altem Boden Gemeinde bauen; Mission heißt, auf neuem Boden Gemeinde pflanzen. "Das Ziel der Mission", sagt Jack Shepherd, ist das Gründen von neuen Gemeinden. "Diese neuen Gemeinden, die als Frucht der Mission entstehen, werden zu neuen Evangelisationszentren in ihrer unmittelbaren Welt, und zu Sendungsorganen, die durch die Entsandten selbst missionierend in die jenseitigen Regionen schreiten."(54)

4. Evangelisation wird von Evangelisten, Mission von Missionaren ausgeführt. Beim Missionar kommt das Gesandtwerden noch hinzu.

Professor Ralph Winter von der School of World Mission in Pasadena (Kalifornien) hat in einer seiner Schriften drei Klassen von Missionaren beschrieben. Die erste Klasse bezeichnet er einfach als M1, die zweite als M2 und die dritte als M3.(55) Ob Arzt oder Agronom, Techniker oder Krankenschwester, Prediger oder Lehrer, Diakonisse oder Pfarrer - , der Missionar ist immer Gesandter der Gemeinde, der

Evangelium verkündigt und die bestimmte Absicht hat,
neue Gemeinden zu gründen. Der Unterschied zwischen
ihm und dem Evangelisten wird weniger von der geographischen als von der kulturellen Grenzüberschreitung bestimmt.

Der M1-Missionar funktioniert als ein von der Gemeinde gesandter Bote der Versöhnung unter einem
Volk, das seiner Kultur und Sprache, aber nicht unbedingt seinem Lande, angehört. So würde man z. B.
einen von Deutschland gesandten Missionar in Österreich oder unter deutschen Kolonisten in Südbrasilien als M1 bezeichnen; so würde man auch einen von
Japan entsandten und unter Japanern in Sao Paulo
oder Buenos Aires missionierenden Diener nennen.

Ein M2-Missionar führt seinen Dienst unter einem
ihm kulturell und sprachlich verwandten aber nicht
gleichen Volk aus. Er muß wohl eine Fremdsprache
erlernen, auch eine Kulturgrenze überschreiten, so
wie etwa ein Missionar, der aus Frankreich nach
England oder von Mexiko nach Brasilien gesandt wird.
Der Kulturunterschied ist in diesem Falle minimal
und die Sprache im indoeuropäischen Sprachgebiet
der seinen verwandt.

Ein als M3 bezeichneter Missionar ist einer, der zu
einem ihm vollkommen fremden Volk mit nichtverwandter Sprache und unbekannter Kultur gesandt wird.
Solche Sprache enthält keine seiner Sprache verwandten Wörter, nicht einmal Lehnwörter, auch ihre
tonalen Variationen und Nuancen sind denen der seinen ganz fremd. Sitten und Gebräuche der Menschen
sind ihm unbekannt und ihre ganze Weltanschauung
ist ihm anfangs rätselhaft. Seine Anpassungsfähigkeit hat harte Proben zu bestehen und würde kaum
bestehen, wenn er sich nicht auf die geistliche
Gabe, auf die Berufung und Sendung berufen könnte.
Ein Beispiel dieses M3-Typs wäre etwa ein Missionar
aus Korea unter den Choco-Indianern in Panama oder

ein Missionar der jungen Auca-Gemeinde aus Ekuador in Deutschland.

Stehen wir in der Evangelisation, so wollen wir treu das Evangelium durch Wort und Wandel, Tun und Sein kundmachen, damit Seelen gerettet und der Ortsgemeinde hinzugetan werden; stehen wir in der Mission, so wollen wir auch da treu das Evangelium verkündigen und lehren, damit Menschen das Heil annehmen, neue Gemeinden gepflanzt werden und die Neubekehrten in der Erkenntnis Jesu wachsen.

>Darum geht es in der evangelistisch-missionarischen Tätigkeit um "die Proklamation der Christusherrschaft über die ganze Welt"(56), um "die Sammlung der Heilsgemeinde unter allen Völkern"(57), und um die _gloria_ _Dei_ in Zeit und Ewigkeit. Amen!

LITERATURNACHWEIS

(1) Johannes Bauer, Bibeltheologisches Wörterbuch, 2.Aufl., Graz-Wien-Köln 1962, Bd. I, S. 329.

(2) Rienecker, Lexikon, S. 386.

(3) Bauer, Wörterbuch, I, S. 330.

(4) Ebenda, S. 331.

(5) Vgl. Adolf Schlatter, Erläuterungen zum Neuen Testament, Stuttgart 1950, Bd. 8, S. 233.

(6) D. Edmond Hiebert, Second Timothy, Chicago 1958, S. 108.

(7) H. C. G. Moule, The Second Epistle to Timothy, Grand Rapids (Michigan) 1952, S. 136.

(8) Vgl. Kenneth S. Wuest, The Pastor Epistles in the Greek New Testament, Grand Rapids (Michigan) 1952, S. 159.

(9) Vgl. die eben genannten Werke von Schlatter, Hiebert, Moule und Wuest. Siehe auch Schlatter, Erläuterungen, Bd. 7, S. 206-207.

(10) Ernst Modersohn, Men of Revival in Germany, Englisch von Elmer Klassen, Frankfurt a. M. (1972).

(11) So John R. Mott. Siehe Elton Trueblood, The Validity of the Christian Mission, New York 1972, S. 99.

(12) Zitat bei Beyerhaus, Humanisierung, S. 6. Siehe auch J. C. Hoekendijk, "The Call to Evangelism", in Eye of the Storm, hg. von McGavran, S. 41.

(13) Ebenda.

(14) Ausführliches darüber in meinem Manuskript, "A Decade of Evangelism-in-Depth in Latin America", Fresno (Kalifornien) 1972, S. 5-27, 182f.

(15) Einige dieser internationalen und nationalen Kongresse waren: Berlin 1966, Bogota (Kolumbien) 1968, Novi Sad (Jugoslawien) 1968, Minneapolis (USA)

1969, Deolali (Indien) 1970, Ottawa (Kanada) 1970, Amsterdam 1972, Lausanne 1974, Brüssel 1975, Lausanne 1975/76 ("Mission 76"), Essen 1976 ("Christival").

(16) Johannes Christian Hoekendijk, The Church Inside Out, Englisch von Isaac C. Rottenberg, Philadelphia 1966, S. 23.

(17) Stephen Neill, Colonialism and Christian Missions, New York et. al 1966, S. 11.

(18) Vgl. Hoekendijk, The Church Inside Out, S. 17.

(19) Herman Bühler ist Missionar des amerikanischen Zweiges der Liebenzeller Mission. Seine Studie heißt: "Nominality Considered: A Survey of Contemporary Thinking", School of World Mission and Institute of Church Growth Fuller Theological Seminary 1973.

(20) Hoekendijk, The Church Inside Out, S. 20.

(21) Ebenda, S. 25.

(22) Vgl. die Aufsätze von den Missiologen McGavran und Hoekendijk in Eye of the Storm, S. 41-66.

(23) Bauer, Wörterbuch, I, S. 389.

(24) J. I. Packer, Evangelism and the Sovereignty of God, Chicago 1961, S. 41.

(25) Zitat bei Samuel A. Moffett, "What is Evangelism?" Christianity Today, 12. September 1969, S. 13.

(26) J. A. Toews, "Die Gemeinde muß evangelisieren - oder sterben", The Voice, 2. Jahrg. Nr. 1 (1953), S. 13.

(27) Vgl. mein Manuskript, "A Decade of Evangelism-in-Depth", S. 85.

(28) David Ewert, "Unermüdlicher Missiondienst", Quelle des Lebens, 14. Jahrg. Nr. 5 (Sept.-Okt. 1971), S. 88

(28a) "Das Wort'Laie' hat im NT nicht den Sinn der katholischen Abgrenzung des christlichen Volkes gegenüber dem Priesterstand,... einer Abgrenzung, die in der evangelischen Kirche in der Unterscheidung zwischen Laie und 'Geistlicher' fortlebt, obwohl die Reformation sie durch die Lehre von dem allgemeinen Priestertum (1. Petr. 2,9) aufgehoben hat... 'Laie' bedeutet im griechischen Sprachgebrauch zur Zeit des NT einen Menschen, der auf einem Gebiet nicht ausgebildet, nicht Fachmann ist." (Osterloh/Engelland, Biblisch-theologisches Handwörterbuch, Göttingen 1964, S. 341).

(29) Hans von Sauberzweig, Er der Meister - wir die Brüder. Geschichte der Gnadauer Gemeinschaftsbewegung, Offenbach a. M. 1959, S. 125.

(30) L. R. Misselbrook, Mit Christus zu den Nachbarn, Deutsch von Wolfgang Müller und Günter Wieske, Kassel 1960, S. 8.

(31) Vgl. Hoekendijk, The Church Inside Out, S. 88f., 100f.

(32) Vgl. Misselbrook, Zu den Nachbarn, S. 9-10.

(33) Norman Goodall, (Hg.), Missions Under the Cross, New York 1953, S. 220.

(34) Misselbrook, Zu den Nachbarn, S. 8.

(35) Zitat bei Ewert, Quelle des Lebens, 14.Jahrg. Nr. 5, S. 88.

(36) Toews, The Voice, 2. Jahrg. Nr. 1, S. 13.

(37) Ebenda.

(38) John Stam, "Evangelism-in-Depth as a Theological Revolution", Bogota (New Jersey) 1967, S. 1-2.

(39) Hoekendijk, The Church Inside Out, S. 14; Moffett, "Evangelism", Christianity Today, 22. August 1969, S. 3.

(40) Vgl. von Sauberzweig, Er der Meister, S. 132-134.

(41) Moffett, "Evangelism", Christianity Today, 22. August 1969, S. 3.

(42) Ders., Christianity Today, 12. September 1969, S. 13.

(43) Bei Tippett, Festschrift, S. 86.

(44) Vgl. C. Peter Wagner, Frontiers in Missionary Strategy, Chicago 1971, S. 84.

(45) Nachstehend seien einige Titel genannt, die sich u. a. mit den geistlichen Gaben für die Gemeinde Jesu beschäftigen: Michael Griffiths, Mit anderen Zungen - Zur Diskussion über die Frage der Geistesgaben, Giessen o.J.; Alfred Kuen, Gemeinde nach Gottes Bauplan, (TELOS-Paperback 1051), Frutigen 1975; Rene Pachê, Der Heilige Geist - Person und Werk, Wuppertal 1975; Kurt Schäfer, Kraft, die verwandelt - Vom Wesen und Wirken des Heiligen Geistes, Stuttgart 1976.

(46) Ralf Luther, Wörterbuch, S. 49.

(47) Ebenda, S. 17.

(48) Ewert, Quelle des Lebens, 14. Jahrg. Nr. 6, S. 111.

(49) von Sauberzweig, Er der Meister, S. 161.

(50) Siehe Wagner, Missionary Strategy, S. 64; Horner, Protestant Crosscurrents, S. 121f.; Tippett, Festschrift, S. 82f.

(51) von Sauberzweig, Er der Meister, S. 94-99.

(52) Ebenda, S. 161.

(53) Bei Tippett, Festschrift, S. 88.

(54) Zitat bei Tippett, Festschrift, S. 90.

(55) Ralph Winter, "A Letter to the Reader", Evangelical Missions Quarterly, VII, Nr. 1 (1970), S. 55f.

(56) Beyerhaus, Allen Völkern, S. 16.

(57) "Frankfurter Erklärung", Quelle des Lebens, 13.Jg. Nr. 5, S. 96.

Kapitel: 7

Der Bekehrungsbegriff

*"In Gottes Reich geht niemand ein,
er sei denn neu geboren."*

K. G. Stübner

Die Frage, ob Bekehrung in der Mission heute überhaupt noch einen Platz hat oder überlebt ist, wird heiß umstritten.(1) In kirchlichen Kreisen ist der Begriff unpopulär geworden. Der Prediger auf der Kanzel verzichtet auf seinen Gebrauch. Der Pädagoge glaubt, daß er in die humanistischen Ideale und Wertmaßstäbe nicht hineinpaßt. Der Theologe sieht ihn als Belastung seiner Disziplin an und läßt ihn gerne in alten Büchern ruhen. Dazu schreibt Georg Vicedom:

> "In der gegenwärtigen theologischen Diskussion spielt der Begriff 'Bekehrung' kaum eine Rolle, weil sich das Selbstverständnis des Menschen so gewandelt hat, daß man meint, man könne dem mündigen und damit autonomen Menschen, der in Glaubensdingen das Bestimmungsrecht über sich selbst habe, die Umkehr zu Gott nicht mehr zumuten. Die Säkularisation und die fortschreitende technische Entwicklung haben dahin geführt, daß der Mensch kaum noch eine Autorität außerhalb seiner selbst freiwillig anerkennt. Seit der Aufklärung hat sich sein Verlangen, als Mensch bestimmen zu dürfen, was seiner Menschenwürde entspricht, gesteigert. Bekehrung aber stellt sein autonomes Menschsein von Gott her in Frage. So wird der Begriff als unzeitgemäß empfunden."(2)

Eine solche Zeitströmung genießt selbst in gewissen

Lagern der Missionswissenschaft Unterstützung. Wenn man darauf drängt, der Welt freie Hand zu lassen, ihre Tagesordnung selbst aufzustellen(3), dann ist es klar, daß Bekehrung nicht ins Programm aufgenommen wird.

Von biblischer Sicht jedoch sieht die Sache anders aus. Durch den Sündenfall hat sich der Mensch von Gott _abgekehrt_, nur durch die _Bekehrung_ kann er die Entfremdung überwinden und zu Gott zurückkehren. Vicedom hat recht: "Gott hat die Rückkehr zu ihm dem Menschen immer abverlangt."(4)

I. DAS BEKEHRUNGSVERSTÄNDNIS

Gustav Warneck hat den Sinn der Bekehrung richtig erfaßt, wenn er ihre Herbeiführung als Missionsaufgabe beschreibt, durch welche "Nichtchristen bewegt werden zur Abkehr von ihrem bisherigen religiösen Irrtum und ungöttlichen Leben und zur Zukehr zu der Wahrheit und Heiligung, die in Christo Jesu ist, bzw. zu Jesus selbst (1. Petr. 2,25)." (5) Damit sind nun schon die zwei Richtungen angegeben, auf die es bei der Bekehrung ankommt: _Abkehr_ und _Zukehr_. Diese kennzeichnen den biblischen Bekehrungsbegriff, wie auch Fritz Laubach in seiner biblischen Besinnung zu dem Thema mit präziser Klarheit zeigt.(6)

A. BEKEHRUNG IST ABKEHR

Die Leute von Ninive taten Buße und "bekehrten sich von ihren bösen Wegen" (Jona 3,10.19). Das ist die negative Seite. Wer sich bekehrt, wendet sich von gewissen Dingen ab, sagt der britische Neutestamentler William Barclay.(7) Diese Abkehr ist aber ohne Zukehr nicht vollständig. Darum muß auch das positive Moment von vornherein beachtet werden.

1. Abkehr von den nichtigen Göttern zu dem lebendigen Gott

Bei der Bekehrung gibt es ein "Ausschließlichkeitsbewußtsein", wie Otto Riecker sagt, das keine Götter und Götzen neben dem Herrn duldet.(8) Das Ziel der Bekehrung ist nach dem Apostel Paulus, "dem lebendigen und wirklichen Gott zu dienen" (1. Thess. 1,9 nach Bruns, vgl. Apg. 14,15). Der Unterschied zwischen den von Menschen geschaffenen Götzen und dem Gott als Menschenschöpfer wird uns von Jesaja in deutlichen Umrissen geschildert. Der lebendige Gott ist des Menschen Schöpfer und Erretter, die Hauptgötter der Heiden sind des Menschen Geschöpfe, aus Holz geschnitzt, aus Ton geformt, aus Erz geschmiedet. Der lebendige Gott trägt und erhält sein Volk vom Mutterschoß bis zum Ergrauen, die gemachten Götter sind machtlos und werden von den Menschen getragen, ja auf die Schulter geladen und fortgeschleppt. Ähnlich wie Jesaja (vgl. Jes. 44, 9-27, 46,1-7) rufen Jeremia und Hesekiel die Sünder auf, sich von der Sünde abzuwenden und zu Gott zu bekehren (vgl. Jer. 3,7, 25,5, Hes. 18,23).

2. Abkehr von der Finsternis zum Licht

Paulus erhielt bei der Berufung zum Heidenapostel diesen Auftrag: "Du sollst ihnen (den Heiden) die Augen öffnen, daß sie sich bekehren von der Finsternis zum Licht" (Apg. 26,18). In diesem Zusammenhang heißt Bekehrung soviel wie "sich durch das empfangene Licht aus der Finsternis herausführen lassen." (9) So hat es Paulus bei seiner Bekehrung selbst erfahren (vgl. Apg. 9,1ff.)

3. Abkehr von der Gewalt Satans zur Herrschaft Gottes

Paulus sollte den Heiden sagen, daß sie sich bekehrten "von der Gewalt des Satans zu Gott, damit sie Vergebung der Sünden empfangen und ein Erbe unter denen, die durch den Glauben an mich geheiligt sind" (Apg. 26,18). Das ist ein Wandel aus Niederlagen zum Siegesleben, aus Sündensklaverei in die Gnadenfreiheit(10), aus der Fremde ins Vaterhaus (11), aus der Einsamkeit der Welt in die Gemeinschaft der Gläubigen, aus dem Bereich dämonischer Fürstentümer in das Reich Gottes, aus der Beherrschung des Fürsten dieser Welt unter den Regierungsstab Christi. "Mit der Bekehrung vollzieht sich ein Herrschaftswechsel", sagt Dr. Laubach. "Der Mensch, der bisher unter der Herrschaft Satans stand, tritt unter die Herrschaft Christi."(12)

B. BEKEHRUNG IST ZUKEHR

Das ist die positive Dimension. Als die Leute in Lydda und Saron das von Petrus an Äneas vollbrachte Heilungswunder sahen, "bekehrten sich viele zum Herrn" (Apg. 9,35). Die Botschaft des Apostels an die Heiden war, daß sie Buße täten und sich zu Gott bekehrten (Apg. 26,20). Petrus vergleicht das Leben der Unbekehrten mit dem Leben irrender Schafe, die sich aber nun bekehrt haben "zu dem Hirten und Hüter" ihrer Seelen (1.Petr. 2,25). Wie schon gesagt, verlangt Gott "eine radikale Bekehrung von ganzem Herzen" (1. Sam. 7,3, Joel 2,12).(13) Dabei kommt es wesentlich auf das Ziel an: Bekehrung zum lebendigen Gott. Die Möglichkeit besteht, daß sich der Mensch anstatt zu Gott zu Baal bekehrt (Hos. 7, 16).(14) Auch in der katholischen Theologie ist Bekehrung nicht selbstverständlich Hinkehr zu Gott, sondern Übergang zum Katholizismus.(15) Worauf es aber ankommt, ist vollkommene Umkehr, totale Hinkehr und eine "ganz neue Stellung des Menschen zu Gott und seinem Willen, die alle Bezirke des Lebens umfaßt."(16)

C. BIBLISCHE ERLÄUTERUNG

Der Bekehrungsbegriff hat seinen Ursprung im Alten Testament. Dort wird das hebräische Zeitwort schub etwa 1056 mal als "sich wenden, sich umkehren, zurückkehren, sich abwenden, wiederherstellen, zurückgeben" gebraucht. Der Sinn ist Änderung der Lebenshaltung, Rückkehr zum lebendigen Gott.(17) Die neutestamentlichen Schreiber bedienen sich einer Anzahl verwandter Wörter, die den Bekehrungsbegriff erläutern helfen. Die bekanntesten davon sind metanoia und epistrephein. Das eine wird als "Buße", das andere als "Bekehrung" übersetzt.(18) Das eine bedeutet die Tat des Umdenkens und der Umkehr vom gottfernen Zustand im privaten wie im öffentlichen Leben, das andere ist ausgesprochen die Tat des Sichhinwendens in den Lebensbereich des gottnahen Zustands.(19)

In einer Evangelisationsversammlung im Innern Südbrasiliens blieb unter anderen ein Vierzehnjähriger zu einem Seelsorgegespräch zurück. Auf meine Frage, was er unter Bekehrung verstehe, antwortete er klar: "Ich will der Sünde den Rücken kehren und mein Gesicht zu Gott wenden." Das ist Bekehrung. Abkehr und Zukehr ergeben die Rückkehr.

Ralf Luther beschreibt den Unterschied zwischen Buße und Bekehrung so:

> "Zur Buße wird aufgerufen, wenn das Reich Gottes genaht oder im Anbrechen ist, - zur Bekehrung, wenn es schon hereingebrochen ist. Buße ist mehr Vorbereitung, Arbeit des Umdenkens; Bekehrung ist Vollzug, Akt des Ergreifens. Buße ist das Sichdurchringen zum Glauben, Bekehrung ist der erste Schritt des Glaubens."
> (20)

Solche Differenzierung zwischen Abkehr und Zukehr

oder zwischen Buße und Bekehrung ist nicht immer
so konkret. Die Begriffe laufen oft ineinander.
Petrus ruft die im Tempel versammelten Juden auf,
Buße zu tun und sich zu bekehren, damit ihre Sünden ausgetilgt werden (Apg. 3,19), Paulus bezeugt
vor Agrippa, daß er Juden und Heiden gepredigt
habe, "sie sollten anderen Sinnes werden (Buße tun)
und sich zu Gott bekehren und dann Werke vollbringen, die der Umkehr würdig sind" (Apg. 26,20 nach
Bruns).

Neben den Aussagen über Buße und Bekehrung gibt es
im Neuen Testament eine Reihe anderer Wörter, die
die gleiche Wahrheit ausdrücken. Wir denken hier
besonders an den Begriff von der Wiedergeburt (vgl.
Matth. 19,28, Tit. 3,5, Joh. 3,1-8). Diese Schriftworte sprechen von Erneuerung, Neuschöpfung. Bei
Matthäus weist das Wort auf die Neuschöpfung der
Welt in eschatologischer Sicht, bei Paulus (Tit. 3,
5) weist es auf die grundlegende Erneuerung und Umwandlung des einzelnen Menschen durch die von oben
wirkende Kraft des Geistes Gottes (Joh. 3,3-8). Dadurch wird der Mensch in die Lebenswirklichkeit des
Auferstandenen versetzt. "Ohne diese Wiedergeburt
ist es unmöglich, in das Reich Gottes zu kommen oder
auch nur irgendein Verständnis dafür zu gewinnen
(Joh. 3,3.5). In ihr wird die Lebensgemeinschaft
zwischen Christus und dem Menschen durch den Heiligen Geist hergestellt."(21)

II. DER PROZESS DER BEKEHRUNG

Lukas berichtet von zwei Menschen, die beten gingen.
Einer war ein Pharisäer, der andere ein Zöllner.
Das Gebet des zweiten ist gleichsam ein Muster des
Bekehrungsvorgang: "Gott sei mir Sünder gnädig!"
Die Folge: "Der Zöllner ging, jenem gegenüber, gerechtfertigt in sein Haus hinab" (Luk. 18, 13-14
nach Mühlheimer). Auch aus der Geschichte vom jüng-

sten Sohn des Vaters, wie ich Lukas 15,11-24 bezeichne, können wir Wertvolles über den Bekehrungsprozeß lernen. Wichtig ist auch das Wort des Apostels Petrus (Apg. 2,38),wodurch ich einmal zur Bekehrung kam: "Bekehrt euch, und ein jeder von euch lasse sich taufen auf den Namen Jesu Christi zur Befreiung von euren Sünden, dann werdet ihr das Geschenk des Heiligen Geistes empfangen."

A. DIE VERANLASSUNG: GÖTTLICH-MENSCHLICH

Was bewegt den Menschen, sich zu Gott zu bekehren? Die Antwort auf diese Frage ist keine einfache. Wenn sich unbekehrte Heiden zu Gott bekehren, dann ist das immer "ein komplizierter psychologischer Vorgang", wie uns Missionsdirektor Johannes Warneck in seinem so eindrucksvollen Buch über Die Lebenskräfte des Evangeliums unterrichtet.(22) Bei den Ausführungen zum Missionsbegriff (Kap. 5) sagten wir, daß Gott die Initiative in der Erlösung ergreift.

Über das Wenn und Wann und Wo des Wehens des Gotteswindes kann der Mensch nicht verfügen (Joh. 3,8). Dazu schreibt Friedrich Heitmüller treffend: "Der Mensch kann sich nicht bekehren, wenn er es will, sondern immer nur, wenn Gott es will, wenn Er suchend und rufend in unser Leben tritt, und wenn der Heilige Geist uns durch das Evangelium beruft und mit seinen Gaben erleuchtet und in die Glaubensentscheidung stellt."(23)

Zugleich aber sah der Pietismus auch mit banger Sorge das Sterben verlorener Menschen, "um deren Rettung sich in der Kirche im Ernst kein Mensch wirklich bemühte."(24) Man kann sagen, daß die Veranlassung zur Bekehrung von Gott kommt und durch den Menschen vermittelt wird. Was Johannes Warneck vor etwa sechzig Jahren schrieb, trifft heute nicht zu: "Der Missionar der heutigen Missionsepoche kann nicht anders zu Werke gehen: er tritt als Herold unter die Heiden und ruft ihnen zu, was Gott getan hat, tut und noch tun wird. Dann wartet er die Wirkung seiner Mitteilung ab."(25)

Gott ergreift die Initiative, die Gemeinde verkündigt die Botschaft, der Unbekehrte reagiert darauf und der heilige Geist wirkt im Herzen der gehorsamen Hörer die Bekehrung zu Gott.

B. DER VORGANG: GEISTLICH-PSYCHOLOGISCH

<u>Gotteserkenntnis</u>. Das erste Wort im Gebet des Zöllners ist "Gott". Die Ebenbildlichkeit Gottes im Menschen ist durch den Sündenfall verstümmelt und in den Bereich des Unterbewußtseins oder sogar des Unbewußtseins gesunken, aber nicht völlig ausgerottet. (26) Mögen auch Erkenntnis und Gewissen abgestumpft oder betäubt sein, mögen sie auch nur als "Ahnung einer dumpfen Empfindung" funktionieren, so enthalten sie doch Anknüpfungspunkte, wenn das Evangelium von der Liebe und Langmut, Gnade und Güte Gottes gesagt wird. "Es liegt etwas in dem verkündeten Evangelium, was die Heiden von seiner göttlichen Herkunft überführt."(27) Der Zug nach Gott ist auch unter Naturvölkern nicht ausgelöscht. Das bestätigt Johannes Warneck:

> "Es geht ein Sehnen und Suchen nach Gott durch die animistische Heidenwelt, das einer Goldader in wüsten Gesteinsmassen gleicht. Es existiert wohl keine heidnische Religion, in welcher nicht trotz polytheistischer, spiritistischer oder pantheistischer Überwucherung ein dunkles Ahnen einer Gottheit verborgen liegt, die mehr bedeutet als alle Götter und Geister. Die religiösen Fragen sind im animistischen Heidentum die eigentlich bewegenden

Kräfte, welche die Ausgestaltung des Lebens bestimmen."(28)

Er beweist ausführlich, wie die offenbarte Wahrheit tiefgesunkene Menschen (Röm. 1) durch die Verkündigung des Evangeliums (Röm. 10) erweckt, erleuchtet und überzeugt.(29) Der Heilige Geist ist immer treu und tut sein Werk. Wie die Morgenröte das nächtliche Dunkel vertreibt, so leuchtet das göttliche Wort mit Tageshelle in das finstere Menschenherz und "vermittelt ihm noch einmal wieder klare Gotteserkenntnis".(30)

Gleichzeitig geschieht ein zweites: Selbsterkenntnis, bzw. Sündenerkenntnis. "Gott...mir Sünder", sagt der Zöllner. Wo diese Doppelerkenntnis einsetzt, da erwacht, wie Hans Legiehn sagt, "mit Urgewalt das Gewissen aus seinem dumpfahnenden Zustand".(31) Der Mensch sieht in sich selbst seine Verlorenheit und schaut in Gott seine Rettung.

Wenn Schöpfer und Geschöpf sich nach langer Trennung wieder begegnen, dann geschieht etwas: die durch Sünde gebrochene Beziehung zwischen Schöpfer und Geschöpf wird wieder hergestellt. Das Wunderbare dabei ist, daß dieses Verhältnis innerhalb des von Menschen bewohnten Kulturmilieus geheilt wird. Gott hebt den Menschen immer da auf, wo er gefallen ist. Gerade da müssen auch wir als Boten der Versöhnung ihn mit dem Evangelium konfrontieren und vor die Entscheidung stellen, ganz gleich welcher Schicht oder Klasse, Farbe oder Rasse er angehört.
Als dritte Stufe in dem geistlich-psychologischen Vorgang nennen wir die schon erwähnte Buße und Bekehrung. Die Sinnesänderung, das Umdenken des Bußfertigen, erfolgt in einem Umkehren und Umerleben. Der erweckte Mensch beginnt über Gott und seine Beziehung zu ihm anders zu denken. Während er erst sagte: "Alles mein und nichts ist dein", sagt er jetzt: "Alles dein und nichts mehr mein." Er wechselt seine Einstellung und Haltung von einem Selbst-

leben zu einem Leben in Christus. Psychologisch gesehen bedeutet es die Übergabe der bisherigen Selbstbestimmung an die Herrschaft Jesu Christi.(32)
<u>Sündenbekenntnis</u> ist der nächste Schritt. Wo das Evangelium den Menschen erreicht und wo der Heilige Geist ihn von der Sünde überführt (vgl. Joh. 16, 8-11) und zur Umkehr bewegt, da drängt sich das innere Seelenerlebnis nach Ausdruck und Mitteilung. Das lehrt uns ein König im alten Bunde:

> "Denn da ich's wollte verschweigen, verschmachteten meine Gebeine durch mein täglich Heulen. Denn deine Hand war Tag und Nacht schwer auf mir, daß mein Saft vertrocknete, wie es im Sommer dürre wird. Darum bekannte ich dir meine Sünde und verhehlte meine Missetat nicht. Ich sprach: Ich will dem Herrn meine Übertretungen bekennen. Da vergabst du mir die Missetat meiner Sünde" (Ps. 32,3-5 nach Luther).

Vergebung, die wirkliche Lösung von der Macht der Sünde, folgt auf das Bekenntnis. So bezeugen es auch der alttestamentliche Weisheitslehrer Salomo und der neutestamentliche Apostel Johannes (vgl. Spr. 28, 13 und 1. Joh. 1,7).

Endlich sei die <u>Heilsannahme</u> erwähnt. Das ist der Glaubensakt von menschlicher Seite. Aus Gnaden bietet Gott dem Menschen das Heil als freie Gabe an, im Glauben nimmt der Mensch es dem Geber ab und beansprucht es für sich und sein Heil. Auf die klassische Frage: "Was muß ich tun, daß ich selig werde?" gibt es eine klassische Antwort: "Glaube an den Herrn Jesus Christus, so wirst du und dein Haus selig" (Apg. 16,30-31). Das heißt einfach: "Ergreife den hier verkündigten und jetzt gegenwärtigen Jesus Christus als Erretter deiner Seele und Herrn deines Lebens und halte fest an ihm, so bist du aus deiner bisherigen Gottferne draußen und in der Gottnähe drinnen."(33)

III. DIE FOLGEN DER BEKEHRUNG

Mit den obigen Aussagen haben wir schon angedeutet, daß es sich im Bekehrungsprozeß um eine gewaltige Umwandlung handelt. Der in Amerika weitbekannte mennonitische Theologe, Pädagoge und Evangelist Myron Augsburger sagte bei einer Gelegenheit: "Gott hat nicht nur Gnade zur Vergebung, er hat auch Gnade zur Umwandlung."(34) Die Konsequenzen der Umwandlung beziehen sich auf beide, den Neubekehrten und die Gemeinde.

A. WAS DEN BEKEHRTEN BETRIFFT

Augsburger spricht von der Bekehrung als Transformation oder Erneuerung. Er bezeichnet die "neue Kreatur" nach 2. Korinther 5,17 als Neuschöpfung Gottes durch den Heiligen Geist und nennt fünf Gebiete als Merkmale derselben.(35)

1. Erneuerung der Beziehungen: das Ende der Entfremdung

Das Grundproblem des Menschen ist seit dem Sündenfall Entfremdung und Absonderung von Gott. Es liegt im Wesen der Sünde nicht nur eine Auflehnung gegen Gott, sondern vielmehr eine Ablehnung, Gott im Leben walten zu lassen. Damit beginnt der Ersatzgott, das Ich im Menschen, das Leben zu bestimmen. Er manipuliert unter der Direktive des Abgotts sein Tun und Lassen, ohne Christus und ohne Gott. Dadurch wird das Leben isoliert, entfremdet, vereinsamt, umdunkelt. Die Worte Hermann Hesses (1877-1962) in dem Gedicht "Im Nebel" sind hier zutreffend:

> Seltsam, im Nebel zu wandern!
> Das Leben ist Einsamsein.
> Kein Mensch kennt den andern.
> Jeder ist allein."

Daß ein profaner Dichter wie Hesse so redet, wundert uns nicht, denn sein Gott ist "der Mensch im Menschen", wie er einmal im Steppenwolf sagt. Die einzige Beziehung, die dieser Mensch kennt, ist die Selbstbeziehung, und sogar diese ist verwundet, gefährdet, gebrochen. Die Heilung liegt weder in der Vergöttlichung des Menschen, wie beim klassischen Humanismus, noch in der Vermenschlichung Gottes, wie beim hessischen Humanismus, sondern allein in Christus, dem wahren Gott und wahren Menschen als Mittler zwischen Gott und Mensch.

Der Mittler führt den Verlorenen aus der Fremde zurück ins Vaterhaus. Die Entfremdung hört auf. Der Mensch tritt in ein Kindschaftsverhältnis mit dem Vater und wird des Vaters Hausgenosse. Er kann jetzt sagen: "Mein Herr und mein Gott, mein Heiland und Erlöser! Nun gehöre ich dir, wie du mir gehörst, jetzt bin ich dein, wie du mein bist!"(36)

2. Erneuerung des Geistes: das Ende der Entstellung
Der Mensch ist ein seelisch-geistiges Wesen. Darin reflektiert sich die Ebenbildlichkeit Gottes, das Imago Dei, in ihm.(37) Durch den Sündenfall wurde diese Ebenbildlichkeit entstellt und fragmentiert. Sie verlor ihre Gleichheit und Einheit. Wenn aber der Heilige Geist durch die Wiedergeburt den Geist des Menschen erneuert, dann geschieht, was Paulus im Römerbrief beschreibt: Die durch die Sünde entstellte Ebenbildlichkeit wird durch die Wiederherstellung des urwesentlichen Imago Dei ersetzt. Identifikation mit Christi Sterben heißt Bruch mit dem alten Leben. Identifikation mit Christi Auferstehen heißt Anbruch des neuen Lebens (Röm. 6,3-6, 8,9-11). Wen der Geist Gottes erneuert, der erfährt Heilung der Zerrissenheit, Wiedergeburt des Lebens, der empfängt Kindschaftsrecht, der kann mit dem alten Schulmeister Kolb sagen: "Als Kind bin ich geboren, als Kind will ich auch sterben, und den Kindern gehört das Himmelreich."(38) Durch den

Geist kann er auch sagen: "Abba, Vater! Eben dieser Geist ist es, der vereint mit unserm Geist ihm bezeugt, daß wir Gottes Kinder sind" (Röm. 8, 15-16 nach Menge).

3. Erneuerung der Gegenwartsmacht: das Ende der geistlichen Verwirrtheit

Durch den Sündenfall wurde der Geist des Menschen auf falsche Bahnen gelenkt und verwirrt. Dazu kam die Macht der Dämonen mit ihren tausend Fürsten, die sich zwischen Mensch und Gott drängte und nach Möglichkeit den Menschen vom Herrn fernhielt.(39) Durch die Wiedergeburt aber wird nicht nur der menschliche Geist erneuert, der Geist Gottes nimmt im Menschen Wohnung und bildet nach Augsburger "die göttliche Präsenz".(40) Dadurch ist der Gläubiggewordene in eine neue Lebensnorm versetzt und ist einfach "die neue Kreatur" (2. Kor. 5,17).

4. Erneuerung der Freiheit: das Ende der Gebundenheit

Christliche Freiheit ist eine Gabe, und zwar eine Gabe Gottes, das werden zu wollen, was man durch den Heiligen Geist werden kann. "Der Wiedergeborene befindet sich mit der ganzen Gemeinde Jesu, zu der er gehört, nach Luthers Worten nie im Gewordensein, sondern immer im Werden. Da ist das gute Werk angefangen, das der Herr, der es begonnen hat, auch vollführen wird bis auf den Tag Jesu Christi (Phil. 1,6)."(41) Diese Freiheit zum Werden kennt nur der Gelöste. Der natürliche Mensch weiß von solcher Freiheit nichts. Wer aber wiedergeboren ist, der nimmt an den Dimensionen des befreiten Lebens teil, die ihm plötzlich durch die Gnade Gottes aufgeschlossen worden sind.

5. Erneuerung des Lebenssinns: das Ende der Lebensnichtigkeit

Eins der großen Probleme der Zeit ist Ziellosigkeit und Lebensleere. Der entwurzelte und entfremdete

Mensch hat keinen Halt, kein Ziel, keine Hoffnung.
Das ist so beim modernen Menschen der komplexen
Lebensweise im technischen Erdteil, er steckt im
Sog des Katarakts. Das ist aber auch so unter den
Naturvölkern im Amazonasgebiet, wo sie sich in ganz
einfachen Lebensverhältnissen befinden; sie sitzen
fest in Angst und Schlinge der Götter- und Geister-
welt. Beiden scheint das Leben sinnlos, ziellos,
haltlos. Eitelkeit und Nichtigkeit zeichnet ihr
Sein. Das Evangelium aber wandelt den Zustand und
füllt die Leere aus. Der Heilige Geist ersetzt die
Nichtigkeit durch Lebenssinn. Christus wird der
Herr und weist auf das große Ziel. In ihm findet
der Mensch seine Festigkeit.

B. WAS DIE GEMEINDE BETRIFFT

Der Missionsbefehl schließt das Jüngermachen, das
Taufen und das Haltenlehren, ein. Das Wachsen der
Neubekehrten in der Erkenntnis ist ohne Erfüllung
dieser Gemeindeaufgabe kaum denkbar.

1. Die Gemeinde muß den Neubekehrten mit Taufe und
   Abendmahl dienen

Der urchristlichen Gemeinde war diese Aufgabe klar,
und sie führte sie im Gehorsam gegen den Befehl
Jesu treu aus. Sie brachen das Brot in der Gemeinschaft. Sie tauften, wo sich Menschen bekehrten.
An diese Praxis hielten sich alle Missionare, Evangelisten und Apostel jener Zeit (vgl. Apg. 16,15.
33, 19,1f., 22,16, Röm. 6,3-6, 1.Petr. 3,20-21).
(42)

2. Die Gemeinde muß den Neubekehrten in ihren Ge-
   meinschaftskreis aufnehmen

Weil wir Glieder am Leibe Christi sind, geht es
nicht nur darum, daß Menschen zur Bekehrung kommen,
sie müssen auch in den Leib eingegliedert werden.
Wie eine Kohle allein nicht lange glühen kann, so

kann auch das Feuer eines jungen Christen in der
Isolation nicht lange brennen. Ein Christenleben
außerhalb der geordneten Gemeinde ist unnormal.

3. Die Gemeinde muß den Neubekehrten lehren und
   unterweisen

Die apostolische Gemeinde nahm den Befehl Jesu
ernst und war wirklich eine lehrende Gemeinde. Die
Neubekehrten und Neugetauften blieben beständig in
der Lehre der Apostel (Apg. 2,42). Der große Erfolg von Pietisten und Methodisten ist neben ihrer
evangelistischen Tätigkeit auf ihre gründliche Lehrarbeit in Bibelstunden zurückzuführen.(43) Wo sich
Menschen bekehren, da muß die Gemeinde lehren, um
die Frucht zu bewahren. Nur so kann sie <u>quantitativ</u>
und <u>qualitativ</u> wachsen und gedeihen.

4. Die Gemeinde muß den Neubekehrten aufbauen und
   gründen

Paulus zog von Ort zu Ort und stärkte die Jünger
(Apg. 18,23). Die Ältesten in Ephesus befahl er
"Gott und dem Wort seiner Gnade, das die Kraft besitzt, aufzubauen und das Erbe zu verleihen unter
allen, die sich haben heiligen lassen" (Apg. 20,32
nach Menge). Das Aufbauen und Gründen geschieht in
der versammelten Gemeinde durch Wort, Gebet, Gemeinschaft, Abendmahl und Anbetung. Aber auch die missionarische Tätigkeit gehört dazu: Zeugnis und
Dienst an Mitmensch und Welt. Die Worte Otto Riekkers sind beachtenswert, wenn er sagt, daß Mission
immer Sache der Glaubensgruppe ist. Nach der Bibel
ist nur der funktionierende Leib ein gesunder Leib.

> "Dieser Leib ruht also nicht, sich selbst am
> Leben erhaltend, sondern er dient und arbeitet.
> Die Funktion ist ein Urprinzip der Glieder,
> nur dadurch sind sie überhaupt Glieder, sonst
> sind sie nutzlos. Also nicht nur vom Eingegliedertsein, sondern von der Betätigung als
> Glied hängen Leben und Gesundheit der Glieder
> und der Welt ab."(44)

5. Die Gemeinde muß den Neubekehrten ermutigen und ermahnen

Beides gehört zur Stählung des christlichen Charakters. Als junger Christ in Südbrasilien kam eines Tages ein Diakonenbruder auf mich zu, legte mir die Hand auf die Schulter und sagte in seinem Dialekt: "Hauns, hast du eenen Jonathan? Den mottst du habe, waan du em Gloowe veraunkoame wellst."(45) Diese Erfahrung ermutigte mich, einmal, weil ein alter Bruder zu mir sprach. Zum zweiten, weil ich dadurch wirklich einen Vertrauensfreund, einen Seelsorger unter der Jugend fand. Und endlich darum, weil ich angespornt wurde, andern ein "Jonathan" zu sein.

Zur Ermutigung gehört weiter das Entdecken seitens der Gemeinde der geistlichen Gaben im Neubekehrten. Das erfordert Offenheit und Feingefühl, ein Geschenk des Geistes Gottes. Der Arbeitermangel in Heimat- und Missionsgemeinden könnte leicht behoben werden, wenn die Gläubigen die geistlichen Gaben in den jungen Christen weckten und entdeckten und diese dann in den Dienst ziehen würden. Jonás González, der Direktor von "La Caravana de Buena Voluntad" (ein sozialer Dienstzweig mit evangelistischen Zielen in Lateinamerika) brachte mich in Costa Ricas Hauptstadt San José zum Flughafen. Unterwegs sprachen wir von dem Dienst des verstorbenen Kenneth Strachan, Begründer der Tiefenevangelisationsbewegung. Auf meine Frage, was er als das größte Verdienst Strachans ansehe, sagte Bruder González: "Er hat eine Anzahl 'Timotheusse' hinterlassen, und ich bin einer davon. Strachan trug darum Sorge, daß junge Einheimische herangezogen und für den Dienst ausgebildet wurden." Die Gemeinde muß nicht nur evangelisieren, um zu wachsen und am Leben zu bleiben, sie muß auch dafür sorgen, daß die Neubekehrten zu wahren Jüngern werden und die Jünger zu Aposteln, wie Missionar Herman Bühler betont hat.(46)

Aber auch das Ermahnen darf die Gemeinde nicht
unterlassen. Paulus sagt, daß er "drei Jahre hindurch Tag und Nacht nicht aufgehört habe, jeden
einzelnen unter Tränen zu ermahnen" (Apg. 20,31
nach Menge). Wo dieses paulinische Beispiel an Neubekehrten befolgt wird, da werden Glaubensschiffbruch und ernste Disziplinfälle verhütet, da werden Kompromißchristen selten ein Problem sein, da
werden Bekenntnis und Praxis, Sein und Tun, harmonisch und fruchtvoll auf andere einwirken. Darum:

> "Laßt uns aufeinander achtgeben, um uns gegenseitig zur Liebe und guten Werken anzuregen,
> indem wir unsere Zusammenkünfte nicht versäumen. Wir wollen auch unsere Entrückung zu
> ihm nicht aus den Augen verlieren, wie es manche leider schon tun, sondern wollen uns gegenseitig ermahnen und ermuntern, und das um
> so mehr, als ihr ja seht, daß der Tag näher
> kommt" (Hebr. 10,24-15 nach Menge und Bruns).

LITERATURNACHWEIS

(1) McGavran, Eye of the Storm, S. 67-94.

(2) Georg Vicedom, Mission in einer Welt der Revolution, Wuppertal 1969, S. 59.

(3) Vgl. Collin W. Williams, Where in the World? New York 1963, S. 75f.; What in the World? New York 1966, S. 4, 5, 22, 25.

(4) Vicedom, Welt der Revolution, S. 64.

(5) G. Warneck, Missionslehre, Bd. III, 1, S. 216.

(6) Fritz Laubach, Bekehrung und Wiedergeburt in biblischer Sicht, Wuppertal 1954.

(7) William Barclay, Turning to God. A Study of Conversions in the Book of Acts and Today, Grand Rapids (Michigan) 1972, S. 28.

(8) Otto Riecker, Erweckung heute, Wuppertal 1958, S. 29.

(9) Brinke, Apostelgeschichte, S. 414.

(10) Barclay, Turning to God, S. 30.

(11) Brinke, Apostelgeschichte, S. 414.

(12) Laubach, Bekehrung, S. 10.

(13) Laubach, Bekehrung, S. 7.

(14) Ebenda.

(15) Siehe die Aufsätze von katholischen Theologen bei McGavran, Eye of the Storm, S. 67ff.

(16) Rienecker, Lexikon, S. 194, vgl. Laubach, Bekehrung, S. 7.

(17) Laubach, Bekehrung, S. 6-7.

(18) Vgl. Ralf Luther, Wörterbuch, S. 16f. und S. 21f.

(19) Zu dem Wort metanoia als Umdenken, Nachdenken usw., siehe Barclay, Turning to God, S. 24 f.; Luther, Wörterbuch, S. 16f.

(20) Luther, Wörterbuch S. 16.

(21) Laubach, Bekehrung, S. 11; vgl. Walter Krüger, Die Brücke zum neuen Leben, Stuttgart 1955, S. 4-8.

(22) Johannes Warneck, Die Lebenskräfte des Evangelismus, 4. Aufl. Berlin 1911, S. 340.

(23) Zitat bei de Boor, Pietismus und Kirche, S. 22

(24) Ebenda, S. 23.

(25) J. Warneck, Lebenskräfte, S. 244.

(26) Legiehn, Unser Glaube, S. 67-71.

(27) J. Warneck, Lebenskräfte, S. 210.

(28) Ebenda, S. 94.

(29) Vgl. ebenda, S. 212ff.

(30) Legiehn, Unser Glaube, S. 68.

(31) Ebenda.

(32) Myron Augsburger, "Modern Man and the New Man", in Consultation on Anabaptist-Mennonite Theology, hg. von A. J. Klassen, Fresno (Kalifornien) 1970, S. 87.

(33) Luther, Wörterbuch, S. 70f.

(34) Augsburger, "Modern Man", in Consultation, S. 87.

(35) Ebenda, S. 89-95.

(36) Krüger, Die Brücke, S. 21.

(37) Augsburger, "Modern Man", in Consultation, S. 90.

(38) Krüger, Die Brücke, S. 27.

(39) J. Warneck, Lebenskräfte, S. 273.

(40) Augsburger, "Modern Man", in Consultation, S. 92.

(41) Krüger, Die Brücke, S. 27.

(42) Weitere Ausführungen bei Barclay, Turning to God, S. 50f.; Wilder Smith, Tauferkenntnis und unsere Liebe zu Jesus Christus, Biel 1956.

(43) Riecker, Erweckung heute, S. 38-39.

(44) Ebenda, S. 39.

(45) Das heißt: "Hans, hast du einen Jonathan (einen Freund des Vertrauens)? Den mußt du haben, wenn du im Glauben vorwärts kommen willst."

(46) Bühler, Nominality, S. 115-116.

DRITTER TEIL

ANWENDUNG UND AUSFÜHRUNG

Auf der Umschlag-Rückseite von Vergil Gerbers kleinem Handbuch über Evangelism/Church Growth schreibt Dr. Harold Lindsell, Redakteur der evangelikalen Zeitschrift Christianity Today folgenden Kommentar: "Der Pastor von heute ist allgemein ein belasteter Mann. Obwohl er den Zustand seiner Gemeinde schmerzlich empfindet und weiß, daß sie an Mitgliedschaft, geistlicher Lebenskraft, evangelistischer Wirkung und Dienst am Mitmenschen wachsen sollte, ist er oft ratlos und weiß nicht, was er tun soll. Was er braucht ist weniger Kritik und mehr Hilfe."

Zu dieser Beurteilung möchte ich hinzusetzen: Nicht nur der Pastor braucht Hilfe, sondern auch der Gemeindeleiter, auch der Laie, ja wir alle brauchen Hilfe, um der Gemeinde zu helfen.

Zwei Brüder aus der Schweiz kamen auf dem Missionarskurs in Wildberg zu mir und fragten: "Wie können wir unsere Gemeinden zum Wachsen anleiten? Wo fangen wir an? Wir brauchen Rat und Hilfe." Es ist schon wahr, was der Dichter sagt: Der Herr hat "Rat und Tat zugleich". Das finden wir in seinem Wort. Außerdem aber gibt es auch eine "Bruderhilfe", einen "Bruderrat". Gerade darum ging es unter Gebet und Arbeit auf jenem Missionarskurs, darum geht es auch bei dieser Schrift.

Kapitel 8

Beispiele schnellen Wachstums

"Dadurch ist mein Vater verherrlicht, daß ihr reichlich Frucht bringt und euch als meine Jünger erweist."

Joh. 15,8

Die Frage, die uns hier beschäftigt, hat es mit Richtlinien für gesundes Gemeindewachstum zu tun. Es gibt zeitgeschichtliche sowie missionsgeschichtliche Beispiele, die von erstaunlichem Wachstum reden. Ich denke da an die Coral Ridge Presbyterianergemeinde in Fort Lauderdale im Bundesstaat Florida. Diese Ortsgemeinde ist unter der Leitung von Pastor James Kennedy in einem Jahrzehnt von 17 auf über 2.000 Mitglieder gewachsen. Was ist wohl das Geheimnis? Gemeindewachstum ist eine komplexe Angelegenheit und kann nicht auf nur einen Grundfaktor reduziert werden. Doch wenn wir die Geschichte der jungen Coral-Ridge-Gemeinde lesen, dann fällt es uns auf, mit welcher Hingabe und Opferbereitschaft die Glieder sich evangelistisch einsetzen. Im Januar 1969 meldeten sich ca. 400 freiwillige Beter, die sich während des Monats jeden Morgen um 5 Uhr zum Gebet versammelten. Der "schlafende Riese" (das Laientum), von dem Kennedy oft spricht, ist in dieser Gemeinde tatsächlich aus seinem Schlummer erwacht. Während morgens früh 400 Gemeindeglieder beteten, gingen tagsüber und abends weitere 300 Laienbrüder und -schwestern als Evangelisten in die Umgebung von Coral Ridge und verkündeten als einfache Berufsmenschen ihren Mitmenschen in Häusern und auf Arbeitsplätzen die Botschaft von dem gekreuzigten und auferstandenen Christus. Die Folge davon war, daß sich im selben Jahr etwa 900 Personen bekehrten

und der Gemeinde hinzugeführt wurden.(1) In dieser
Gemeinde, wie in vielen andern, gibt es nicht nur
Vielgeschäftigkeit und große Programme. Da ist
geistliches Leben. Da ist gesundes Wachstum. Da
gibt es auch eine Frucht.

Aber nicht nur die Zeitgeschichte, sondern auch die
Missionsgeschichte weiß von Beispielen rapiden
Wachstums zu berichten. Das hat Missionsprofessor
Harold R. Cook in einem seiner Bücher wissenschaftlich nachgewiesen. Er zeigt an fünf Beispielen, wie
ganze Völker mit dem Evangelium erreicht und "chri-
stianisiert" wurden.(2) Manches davon kann zwar
nicht als "gesundes" Wachstum bezeichnet werden.
Der Tag jedoch kommt, an dem der Herr seine Gemeinde herrlich gestalten wird, "daß sie rein und ohne
Flecken und Runzeln dastehe, sie soll wirklich rein
und untadelig sein" (Eph. 5,27 nach Bruns).

Das Lesen der Berichte aus Gegenwart und Vergangenheit veranlaßte mich zur Erforschung der Apostelgeschichte, um zu erfahren, inwiefern sich die hier
niedergelegten Richtlinien für gesundes Wachstum in
den historischen Beispielen widerspiegeln. Das hat
mich zu dem Entschluß geführt, einige Beispiele aus
Geschichte und Gegenwart kurz anzuführen, dann aber
zur Urgemeinde zu gehen, um dort unsere Orientierung für gesundes Wachstum zu finden.

I. BEISPIELE AUS DER GEGENWART

Vor einigen Jahren erschien in der von der Billy
Graham Evangelistic Association herausgegebenen
Zeitschrift Decision (Entscheidung) eine Artikel-
serie unter dem allgemeinen Thema "Great Churches
of Today", oder "Große Gemeinde von heute".(3) Eines der sich wiederholenden Kriterien für Größe ist

rapides Wachstum. Wer die Berichte liest, muß über
die vielen Errungenschaften dieser örtlichen Gemeinden tatsächlich staunen. Ich habe versucht,
einige Daten zusammenzutragen und sie bildlich darzustellen (siehe Schaubild IV). Unter diesen ist
auch die schon erwähnte Coral Ridge Gemeinde genannt.

Es gibt gewiß manche Faktoren, die das Wachstum
dieser Gemeinden fördern, und es ist schwer festzustellen, welches wohl die wichtigsten sind. Aus den
angegebenen Daten der Berichte jedoch scheinen zwei
Faktoren schwer ins Gewicht zu fallen: Erstens: das
evangelistische Zeugnis der Laien in der unmittelbaren Umwelt der Ortsgemeinde; zweitens: der missionarische Einsatz, durch den die Botschaft der
Versöhnung von gesandten Boten in der Fernwelt verkündigt wird. Der evangelistisch-missionarische
Geist der Gemeinde läßt sich auch an den großen
Geldbeiträgen und Diensteinrichtungen verschiedener
Art erkennen. All das erfordert von Seiten der mit
geistlichen Gaben ausgerüsteten Lehrer in der Gemeinde große Arbeit, die Glieder den "ganzen Ratschluß Gottes" zu lehren (Apg. 20,27). Der enorme
Einsatz für christliche Schulung der Gläubigen in
den genannten Gemeinden spricht von einem starken
biblischen Lehrprogramm in Sonntagschulen, Jugendstunden, Predigerkursen, Evangelistenzurüstung,
Seminaren u.s.w., um die Glieder alles zu lehren,
was der Herr befohlen hat (Matth. 28,20), "damit die
Heiligen tüchtig gemacht werden für die Ausübung
des Gemeindedienstes" (Eph. 4,12).

II. BEISPIELE AUS DER GESCHICHTE

Die von Professor Cook genannten fünf Beispiele aus
der Missionsgeschichte sind folgende: Die Kirche
Armeniens, die keltische Kirche Irlands, die Kirche
auf Hawaii, die Kirche unter den Karenen Burmas und

III. SCHAUBILD

WACHSENDE ORTSGEMEINDEN IN AMERIKA VON HEUTE

Name und Ort der Gemeinde	Einstmaliger Stand	Jetziger Stand der Gemeinde	Jährliche Beiträge	Bemerkungen
1) PEOPLES CHURCH Toronto, Kanada	1928 begonnen	1970 3.500 Kommunikanten	$ 634.481,00 Davon 66,7% für Mission	Unterhält 400 Missionare
2) CORAL RIDGE PRESBYTERIAN CHURCH Fort Lauderdale, Florida	1959 17 Glieder	1969 2.005 Glieder	$ 756.000,00	300 Laienevangelisten 1969: 900 Bekehrungen
3) CALVARY TEMPLE Denver, Colorado	1947 32 Glieder	1970 4.300 Glieder	$ 1.010.958,00 Davon etwa ein Drittel für Mission	100 000 sehen Gottesdienst im Fernsehen
4) FIRST BAPTIST CHURCH Dallas, Texas	1947 von Dr. Criswell übernommen	1970 16.000 Glieder	$ 2.400.000,00	125 000 sehen Gottesdienst im Fernsehen
5) FIRST UNITED METHODIST CHURCH Callingswood, New Jersay	1959 200 Glieder	1971 1.200 Glieder	$ 50.000,00 Missionsbeitrag	Missionare in Indien, Afrika, Brasilien und Alaska
6) GARDEN GROVE COMMUNITY CHURCH Garden Grove, Kalifornien	1955 2 Glieder	1971 6.000 Glieder	$ 1.200.000,00	Gottesdienste werden in Amerika und Japan im Fernsehen gebracht

Quelle: Decision, zusammengesetzt nach folgenden Ausgaben:
1) Mai 1970; 2) Juni 1970; 3) Juli 1970; 4) August 1970;
5) Februar 1971; 6) März 1971

die Batakkirche im mördlichen Teil Sumatras. Es kann hier nicht auf die Einzelheiten eingegangen werden, die die Christianisierung der Völker herbeiführten. Auch sind uns die Daten vom Wachstum der "christlichen" Bevölkerung in Armenien und Irland unbekannt geblieben. Von Hawaii, Sumatra und Burma wissen wir etwas mehr.

A. HISTORISCHE KIRCHEN

1. Die Kirche Hawaiis
Die ersten amerikanischen Missionare erreichten Hawaii um 1820. Es überraschte sie nicht wenig, da ein "Feld reif zu Ernte" vorzufinden. Schon nach drei Jahren berichteten sie von "Hunderten Einheimischen", die die christlichen Gottesdienste besuchten. Innerhalb von 50 Jahren hatte die amerikanische Missionsgesellschaft schon alle Missionare zurückgerufen, weil sie ihre Aufgabe auf den Inseln für erfüllt hielt. Die junge hawaiische Gemeinde war mittlerweile schon selbst eine sendende Gemeinde geworden, die Missionare in andere Erdteile entsandte. Professor Cook berichtet, daß um 1850 - also nach 30 Jahren Missionsarbeit in Hawaii - etwa zwei Drittel der Gesamtbevölkerung (oder 56 840 aus 84 165) sich zum "protestantischen Glauben" bekannte.(4)

2. Die Batakkirche auf Sumatra
Die Begründung der Missionsarbeit unter den Bataks ist auf den deutschen Missionar Ludwig Nommensen (1834-1914) zurückzuführen, obwohl zwei amerikanische Missionare (Henry Lyman 1810-1834 und Samuel Munson 1804-1834) schon vor ihm das Batakland betreten hatten. Das Geburtsjahr Nommensens war das Todesjahr von Lyman und Munson, die nach einem kurzen Dienst schon im Jahr ihrer Ankunft von den Einheimischen verspeist wurden. Nommensen erreichte 1864 das Batakgebiet. Acht Jahre später schrieb

Gustav Warneck, daß es schon 1 150 getaufte Christen gäbe. Heute sind es weit über eine Million.(5)

3. Die Kirche unter den Karenen Burmas
Die Zustände in Burma waren für die Mission in mancher Hinsicht ähnlich. Der Anfang (1813) war äußerst schwierig. Nach 15 Jahren großer Opfer gab es erst 257 getaufte Christen. Die Gemeinde wuchs anfangs nur langsam. Aber 40 Jahre später bekehrten sich durch Missionar Francis Mason (1799-1846) und einen einheimischen Christen 741 Personen in einem Jahr und weitere 1 383 in den nächsten zwei Jahren. Heute zält allein die Baptistische Konvention Burmas weit über 220 000 Mitglieder.(6)

B. BEACHTENSWERTE PRINZIPIEN

Aus dem Gesamtbild lassen sich gewiße Prinzipien herausschälen, die beachtenswert sind. Gleichzeitig aber möchte ich betonen, daß die angegebenen Prinzipien die vielen Kräfte, die zum Wachstum mitgewirkt haben, nicht erschöpfen. Sie dienen hier nur als ausgewählte Richtlinien.

1. Das Prinzip der Bodenständigkeit
In allen Fällen finden wir die Betonung, daß einheimische Gemeindearbeiter wie Evangelisten, Lehrer und Prediger geschult und in den Gemeindedienst gezogen wurden. In Armenien war es Gregor der Erleuchter (240-332), der sich große Mühe machte in der "Umschulung und Umerziehung" heimatlicher Priester, um diese einfach aus heidnischen Schreinen und Tempeln in die umgeformten und umgeweihten Kirchen und Kapellen als Diener einzusetzen. Mit seinen vielen Missionsgehilfen taufte er in 20 Tagen 190 000 Personen.(7) Unter den Kelten in Irland waren die einheimischen Diener ebenfalls von Anfang an eifrig tätig in der Arbeit. Missionar Patrick (389-461) erbaute Schulen, wo <u>Evangelisten</u> für das Hei-

matland und <u>Missionare</u> für das Ausland ausgebildet
wurden.(8) So wurden die Kelten von Kelten evangelisiert. In Hawaii und Burma waren die Missionare
anfänglich zögernd, Einheimische als Prediger zu
ordinieren. Trotzdem aber zogen sie viele Laien heran, die neben und mit ihnen die meiste evangelistische und viel seelsorgerliche Arbeit taten.(9)
Bei den Bataks sorgten die Einheimischen schon zu
Nommensens Zeit mit großem Eifer dafür, "daß das
Christentum sich immer weiter ausbreitete."(10)
Missionar Dr. Paul Pedersen sagt, daß die evangelistische Erweiterungsarbeit am besten von den
Bataks selbst getan werden konnte, weil sie eben
"Land und Volk kannten, die Muttersprache sprachen
und nicht das Stigma eines Ausländers an sich trugen."(11) Wie die Selbstausbreitung so war auch die
Selbstunterhaltung ein wichtiger Faktor im Wachstum der Gemeinden. In Armenien und Irland gab es
von jeher keine finanzielle Unterstützung vom Ausland. Die Batakgemeinde mußte sehr bald auf eigenen
Füßen stehen, weil die Rheinische Mission oft
selbst in große Geldnot kam. Daher wurde ein geringer Zuschuß aus Holland, der zur Unterstützung
der Lehrer verwendet wurde, von der sendenden sowie
von der empfangenden Gemeinde sehr geschätzt. In
Hawaii war die Sache so, daß die junge Gemeinde sogar an der Unterstützung der Missionare vom Ausland
mittrug. Nur in Burma war die finanzielle Situation
schwieriger, das Prinzip der Selbstunterhaltung
faßte erst allmählich Fuß.(12)

Wie wichtig das Prinzip der Bodenständigkeit ist,
wurde mir kürzlich von einem Bruder aus Indien eingeschärft. Bei unserer Unterhaltung über die Gemeindesituation in Indien sagte er: "Eure Mission
ist seit ihrem Anfang (1898) ein Muster gewesen in
der Integration von Proklamation, Gemeindebau und
Dienst. Dadurch hat sie sich unter dem Volk und bei
der Regierung einen guten Ruf erworben. Sie hat
aber dennoch zwei Fehler begangen: Die Missionare

gaben die Leitung nicht früh genug an die indischen
Brüder ab, auch halfen sie uns nicht, uns zur
Selbstunterhaltung zu erziehen. Darum leidet die
Mennonitische Brüdergemeinde Indiens heute nach
75 Jahren Mangel an führenden Personen zur Verwaltung und an Geld zur Unterhaltung ihrer Gemeindeprogramme."

2. Das Prinzip der Strategie
In vier von den fünf Beispielen vernehmen wir aus
dem missionsevangelistischen Annäherungsverfahren,
daß die Strategie auf die Führer des Volkes angelegt war. Die "Bekehrung" der Armenier durch Gregor geschah erst dann, als der König Tiridates
(238-314) im Glauben Christus annahm. In Irland war
es ebenso. Patricks erstes Ziel waren immer die
Häuptlinge und Gruppenführer keltischer Sippen und
Horden, damit sie zuerst mit dem Evangelium vertraut wurden. Unter den Hawaiianern wäre es vollkommen undenkbar gewesen, auch nur mit dem allgemeinen Volk ins Gespräch zu kommen, ohne erst das
Wohlwollen der Häuptlinge zu gewinnen.(13) Ähnlich
war es auf Sumatra unter den Kannibalen. Das Volk
führte aus, was seine Führer sagten. Somit führte
der Weg zum Herzen des Volkes über die Herzen der
Häuptlinge. Erst als Nommensen diese gewann, fand
er beim Volk Eingang. Einige der Batakführer gehörten zu den ersten, die sich zu Christus bekehrten. Dann kam der Durchbruch auch beim Volk.(14)
Unter den Karenen Burmas war die Situation wieder
etwas anders, weil eben ihre ganze Sozialstruktur
nicht unter der Leitung eines einzigen Häuptlings
stand, sondern unter der Obhut eines einfachen, über
wenig Autorität verfügenden Dorfleiters.(15)

3. Das Prinzip der Volksreligion
Wie die Sprache, so spielt auch die Religion im
Leben der Völker eine große Rolle. Wenn sich nun
ein Volk als ganzes Volk "bekehrt", dann bedeutet
das, daß es seine bisherige Religion mit dem Glau-

ben an Jesus "vertauscht". Nur so kann es als vereintes Volk weiterbestehen und die glaubensmäßige Verbindung im gesamten Kulturmilieu aufrecht erhalten. Wenn das Volk vor einer Entscheidung steht, das Christentum anstelle einer rivalisierenden Religion zu wählen, wird die Wahl durch den Druck von außen erleichtert. So war es z. B. in Armenien. Die persische Zoroasterreligion übte großen Druck aus auf die armenische Volksreligion. So war es einerseits der Widerstand gegen diesen Druck und andererseits die Wahlfreiheit für das Christentum, das die Entscheidung für das letztere erleichterte. In Burma, auf Sumatra und in Hawaii war die Situation ähnlich. Der Buddhismus drohte die Karenen zu verschlucken, die Bataks standen in Gefahr, vom Islam überrumpelt zu werden, und auf den Hawaii-Inseln hatte der westliche Materialismus schon begonnen, den religiösen Halt der Einheimischen zu zerstören. Nur in Irland gab es keine Rivalreligion.

In allen Fällen gelang es dem Christentum, sich tief in die Volksseele hineinzufinden, das Volk zu gewinnen und seinen Glauben sowie die bisherige religiöse Praxis völlig umzugestalten. Im Wesen des Christentums lag für die Völker eine ihnen bis dahin unbekannte Würde, wodurch ihr von den Vätern überkommenes Religionskonzept und ihr Religionssinn eine bedeutende Aufwertung bzw. Veränderung erlebte. Im Christentum fanden sie zur Einheit, es gab ihnen Halt und Sicherheit. Damit konnten sie sich identifizieren, darauf konnten sie stolz sein. Den Karenen gab das Christentum einen Maßstab zur Selbstbewertung, den sie zuvor nicht gekannt hatten. Unter den Kelten, Bataks und der Bevölkerung Hawaiis führte es zu einem wichtigen Bindeglied mit andern fortgeschrittenen Völkern, die sie bisher nicht kannten. Den Armeniern diente es als Symbol der Selbständigkeit und Unabhängigkeit von den drohenden Persern.(16)

4. Das Prinzip der christlichen Lehre
Wie schon gesagt, spielte die Schule in allen Fällen eine wichtige Rolle. Da die Armenier anfangs noch keine Schriftsprache hatten, bedienten sie sich der griechischen und syrischen Sprachen. Die von Gregor her errichteten Schulen trugen viel dazu bei, daß das Volk bald seine eigene Schrift und Literatur entwickelte. In Irland kamen Hirten und Lehrer, Prediger und Laien, Evangelisten und Missionare aus den Schulen. Unter den Karenen trugen die Schulen dazu bei, daß die Christen ausgezeichneten Gesang förderten, das Geben und Opfern für die Sache des Herrn lernten und der Lehre des christlichen Glaubens und Lebens einen hohen Wert beilegten, wie ein Missionsforscher um 1930 schrieb.(17) In Hawaii waren die Volksführer anfänglich etwas selbstsüchtig, indem sie die Schulen nur für sich und ihre Familien beanspruchen wollten. Diese Einstellung jedoch änderte sich sehr bald, und die Häuptlinge wurden die Hauptförderer des Schulwesens auf ihren Inseln.(18) Bei den Bataks gehörten Kirche und Schule von jeher zusammen. Ohne sie konnten sie sich überhaupt kein Gemeindeleben vorstellen. Daher waren auch die Lehrer die Prediger und die Prediger die Lehrer in den Gemeinden. (19)

5. Das Prinzip der Akkommodation
Die Frage stellt sich natürlich, inwiefern es sich bei den historischen Beispielen _rapiden_ Wachstums um wirklich _gesundes_ Wachstum handelt. Wir haben schon so manches "Menschliche" und "Irdische" gesehen, das einem gefährlichen Kompromiß nahekommt. Cook jedoch behauptet, daß die Missionare nicht auf Kompromisse eingingen, wenn diese die Grundwahrheiten des Evangeliums gefährdeten. In Burma und Hawaii waren die Gemeindeeintrittsbedingungen sogar rigoros.(20) Trotzdem finden wir in manchen Fällen eine Anzahl Akkommodationen oder zweckmäßige Einstellungen des christlichen Lebens auf das je-

weilige Kulturmilieu, wie sie ja auch sonst in der Missionsgeschichte immer wieder auftreten. In Armenien z.B. wurden die Heidenpriester umgeschult und die Heidentempel umgeweiht und damit beide in den Dienst der Kirche gestellt. Inwiefern die Priester wirklich eine Bekehrung zu Christus und eine wahre Herzensumstellung erlebten, bleibt eine unbeantwortete Frage. Unter den Kelten ersetzten die christlichen Priester die Druiden, und die Klöster nahmen den Platz der Druidenschulen ein. Dieser Wandel war ein allmählicher Vorgang, ohne die soziale Ordnung zu zerstören. Wenn der Abt jetzt die Klosterleitung übernahm, dann herrschte er über die "Klosterfamilie", wie zuvor der Älteste oder Druidenpriester über die Sippe geherrscht hatte.(21) Bei den heidnischen Bataks war das sogenannte _adat_ das vorherrschende Gesetz, das Lebensweise und Beziehung des Volks bestimmte. Missionare übernahmen manches daraus in die christliche Ordnung. Missionar Nommensen ließ sich in dieser Beziehung von den batakschen Radschas und Volkslehrern beraten, ohne jedoch das Christentum einfach als ein neues _adat_ einzuführen. Er war darum besorgt, die Grundlinien des Evangeliums unter keinen Umständen preiszugeben. In Burma und Hawaii gab es zwar keine solchen festen religiösen Strukturen wie unter andern Völkern, aber auch da trugen die Missionare dafür Sorge, daß die bestehenden Sozialstrukturen und das kulturelle Milieu im Gemeindebau zu ihrem Rechte kamen.(22)

Der Inhalt des Evangeliums bleibt derselbe. Die Formen aber, in die es aufgenommen wird, dürfen von einer Kultur zur andern verschieden sein.

Die Spannung, einerseits "allen alles zu werden" (1.Kor. 9,22) und andererseits das Evangelium voll zu seinem Recht kommen zu lassen, bleibt dem Missionar nicht erspart. Der Heilige Geist wird aber auch hier "in alle Wahrheit leiten" (Joh. 16,13).

6. Das Prinzip des evangelistisch-missionarischen Bewußtseins

In vier von fünf Beispielen vernehmen wir einen starken Sendungstrieb. In Irland wurden die Kelten durch die Kelten evangelisiert.(23) Viele junge Frauen und Männer wurden in den Klöstern geschult und dann in die weite Welt gesandt.(24) Die keltischen <u>peregrini</u> oder Wandermissionare durchwanderten ganz Europa und predigten Buße und Vergebung der Sünden unter Heiden sowie unter verkirchlichten Namenchristen.(25)

Die junge Gemeinde in Hawaii sandte selbst schon Missionare in andere Weltteile, ehe ihre eigenen Inseln aufhörten, ein Missionsfeld zu sein. Den jungen Christen kam es zu Bewußtsein, daß sie nicht missioniert werden könnten, wenn sie nicht selbst bereit wären, andere zu missionieren.(26) Auch in der wachsenden Gemeinde Burmas herrschte gleich von Anfang an ein evangelistisch-missionarischer Geist. Der erste Christ, Ko Tha Byu, evangelisierte gleich nach seiner Taufe unter seinem Volk. Das Wunder der Gnade an ihm war groß und zog das Ansehen seiner Mitmenschen auf sich. Der Heilige Geist hatte sein Leben von dem eines Räubers, Mörders und haltlosen Menschen zu einem eifrigen und friedfertigen Evangelisten umgewandelt.(27) Die Karenen kamen in Scharen nach Tavoy, um mehr von dieser wunderbaren Religion zu lernen.(28) So schien das Feld auch hier reif zur Ernte zu sein. Ko Tha Byu hatte eine einfache aber packende Botschaft: Der Mensch ist in Sünde gefallen und braucht einen Erlöser. Das völlige Heil ist in Christus. Wer es annimmt, empfängt Segen des Himmels. Durch Ko's Zeugnis kamen mindestens 1 000 Menschen zum Glauben an Jesus Christus.(29) Schon um 1850 beschlossen die Karenen, eine Missionsgesellschaft zu gründen. Darauf sandten sie Boten der Versöhnung nach Thailand und China.(30) So war es auch unter den Bataks. Johannes Warneck schreibt

das rapide Wachstum der Gemeinde auf Sumatra "dem
evangelistischen Impuls der Batakchristen" zu.(31)

Diese Beispiele genügen, um zu zeigen, daß eine
evangelistisch-missionarische Gemeinde eine wachsende Gemeinde ist. Das bestätigt auch die Urgemeinde, von der wir die Richtlinien für gesundes
Wachstum erhalten wollen.

III. DAS BEISPIEL DER URGEMEINDE

Die Frage, die uns vor allen andern beschäftigt,
ist von Dr. Wieske auf einer Konferenz in Österreich etwa so formuliert worden: "Warum wuchs die
Urgemeinde so rasch?"(32) Die Antwort auf diese so
wichtige Frage liegt in den Berichten der Heilsgeschichte. Da finden wir auch unentbehrliche Wegweiser für den Gemeindebau von heute. Davon will
ich nur etliche hervorheben, die für gesundes Wachstum unentbehrlich sind.

A. EINMÜTIGKEIT UNTER DEN GLIEDERN

Der russische Schriftsteller, Leo Tolstoi (1828-
1910), spricht in seinen pädagogischen Romanen viel
von der Liebe als Beweis für Gottes Walten. "Wo
Liebe ist", sagt Tolstoi, "da ist Gott."(33) So war
es in der ersten Gemeinde. Da war Liebe. Da war
Gott gegenwärtig und tätig. Diese Tatsache fällt
uns beim Lesen der Apostelgeschichte besonders in
der Einigkeit, Einmütigkeit und Gemeinsamkeit der
Gläubigen auf. Trotz ihrer Vielfältigkeit von Beruf, Stand und Herkunft herrschte in der Gemeinde
Einmütigkeit und Liebe. Dazu ein paar Belege: Zwischen Himmelfahrt und Pfingsten waren die Gläubigen
alle _einmütig_ versammelt zum Gebet (Apg. 1,14). Am
Pfingsttag warteten sie alle _gemeinsam_ auf die Verheißung ihres Herrn (2,1); sie verharrten als junge

Gemeinde mit <u>Einmütigkeit</u> im Tempel und brachen
auch in solcher Gesinnung in den Häusern das Brot
(Apg. 2,46); aus Lob, Dank und Anbetung erhoben sie
<u>einmütig</u> ihre Stimme zu Gott empor (Apg. 4,24); sie
lebten miteinander wie <u>ein</u> Herz und <u>eine</u> Seele
(Apg. 4,32); sie versammelten sich <u>einmütig</u> zum
Gottesdienst in der Halle Salomos (Apg. 5,12); auf
der Konferenz in Jerusalem faßten sie <u>einträchtig</u>
den Beschluß, wie das Wort Gottes auf die Heiden-
christen anzuwenden sei (Apg. 15,25).

Das Prinzp der geistlichen Einigkeit ist schon im
Gebet Jesu enthalten (Joh. 17,21) und wird von den
Aposteln später den Gemeinden dringend empfohlen
(1.Petr. 3,8f., Röm. 15,6, Phil. 2,2, Eph. 4,3,
1.Joh. 4,7-11). Wo die Gläubigen der Gemeinde ein
Herz und eine Seele sind, da bleiben die Segnungen
nicht aus. Davon wußte schon der Psalmist zu reden:
"Siehe, wie fein und lieblich ist's, daß Brüder
einträchtig beieinander wohnen!" (Ps. 133,1). Wo
das der Fall ist, da bekehren sich Menschen, da
vermehrt der Herr die Gemeinde, da nimmt die Zahl
der Gläubigen immer mehr zu. Wo aber eine Gemeinde
durch Parteiwesen getrennt, wo Glieder untereinander uneins sind, und sogar da, wo unbiblischer Abstand zwischen Ordinierten und Laien besteht, da
nimmt der Zwistgeist allen Saft aus dem Boden, und
die Gemeinde verkümmert.

B. VERANKERUNG IM WORTE GOTTES

In der Urgemeinde ging es dem neutestamentlichen
Gottesvolk um das Wort Gottes selbst und nicht um
Menschenworte über das Gotteswort. Da war die Her-
meneutik, die Methode der Schriftauslegung, noch
in Ordnung. Die historisch-kritische Wissenschaft
hatte sie noch nicht beeinflußt noch entstellt, wie
es die moderne Theologie von heute leider zu oft
getan hat. Die verkehrten Lehren, wovor der Apostel

die Ältesten warnte (Apg. 20,29-30), sind schon
längst eingetreten. Darum alarmieren Männer wie
Professor Walter Künneth(34), Evangelist Dr. Gerhard
Bergmann(35), Missionswissenschaftler Professor
Peter Beyerhaus(36) u.a.m. die Gemeinde von heute
und rufen sie zurück zur Bibel und zur Wachsamkeit.

In der Urgemeinde galt 1 500 Jahre vor der Reformation das später von Martin Luther geprägte Schlagwort von der sola scriptura. Das fällt dem Leser
der Apostelgeschichte immer wieder auf. Das prophetische wie das didaktische Wort kamen da ganz zu
ihrem Rechte und richteten die Denk- und Lebensweise der jungen Gemeinden ganz auf die Schrift.
Dazu nur etliche ausgewählte Beispiele:

1. Bei der Apostelwahl
Als die Apostel und Jünger sich auf den Befehl des
Herrn (Luk. 24,49) in erwartender Haltung zum Gebet versammelt hatten (Apg. 1.15f.), wurde es ihnen
plötzlich klar, daß die durch des Judas Untreue
entstandene Lücke im Apostelkreis durch einen Stellvertreter ausgefüllt werden mußte. Dabei berief
sich der Apostel Petrus auf das Wort im Alten Testament, durch das der Heilige Geist zu ihnen
sprach (vgl. Apg. 1,15-26 und Ps. 69,26, 109,8).

2. Bei dem Pfingstgeschehen
Wieder ist es Petrus, der in seiner tiefsinnigen
Predigt die Erfüllung des prophetischen Wortes klar
erkennt und auslegt. Er zitiert Schriftwort auf
Schriftwort. In der Ausgießung des Heiligen Geistes
sieht er die Erfüllung von Joel 3 (Apg. 2,14.21.
33-36). In der Kreuzigung, Auferstehung und Erhöhung Christi erkennt er die Erfüllung der Davidsworte nach Psalm 16, 8-11, 89, 4-5 und 110,1 (vgl.
Apg. 2,22-36). Wie Hämmerschläge traf das Wort die
Gewissen der Hörer und wie Schwertstiche drang es
ihnen tief in die Herzen (Apg. 2,37, vgl. auch Jer.
23,29 und Hebr. 4,12). Hier erwies sich das Wort -

wie tausendmal in der Missionsgeschichte - als "die Kraft Gottes, die da selig macht alle, die daran glauben" (Röm. 1,16, vgl. Apg. 2,38-41).

3. Bei der Gemeinschaftspflege
Hier war es besonders das didaktische, das belehrende Wort, an das die Gemeinde sich hielt (Apg. 2,42). Doch war das nicht nur ein Mundbekenntnis am Sonntag, es war vielmehr ein Wort der Erbauung und Belehrung für das Leben im Alltag. Die "Lehre der Apostel" war für die junge Gemeinde tatsächlich pragmatisches Lebenswort, das weit über alle Gesetzlichkeit hinausging. Das Alte Testament wurde plötzlich durch die Erleuchtung des Heiligen Geistes ein neues Buch. Darum waren auch die Gesetzeslehrer nicht mehr die entsprechenden Schriftausleger für die Gemeinde. Sie suchte fortan vielmehr bei denen die Erklärung der Dinge, wie Adolf Schlatter (1852-1939) sagt, "die als die Zeugen Jesu zu zeigen versuchten, was dem Herrn wohlgefällig sei."(37)

4. Bei der Verantwortung vor Volk und Rat
Als Petrus dem verwunderten Volk vor dem Tempel klarmachte, was eigentlich geschehen sei, und daß die Heilung des Lahmen (Apg. 3,1-10) im Namen des gekreuzigten und auferstandenen Christus vollstreckt worden wäre, verwies er auf die durch Mose und die Propheten klar vorgezeichnete Heilsgeschichte und rief aufgrund geschichtlicher Ereignisse die Menschen zur Buße und Bekehrung auf (Apg. 3,26).
Er legte ihnen das schon im Alten Testament begründete Heil in Christus nahe. Was jetzt geschah, so verkündigte Petrus, war kontinuierliches Handeln Gottes als Heilsgeschichte, die in seinem Sohn Jesus Christus die Erfüllung erreicht hatte.

5. Bei anderen Angelegenheiten
Es würde zu weit führen, sollten wir alle Begebenheiten erwähnen, die die Wortverankerung der Urge-

meinde begründen. Eins aber steht fest: die Gläubigen beriefen sich bei allen wichtigen Gemeindeangelegenheiten auf das schon geschriebene und auf das sich offenbarende apostolische Gotteswort. In der Verfolgung sahen sie das in Psalm 2 vorhergesagte "Toben der Heiden und das eitle Sinnen der Völker" sich erfüllen (Apg. 4, 25-26). Als Stephanus sich verantwortete, wies er auf die Spuren Gottes in der Heilsgeschichte hin (Apg. 7,1-50). Als Paulus und Barnabas in Antiochien in Pisidien waren, redeten sie zu den Juden von den großen Taten Gottes in der Geschichte (Apg. 13,16f.). Immer wieder und überall hörten sie auf den Heiligen Geist und lehrten und verkündigten das Wort Gottes (Apg. 15, 35).

Wo das Wort Gottes als Glaubensgrund und Lebensrichtschnur ernstgenommen wird, wächst die Gemeinde Jesu. "So war's, so ist's, so wird's auch sein, in seiner heiligen Gemein." Ich denke an das Kernlied Zinzendorfs, des Begründers der wachsenden Brüdergemeinde, die tief im Wort verankert war. Betend sprechen wir mit:

> "Herr, Dein Wort, die edle Gabe,
> diesen Schatz erhalte mir,
> denn ich zieh ihn aller Habe
> und dem größten Reichtum für.
> Wenn Dein Wort nicht mehr soll gelten,
> worauf soll der Glaube ruhn?
> Mir ist's nicht um tausend Welten,
> aber um Dein Wort zu tun."(38)

C. GELÄUTERTE MOTIVATION

Als Bote der Versöhnung, dem das geistliche Wohl und das Wachstum der Gemeinde am Herzen liegen, muß ich immer wieder in die Kammer der Selbstprüfung gehen und mich dem offenbaren, "der da Augen hat wie Feuerflammen" (Offb. 2,18), und mich fragen, welches wohl bei mir die vorherrschenden Motive sind, ob sie echt oder ob sie unlauter sind, sowie, ob es an der Zeit wäre, neue Motive zu entwickeln. Mit ähnlichen Fragen konfrontierte vor einigen Jahren Dr. Wieske eine Konferenz in Linz.(39) Mit der Motivierung darf man nicht spielen, denn wenn sie unlauter wird, greift auch bald die Verfälschung der Zielsetzung ein und man steht auf schlüpfrigem Grund.

In seiner Missionsgeschichte hat der Missionsarzt Dr. Robert Glover die Missionsmotive in zwei Klassen geteilt: die äußeren und die inneren. Zu den ersten gehört der moralische, der zeitliche und der geistliche Zustand der Heiden und Unbekehrten, zu den andern gehören Treue, Dankbarkeit und Liebe der Gläubigen und Bekehrten.(40) Schon die ersten wären genug, um uns als "lebendiges Opfer" (Röm. 12,1-2) einem philanthropischen oder sozialhumanen Dienst zu ergeben. Doch scheinen in der Urgemeinde die aus dem Inneren kommenden Beweggründe von noch stärkerem Trieb gewesen zu sein. Sie entsprangen dem neuen Leben aus Gott und offenbarten sich im Zeugendienst an der Welt.

1. Aufrichtige Dankbarkeit
Das Dank- und Bittgebet der jungen Christen in Apostelgeschichte 4,24-30 ist ein spontaner Ausdruck ihrer Beziehung zu Gott und erinnert an die Worte Johann Cramers (1723-1788), wenn er lobsingt:

> "Erheb, erheb, o meine Seele,
> Gott, mein Schöpfer, und erzähle,
> verkündige sein Lob der Welt!
> Ihm singe deine Jubellieder,
> der Fromme halle sie Ihm wieder,
> dem Mächtigen, der uns erhält!
> Frohlockt Ihm alle seine Heere,
> Ihm weihet euren Lobgesang!

> Der Her ist würdig, Preis und Ehre
> zu nehmen, Lob und Ruhm und Dank!"(41)

"Ich meine, dieses Motiv der Dankbarkeit könnten wir alle haben. Jesus kann uns als Mitmensch und als Erlöser und Gottes Sohn so groß werden, daß wir sagen können: 'Danke, Herr Jesus, daß du das für mich getan hast, das ist prima. Dafür will ich dir auch nun mein Leben, ja ein Stück meines Lebens zur Verfügung stellen."(42) So wie es Dr. Wieske hier ausgedrückt hat, so tat es die Urgemeinde (Apg. 2,44-47). So beten auch wir immer wieder:

> "Hilf, mich Dir ganz hinzugeben,
> alles laß Dir sein geweiht:
> Dich zu lieben, Dir zu leben,
> gänzlich, jetzt und allezeit."(43)

Als junger Gemeindearbeiter und Evangelist in Brasilien hatte ich das Vorrecht, mit einem älteren erfahrenen Bruder zusammenzuarbeiten. Wenn wir vor besonderen Problemen standen, sagte er: "Hans, jetzt wollen wir Gott danken." Zuzeiten kam schon die Lösung, bevor wir uns von den Knien erhoben. Diese Lektion ist mir auch heute als Lehrer an der Hochschule und Redner in Gemeinden und Konferenzen laufend ein Segen, den ich nie verlieren möchte. Ich halte mich zu dem geschriebenen Wort: "Wer Dank opfert, der preiset mich, und da ist der Weg, daß ich ihm zeige das Heil Gottes" (Ps. 50,23 nach Luther).

2. Bleibende Freude am Herrn
Ein unübertroffenes Zeugnis von dieser Freude legt der Apostel Paulus ab. Das Schreiben an die Philippergemeinde bestätigt das. Selbst in Haft und Kerker schrieb er von unvergänglicher Freude. Er nannte sogar die Gemeinde seine "Freude und Krone" (Phil. 4,1).

Es liegt schon etwas an der Freude im Herrn! Wo sie beim Evangelisten und Missionar, beim Laienbruder und bei der Diakonissenschwester erst versagt, da ist auf Gemeindewachstum wenig zu hoffen. Die Freude liegt ja gerade in der Hoffnung verankert. Darum sprechen wir auch von einer Vorfreude und einer erfüllten Freude. Die Vorfreude vermag uns selbst in den schwersten Stunden auf dem Missionsfeld oder im heimatlichen Gemeindedienst zu tragen und zu bewahren vor der Mutlosigkeit. "In der Freude am Herrn liegt unsere Kraft", wie der Gottesmann es formuliert hat (Neh. 8,10). Davon wußte die Urgemeinde. Davon weiß auch manche Missionsgemeinde, mancher Missionar heute zu reden. Unsere Geschwister in Paraguay arbeiteten 13 Jahre unermüdlich unter den Indianern, bis es bei den Lengua zur Bekehrung kam. Doch in der Vorfreude, ja in der Hoffnung und Erwartung, daß der Geist Gottes eines Tages durchbrechen würde, hielten sie durch. Und da kam endlich die Ernte. Da kam das Wachstum. Da war die Freude verdoppelt. Heute ist die junge Indianergemeinde viel größer als die Muttergemeinde. Ähnlich war auch William Careys Erfahrung. Es wird gesagt, daß er sieben Jahre missionierte, ehe sich auch nur eine Person bekehrte. Aber nach sieben Jahren kam das Wachstum, und seine Vorfreude wandelte sich in Siegesfreude um.(44)

Durch die Feder eines mir unbekannt gebliebenen Dichters habe ich von der Freude sagen gelernt:

> "Freude ist des Herzens tiefer Klang,
> wenn des Himmels Odem es durchdrang.
> Freude schenkt Gott mühbeschwerten Seelen,
> die sich seiner Treue anbefehlen.
> Freude bleibet deines Hauses Gast,
> wenn als Freund du Jesum bei dir hast.
> Freude darf ein jeder in sich tragen,
> der sein Leben ganz mit Gott will wagen."

3. Reine Liebe aus Gott

Die Liebe ist die größte geistliche Gabe, die höchste Gnadengabe (1.Kor. 12,31 nach Menge). Aber sie ist noch mehr: Sie ist Frucht des Geistes und nicht nur Gabe. Mehr als nach Heilungsgaben und Zungensprachen, mehr als nach Prophetenrede und Wunderkräfte, ja mehr als nach allen andern Gaben wollen wir nach Liebe streben. Denn es steht geschrieben:

> "Wenn ich mit Menschen- und mit Engelzungen redete und hätte keine Liebe, so wäre ich ein tönendes Erz oder eine klingende Schelle. Und wenn ich weissagen könnte und wüßte alle Geheimnisse, besäße alle Erkenntnis und hätte allen Glauben, so daß ich Berge versetzte, und hätte keine Liebe, so wäre ich nichts. Und wenn ich alle meine Habe den Armen opferte und gäbe meinen Leib für andere dem Feuertode preis und hätte keine Liebe, so wäre es mir nichts nütze" (1.Kor. 13,1-3 nach Mühlheimer).

Liebe ist ja heute das große Schlagwort in der westlichen Welt. Daß sie nicht nur mißverstanden, sondern daß damit auch viel Unfug getrieben wird, braucht nicht erst erwähnt zu werden. Wovon hier die Rede ist, ist die _agape_, die _göttliche_ _Liebe_, "die in unsere Herzen ausgegossen ist durch den Heiligen Geist" (Röm. 5,5). Es ist also die von Gott ausgehende Liebe, die sich nicht allein auf Bruder und Freund, auf Sippen- und Volksgenossen, auf Ehepartner und Familienglied erstreckt, sondern auch auf Feind und Sünder, Hasser und Verfolger. (45) Diese Liebe motivierte Paulus, als Bote der Versöhnung den Unversöhnten von dem versöhnenden Christus zu predigen (vgl. 2.Kor. 5,14-21). Diese Liebe hat die Mutter der Armen, Waisen und Alten, Eva von Tiele-Winckler, erfaßt, gelebt und beschrieben, wenn sie sagt, daß alle Frucht des Geistes eine Ausstrahlung der Liebe ist.

```
"Freude            - jubelnde Liebe
 Friede            - ruhende Liebe
 Geduld            - tragende Liebe
 Freundlichkeit    - leuchtende Liebe
 Gütigkeit         - mitteilende Liebe
 Treue             - ausharrende Liebe
 Sanftmut          - wehrlose Liebe
 Keuschheit        - reine Liebe."(46)
```

Wer von solcher Liebe erfaßt ist, der spricht wie einst Zinzendorf: "Ich habe nur eine Passion: die ist Er und Er allein." Oder handelt wie Raymund Lull (1235-1315), der Apostel bei Mohammedanern: "Dir, o Herr, geb ich zum Opfer mich selbst, mein Weib, meine Kinder und alles, was ich habe."

4. Bewährte Treue
Treue entspringt immer einer Beziehung zwischen zwei Personen, die sich nahe sind. In der Urgemeinde kam die Treue aus dem Verhalten der Gläubigen zu ihrem Herrn. Er hatte ihnen Güter anvertraut, die sie in bewährter Treue verwalteten. Sie sahen sich als Haushalter ihrer irdischen Güter und geistlichen Gaben (vgl. Apg. 4,32-37, 1.Kor. 4,2, Luk. 16,1-8). Sie sahen sich als Knechte und Diener ihrem Herrn unterstellt. Ihm zu dienen und ihn zu erheben war ihr höchstes Ziel. Diesem Streben galt ihr ganzer missionarisch-evangelistischer und diakonischer Einsatz unter der Herrschaft ihres Erlösers und Herrn.

D. KONKRETE ZIELSETZUNG

Die apostolische Gemeinde verfolgt unter der Leitung des Heiligen Geistes konkrete Ziele auf allen Gebieten ihres Einsatzes für Gott. Jesus hatte schon vor seinem Tode zu den Jüngern von dem Zweck und Ziel seines Kommens gesprochen, als er ihnen offenbarte, daß er seine Gemeinde bauen würde, die

selbst von den Pforten der Hölle nicht überwältigt
werden könnte (Matth. 16,18). Nach der Auferstehung befahl er ihnen, wie wir schon wiederholte
Male gezeigt haben, in alle Welt zu gehen und Jünger zu machen (Matth. 28,18-20). In diesem Auftrag,
so sagen die Verfasser der Frankfurter Erklärung,
erfährt die christliche Mission "ihre Begründung,
Zielsetzung, Arbeitsaufgabe und den Inhalt ihrer
Verkündigung".(47) Es geht also um das Jüngermachen.
Das ist in der Mission sowie in der Evangelisation
der andauernde, sich immer fortsetzende Prozeß, der
eine "Kettenreaktion" auslöst, wie Dr. Wieske gesagt hat(48), die das Wachsen der Gemeinde Jesu
Christi vorantreibt.

Bei allem aber waren die Ziele klar: Es ging um die
Errettung einzelner Personen, ganzer Familien und
Sippen, um die Gemeinde zu bauen. Wenn einer Familie das Heil verkündigt wurde und sie es annahm, so
wurde sie ein Zentrum der Verkündigung, eine Hausgemeinde, ein Bibelkreis. In einigen Fällen, von
denen uns die Schrift berichtet, ging es ganz speziell um die führende Person in der Familie oder Sippe,
etwa um den Hausvater, wie beim Gefängnisaufseher
in Philippi (Apg. 16,32-34), oder um die führende
Frau, wie die Purpurhändlerin Lydia (Apg. 16,13-15),
oder um den Hauptmann, wie den Beamten Kornelius, der
anscheinend über einen größeren Verwandtenkreis verfügte (Apg. 10,24-44).

Die vorhin angeführten Beispiele von Armenien, Irland, Sumatra und Hawaii zeigten, daß die Missionare
erst dann das Volk erreichen konnten, nachdem sie
seine Führer mit dem Evangelium erreicht hatten.
Hier läßt sich ein ähnlicher Grundsatz feststellen,
indem nach der soziokulturellen Familien- oder Sippenstruktur die Personen zuerst erreicht wurden, die
bestimmenden Einfluß hatten. In matriarchalischen
Völkern ist es die Mutter oder eine ältere Frau; in
patriarchalischen Völkern ist es der Vater oder ein

älterer Mann. In Südbrasilien war es unsere Erfahrung, daß der Vater die Tür zur Familie war. Mein guter Freund, Pastor Elmo Warkentin, den der Herr beim Jüngermachen und Gemeindepflanzen und -bauen reichlich segnet, sagt in seinen Lehrvorträgen zu den Laien der Gemeinde immer wieder: "Setzt euer Evangelisationsziel auf den Hausvater, und ihr könnt die ganze Familie für Christus gewinnen." Ähnlich arbeitet auch Henrique Issler unter den Brasilianern, durch den der Herr eine Gemeinde nach der andern entstehen läßt. Es ist eine herrliche Erfahrung, wenn man ganze Familien zu Christus führen kann, und wenn diese sich dann sofort für den Herrn einsetzen und andere evangelisieren.

Bei all diesem dürfen aber Taufe, Gemeindeanschluß, Abendmahl und christliche Pflege nicht übersehen werden. Das alles gehört mit zur Ausführung des Missionsbefehls. So ist es die biblische Praxis. Daher stimmen wir den langjährigen Missionaren Lateinamerikas zu, wenn sie sagen: "Der evangelistische Auftrag verfehlt das Ziel, wenn die Neubekehrten nicht in die Ortsgmeinde eingegliedert werden."(49) Dieses Ziel war schon den ersten Christen in Jerusalm klar. Die 120 Personen des erweiterten Jüngerkreises bildeten sozusagen die "Muttergemeinde" in Jerusalem, auf die der Heilige Geist ausgegossen wurde. Nach diesem dynamischen Kraftzufluß aus der Höhe bekehrten sich durch ihr Zeugnis 3 000 Menschen, die sich sofort taufen ließen und der Gemeinde hinzugeführt wurden (Apg. 2,38-42). Diese wiederum gingen dann als evangelistische Zeugen in die umliegende Orte, und "der Herr fügte täglich solche, die gerettet wurden, zu festem Anschluß hinzu" (Apg. 2,47 nach Menge). Etwas später war die Jerusalemgemeinde schon auf etwa 5 000 Glieder gewachsen (Apg. 4,4). Obwohl Lukas uns weiterhin keine genauen Zahlen mehr über das Wachstum der Gemeinde gibt, wird immer wieder von "großen Mengen",

die zum Glauben kamen, und von der Multiplikation
der Gläubigen und Gemeinden gesprochen (vgl. Apg.
5,14, 6,1-7, 8,12-13, 9,31.35, 10,44-48, 11,21.24,
12,24 usw.). Der Geschichtsforscher Adolf Harnack
(1858-1930) spricht von einer dieser wachsenden Gemeinde innewohnenden "doppelten Kraft". Das eine war
der sofortige Zusammenschluß der Gläubiggewordenen
zu einer vereinten Gemeinschaft, die in sich selbst
organisatorisch geschlossen war. Das andere war die
Reproduktion der gesamten Gemeinde Gottes nach
außen, als welche sie sich erkannte und zu erkennen
gab.(50)

Das evangelistisch-missionarische Ziel, sofern es
sich auf Gemeindewachstum bezieht, umfaßt also das
qualitative und quantitative Jüngermachen, die organische Beziehung der Jünger (Glieder am Leibe)
zueinander, sowie die Multiplikation der Ortsgemeinden in der ganzen Welt (siehe Schaubild IV).

E. DIE GROSSMACHT DES GEBETS

Nicht nur die Gemeinde Jesu Christi wurde einmal in
einer Gebetsstunde geboren, sondern auch die Weltmission. Von der sendenden Gemeinde in Antiochien
steht geschrieben: "Als sie nun einst dem Herrn
Gottesdienst hielten und fasteten, gebot der Heilige Geist: 'Sondert mir Barnabas und Saulus für
das Werk aus, zu dem ich sie berufen habe!' Da fasteten und beteten sie, legten ihnen die Hände auf
und ließen sie ziehen" (Apg. 13,2-3 nach Bruns).
Das war die gnadenreiche Geburtsstunde der öffentlichen Weltmission, an der die Gemeinde Jesu Christi fortan apostolisch und sendend beteiligt war.
Bis dahin hatte nur der Herr gesandt. Jetzt aber
sandte die Gemeinde im Gehorsam unter seiner Herrschaft. Das war auch eine gnadenreiche Stunde für
die ersten Missionare. Dazu sagt Gustav Warneck:
"Über sich hatten sie den Segen Gottes, in sich den

IV. SCHAUBILD

"ICH WILL BAUEN MEINE GEMEINDE"

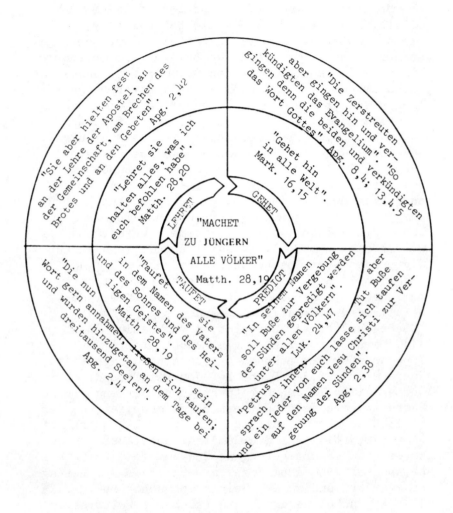

ANMERKUNG: Dieses Schaubild stellt den Prozeß des Jüngermachens dar, wodurch der Herr die Gemeinde baut. Der Befehl des Herrn wird ausgeführt, angewandt und weitergeführt.

Trieb der Liebe Christi, hinter sich eine betende
Gemeinde."(51)

Die Urgemeinde wußte etwas von der Großmacht des
Gebets. Dies deshalb, weil sie beten lernte, weil
sie das Gebet übte, weil es für sie nicht Monolog,
sondern Dialog war. So wurde bei ihr die Gebetspraxis zu einer unübertroffenen Großmacht im Gemeindewachstum. Nach anhaltendem Gebet der vorpfingstlichen Gemeinde von 120 Seelen öffnete sich der
Himmel und schenkte ihr den Heiligen Geist (Apg. 1,
14, 2,1-4). In der Gebetsstunde lernte die junge
Gemeinde, was es heißt, wahre Gemeinde zu sein
(Apg. 2,42-43). Auf dem Weg zur Gebetstunde im Tempel geschah das Heilungswunder an dem von Geburt
an lahmen Bettler (Apg. 3,1-11). Nach einer inbrünstigen Gebetsversammlung der jungen Gemeinde "erbebte die Stätte, wo sie versammelt waren, und sie
wurden alle vom Heiligen Geist erfüllt und verkündigten das Wort Gottes unerschrocken" (Apg. 4,31).
Als sich in Samaria viele Menschen bekehrt hatten,
kam durch die Großmacht des Gebets der Heilige
Geist auf die Samaritergemeinde (Apg. 8,14-15).
"Siehe, er betet!" So heißt es von Saulus (Apg. 9,
11). Diese Worte stehen wie Leuchtlettern von Anfang an über dem Leben des großen Heidenapostels.
Während er auf dem Dache bei dem gastfreundlichen
Gerber Simon in Joppe betete, wurde der engherzige
Petrus umgewandelt und sein Blick geweitet, daß er
endlich den Universalismus des Evangeliums erkannte
(Apg. 10,5ff.). Als die Gemeinde unablässig zu Gott
betete, wurde der gefangene und zum Tode verurteilte Apostel von einem Engel geweckt, aus dem Gefängnis geführt und zu den Seinen gebracht (Apg. 12,3-
17). Wie schon gesagt, wurde auch die Weltmission
in einer Gebetstunde geboren (Apg. 13,2-4).

Es würde zu weit führen, wollten wir alle Schriftworte nachweisen, wo die Urgemeinde die Großmacht
des Gebets erlebt und praktiziert hat und wo die

Schreiber der Briefe davon reden. Auf eines sei aber noch hingewiesen: Die Missionskrise, von der wir in den letzten 15-20 Jahren so viel gehört, gelesen, gesehen und erlebt haben, läßt sich auf eine andere noch viel tragischere Krise zurückleiten – nämlich auf die Krise der hinter der Mission entstehenden gebetslosen Gemeinde. Unsere Gemeinden in Amerika und Europa sind arm an Zeugen, Evangelisten, Predigern, Lehrern, Propheten, Seelsorgern und Missionaren, weil sie arm sind an Betern. Die Gebete der Gläubigen senden Arbeiter in das Erntefeld, bringen Erweckungen zum Ausbruch, erkämpfen Siege in der Welt, führen die Gemeinde zu gesundem Wachstum und verherrlichen den Namen des Dreieinigen Gottes. Wo sie aber verstummt sind, bleibt dieser Segen fern.

Wie einst die Jünger vor den Meister traten und beten lernen wollten, so laßt uns in den Worten des mir unbekannten Dichters auch zu ihm gehen:

> "Ich komm in Demut hergetreten,
> Herr Jesu, vor Dein Angesicht.
> Ach, großer Meister, lehr mich beten,
> mach kräftig, was mein Mund jetzt spricht.
> Laß mein Gebet durch Deine Wunden
> zum Vaterherzen Gottes gehn,
> so hat mein Flehen Gnad gefunden,
> so wird dabei ein Amen stehn."

F. DIE KRAFT DES HEILIGEN GEISTES

Auf die Frage, warum die Urgemeinde so rasch wuchs, antwortet Dr. Wieske mit diesen Worten: "<u>Weil sie mit dem Heiligen Geist in allen Gläubigen rechnete</u>, nicht nur im Priester, nicht nur im Prediger, nicht nur im Diakon, nicht nur im Ältesten, sondern in jedem einzelnen."(52)

Das sind keine leeren Worte. Sie sind geladen mit
Wahrheit für die Gemeinde von heute. Denn gerade
auf diesem Gebiet versagen wir vielfach als Gemeinde Jesu Christi, nicht in der Theorie versagen wir,
sondern in der Praxis. Wir sind zu einer pastorzentrischen anstatt christozentrischen Gemeinde entartet und tun, als ob alle Gnadengaben sich in einer Person konzentrieren und wir "unbegabten" und
aufgabelosen Laien unsere Hände in den Schoß legen
dürfen, um zu sehen, wo der "Mann da vorne" das
ganze "Gemeindeschiff" hinsteuern wird. Solche Einstellung bekundet einen introvertierten oder in
sich gekehrten Zustand der Gemeinde, die in großer
Gefahr steht, samt Lotse und Mannschaft unterzugehen. In einer christozentrischen Gemeinde sieht
es anders aus, und zwar so wie in der Urgemeinde.
Diese Gemeinde ist, wie ein Dichter gesagt hat,
auch einem Schiff zu vergleichen, aber einem, auf
dem die ganze Besatzung mit dem Heiligen Geist
rechnet:

"Ein Schiff, das sich Gemeinde nennt,
fährt durch das Meer der Zeit.
Das Ziel, das ihm die Richtung weist,
heißt Gottes Ewigkeit.
Das Schiff, es fährt vom Sturm bedroht
durch Angst, Not und Gefahr,
Verzweiflung, Hoffnung, Kampf und Sieg,
so fährt es Jahr um Jahr.
Doch wer Gefahr und Leiden scheut,
erlebt von Gott nicht viel.
Nur wer das Wagnis auf sich nimmt,
erreicht das große Ziel!

Im Schiff, das sich Gemeinde nennt,
muß eine Mannschaft sein,
sonst ist man auf der weiten Fahrt
verloren und allein.
Ein jeder sehe, wo er steht,
und tue seine Pflicht;

wenn er sein Teil nicht treu erfüllt,
gelingt das Ganze nicht.
Und was die Mannschaft auf dem Schiff
ganz fest zusammenschweißt
in Glaube, Hoffnung, Zuversicht,
ist Gottes guter Geist."(53)

LITERATURNACHWEIS

(1) Carey Moore, "Great Churches of Today: Coral Ridge Presbyterian Church", Decision, Juni 1970, S. 8f.; s. a. James Kennedy, Evangelism Explosion, Wheaton 1970 (Eine Übersetzung dieses Buches in Deutsch erscheint 1977 im Verlag der Liebenzeller Mission).

(2) Harold R. Cook, Historic Patterns of Church Growth, Chicago 1971.

(3) Siehe die Zeitschrift Decision vom Mai 1970 bis Mai 1971.

(4) Cook, Historic Patterns, S. 64; vgl. dazu S. 50, wo Cook von 30% der Gesamtbevölkerung redet (nicht zwei Drittel), die 1853 in Hawaii zur protestantischen Kirche gehörten.

(5) Ebenda, S. 94 und 84.

(6) Ebenda, S. 83 und 77.

(7) Flachsmeier, Geschichte der Mission, S. 23-24, vgl. Cook, a. a. O. S. 108.

(8) Flachsmeier, Geschichte der Mission, S. 30.

(9) Cook, Historic Patterns, S. 109.

(10) Flachsmeier, Geschichte der Mission, S. 266.

(11) Paul B. Pedersen, Batak Blood and Prostestant Soul, Grand Rapids (Michigan) 1970, S. 99.

(12) Cook, Historic Patterns, S. 109-110.

(13) Ebenda, S. 110, vgl. S. 60-61.

(14) Flachsmeier, Geschichte der Mission, S. 265.

(15) Cook, Historic Patterns, S. 110.

(16) Ebenda, S. 111-112.

(17) Ebenda, S. 112-113.

(18) Ebenda, S. 113, vgl. S. 62-63.

(19) Ebenda, S. 113.

(20) Ebenda, S. 50, 77 und 78.

(21) Ebenda, S. 114.

(22) Pedersen, Batak Blood, S. 98f.; vgl. Cook, Historic Patterns, S. 114-115.

(23) Cook, Historic Patterns, S. 40 und 45.

(24) Ebenda, S. 46.

(25) Latourette, History of Christianity, S. 342-344.

(26) Cook, Historic Patterns, S. 51 und 116.

(27) Flachsmeier, Geschichte der Mission, S. 214-215.

(28) Cook, Historic Patterns, S. 74.

(29) Ebenda, S. 75.

(30) Ebenda, S. 80-81 und 116.

(31) Ebenda, S. 116.

(32) Günter Wieske, "Missionarische Gemeindeformen", Quelle des Lebens, 14.Jg. Nr. 6 (1971), S. 113.

(33) Zitat bei William Barclay, The Promise of the Spirit, Philadelphia 1960, S. 49.

(34) Walter Künneth, "Die Grundlagenkrise der Theologie heute", Neues Leben, 14. Jg. Nr. 6,7,8,9,10 und 11, 1969.

(35) Gerhard Bergmann, Alarm um die Bibel, Gladbeck 1963.

(36) Peter Beyerhaus, Shaken Foundations, S. 1-18.

(37) Adolf Schlatter, Erläuterungen, Bd. V., S. 34.

(38) Gesangbuch der MBG, Nr. 335.

(39) Wieske, in Quelle des Lebens, 14. Jg. Nr. 6, S. 114-115.

(40) Robert R. Glover and Herbert Kane, Progress of Worldwide Missions, rev. u. erweiterte Ausgabe, New York 1960, S. 4-10.

(41) Gesangbuch der MBG, Nr. 421, 3. Strophe.

(42) Wieske, in Quelle des Lebens, 14.Jg. Nr. 6, S. 115.

(43) Von Wilhelm Horn (1839-1917), Gesanguch der MBG, Nr. 238.

(44) Wieske, in Quelle des Lebens, 14. Jg. Nr. 6, S. 116.

(45) Siehe J. Bauer, Wörterbuch, II., S. 789f. und 797f.

(46) Zitiert in Quelle des Lebens, 9. Jg. Nr. 4, S. 61.

(47) Zitiert in Quelle des Lebens, 13. Jg. Nr. 5., S. 94.

(48) Wieske, in Quelle des Lebens, 15. Jg. Nr. 1., S. 8.

(49) Vergil Gerber, Evangelism/Church Growth Manual.

(50) Adolf von Harnack, The Mission and Expansion of Christianity in the First Three Centuries, Engl. von James Moffatt, New York 1961, S. 432.

(51) Gustav Warneck, Missionsstunden, 1. vermehrte Auflage, Gütersloh 1882, Bd. I, S. 145.

(52) Wieske, in Quelle des Lebens, 14. Jg. Nr. 6, S. 113.

(53) Zitiert in Quelle des Lebens, 11. Jg. Nr. 1, S. 1.

Kapitel 9

Besinnung zur Zustandsdiagnose der Gemeinde

*"Entdecke alles und verzehre,
was nicht in deinem Lichte rein."*

Max Ronner

Der Gemeindebegriff befaßt sich mit der universalen sowie mit der lokalen Gemeinde der Gläubigen (Kap. 4). Die Universalgemeinde ist der unsichtbare geistliche Gesamtleib aller wahren Gläubigen. Über sie ist Jesus Christus Haupt und Herr, wie es Paulus in Epheser 1,22-23 sagt. Außerdem aber gibt es eine örtlich sichtbare Gemeinde, die aus einer Gruppe von Gotteskindern besteht, die sich zur Jüngerschaft unter der Herrschaft Jesu verbunden wissen, wie etwa die Ortsgemeinden zu Jerusalem, Korinth, Philippi, Ephesus, Smyrna u.s.w. Diese Gläubigen an verschiedenen Orten wissen sich aus Dankbarkeit, Liebe, Treue und Gehorsam ihrem Herrn zum Dienst verpflichtet. Der Dienst in der Welt hat missionarisch-evangelistischen Charakter. Dabei geht es vor allen Dingen um die Verherrlichung Gottes und um die Versöhnung der Verlorenen.

Das biblische Bild vom Leib Christi muß auch auf die Glieder der Ortsgemeinde angewandt werden. Er ist ihr Haupt, sie sind seine Glieder. Er ist ihr Meister, sie sind untereinander Brüder. Es ist der Wille Gottes, daß die Gemeinde in allen Stücken wächst und zunimmt an dem, der das Haupt ist, Christus (Eph. 4,15).

Im vorigen Kapitel wiesen wir auf starkes Wachstum der Gemeinde hin. Hier wollen wir die Situation erkennen lernen, in der sich eine Ortsgemeinde befindet, und versuchen, ihren geistlichen Zustand, ihr geistliches Niveau, festzustellen. Jede Gemeinde muß um ihren Zustand wissen, um Schritte unternehmen zu können, die zu gesundem Wachstum führen.

I. MANGELHAFTE VORBEREITUNG ZUR ZUSTANDSDIAGNOSE

Wie der menschliche Körper, so ist auch die Gemeinde anfällig für allerlei Mängel und Schwächen, Krankheiten und Gebrechen. Wie nur der gesunde Mensch den Ansprüchen und Erwartungen des Lebens gerecht werden kann, so kann auch nur die gesunde Gemeinde ihrer Aufgabe gerecht werden. Darum muß die Gemeinde immer wieder ihren geistlichen Gesundheitszustand ernstlich überprüfen, indem sie Untersuchungen und Selbstdiagnosen durchführt. Zu solcher Untersuchung aber sind die Gemeinden meistens schlecht vorbereitet. Auch ihre Arbeiter sind dafür nicht ausgerichtet. Davon gebe ich ein Beispiel aus der Gegenwartssituation der Gemeinden in Nordamerika.

In den Vereinigten Staaten und Kanada hatte man einige Jahre geplant und Vorkehrungen getroffen, den kontinentweiten Feldzug KEY 73 (Schlüssel 73) durchzuführen. KEY 73 war ein intensives Evangelisationsunternehmen, zu dem sich etwa 2 000 Ortsgemeinden aus 150 verschiedenen konfessionellen Kirchengruppen geeinigt haben, im Jahr 1973 jede nordamerikanische Familie, ja jeden Bewohner der USA und Kanada, mit dem Evangelium von Jesus Christus zu konfrontieren.(1) Strategie und Methode sind nach der lateinamerikanischen Tiefenevangelisation (Evangelism-in-Depth) aufgebaut. Das für die Ortsgemeinden vorbereitete Handbuch ist eine Fundgrube von Ratschlägen, Anweisungen und Hilfen, wie man Menschen in verschiedenen Berufs- und Lebenssituationen mit dem Evangelium erreichen kann. Die Frage

jedoch, die von auf Gemeindewachstum ausgerichteten
Evangelisationsstrategen gestellt wird, hat es mit
der geistlichen Zustandsdiagnose der Ortsgemeinde
zu tun. Die Frage ist nicht nur, wie eine kranke Gemeinde, wie z.B. Laodicea, eine sterbende Welt evangelisieren kann. Sie geht noch einen Schritt weiter
und fragt, wie so eine Ortsgemeinde die Neubekehrten richtig nähren und pflegen kann, wenn sich diese ihr während oder nach einem evangelistischen
Kreuzzug anschließen. Das Endziel aller evangelistischen Einsätze muß ja auf das gesunde Wachstum
der Gemeinde gerichtet sein. Das kann jedoch nur
in einer gesunden Gemeinde stattfinden. Wie aber
können wir erfahren, ob eine Gemeinde gesund ist
oder nicht? Dazu sind Untersuchungen, Befragungen,
Bewertungen, Inventaraufnahmen, Selbstprüfungen
und Selbstanalysen unentbehrlich. Zu diesen Punkten aber schweigt das genannte Handbuch. Darin
liegt die Schwäche. Und gerade darin wird auch offenbar, wie wenig man in Nordamerika (in andern
Ländern wohl kaum mehr) für die Durchführung einer
gründlichen Zustandsdiagnose vorbereitet ist.

II. DAS BILD VOM MENSCHLICHEN KÖRPER

Nehmen wir das Bild vom Körper.(2) Wenn der Mensch
krankt, wird er vom Arzt untersucht, damit dieser
feststellen kann, wo die Ursache der Krankheit
liegt und welche Schritte zur Heilung unternommen
werden können. Der medizinische Fachmann kennt die
Organe und ihre Funktion. Er kennt Lebenszweck und
Ziel derselben. Der Schaden aber setzt ein, sobald
die normale Funktion gestört ist. Bei der Untersuchung bedient sich der Arzt mancher technischer
Mittel und Instrumente. Das Thermometer braucht er
zum Messen der Temperatur. Die Feststellung des
körperlichen Wärmegrades ist einer der ersten
Schritte bei der Untersuchung. Die Uhr benutzt er
beim Zählen des Pulsschlags, um anhand von normaler

Pulszahl, ihrer Beschleunigung oder Verlangsamnung die Herztätigkeit zu prüfen. Das Elektrokardiogramm hilft dem Spezialisten, die Herzaktionsströme genau zu erkennen und zu prüfen. Der Röntgenapparat durchdringt mit seinen intensiven Lichtstrahlen viele undurchsichtige organische Stoffe und legt manche sonst unauffälligen Fremdkörper und unnormalen Zellgewebe im körperlichen Organismus bloß. Ferner benötigt der Arzt die aufpumpbare Manschette mit Manometer zur Blutdruckmessung. Dadurch erfährt er viel von der Spannung in den Blutgefäßen und von der Schlagkraft des Herzens. Auch prüft er Zuckergehalt im Blut, Blutkörperverteilung, Harnsäure u. a. m.

Bei der Zustandsdiagnose des Körpers wird alles exakt bemessen, quantitativ und qualitativ aufgezeichnet, dann analysiert, und dem Resultat entsprechend wird die Behandlung vorgenommen. So ist es auch bei der Zustandsdiagnose des Leibes Jesu, der Gemeinde. Wir brauchen Instrumente, um wissenschaftliche Untersuchungen durchführen zu können. Der Leib Christi besteht selbst im lokalen Sinne aus vielen Gliedern. Jedes Glied hat eine bestimmte Aufgabe und zugeschriebene Funktion durch die ihm vom Heiligen Geist gegebenen geistlichen Gnadengaben. Sobald aber ein Glied im Gesamtorganismus leidet, wird der ganze Leib in Mitleidenschaft gezogen. "Wenn ein Glied leidet, so leiden alle Glieder mit" (1. Kor. 12,26). An diesem Leib muß jedes Glied bei seiner jeweiligen Funktion das primäre Ziel der Jüngermachung anstreben. Dazu gehört vor allen Dingen der missionarisch-evangelistische Einsatz, wodurch sich die einzelnen Glieder vermehren und die Ortsgemeinden reproduzieren. Dieser Einsatz wird von der Gemeinde zu Hause durch Evangelisation in der Umgebung und durch Mission in der weiten Welt durchgeführt. Das geschieht aber nur da, wo der ganze Leib und alle Glieder normal funktionieren.

Als einzelnes Glied am Leibe Jesu muß ich mich

periodisch fragen, welche Gabe der Heilige Geist mir gegeben hat und welche Funktion ich zu erfüllen habe, damit das Wachstum und Gedeihen des Leibes nicht gehemmt, sondern gefördert wird. Auch muß ich mich prüfen, wie es da wohl mit der Frucht des Geistes bei mir steht. Denn ohne Frucht sind ja alle Gaben nur Glanz und Schein. Ich muß mich immer wieder prüfen, ob ich nur als Zierblume im Garten Gottes, in der Gemeinde, stehe oder als Fruchtbaum.(3) Es steht ja geschrieben: "Jede unfruchtbare Rebe an mir nimmt er weg, aber jede fruchttragende Rebe reinigt er, damit sie noch mehr Frucht bringt" (Joh. 15,2 nach Bruns).

Um das Fruchtbringen geht es auch gerade bei der Zustandsdiagnose der kleinasiatischen Gemeinden, wie wir noch zeigen werden. Doch auch in der Kirchengeschichte ist es den verantwortlichen Personen immer wieder um die Gesundheit und Fruchtbarkeit der Gemeinde Jesu Christi gegangen. Daß ihre Erkenntnis und Ausführbarkeit derselben nicht immer ausreichte, lag ebensoviel an Zeitverhältnissen als an gutem Wollen.

III. STREBSAMKEIT IN DER GESCHICHTE

Die Gemeinde ist nicht nur die Herausgerufene aus Sünde und Welt, sie ist auch die Gesandte und Sendende, zum Zeugnis für ihren Herrn bestellt. Führende Männer der Kirchengeschichte haben sich bemüht, die Merkmale der wahren Gemeinde zu entdecken. Sie erforschten die Schrift, sahen auf ihre eigene Situation und prüften sogar ihre eigenen Motivierung. Trotzdem kamen sie nicht alle zu denselben Schlußfolgerungen, was die Merkmale der Gemeinde betrifft. Bei Luther waren es die Predigt des Evangeliums und die Sakramente für den corpus christianum oder die Volkskirche. Aber für die ecclesiola in ecclesia, die Gemeinde in der Gemeinde, die

kleine versammelte Hausgemeinde, war es mehr: Das
Wort Gottes, die Taufe im Glauben, Teilnahme am
Abendmahl und das Singen von Psalmen.(4) Calvin
fügte zum Wort Gottes und den Sakramenten die Gemeindezucht und den christlichen Wandel hinzu. Wo
dieses vorhanden sei, so meinte er, da sei die Gemeinde.(5) Die Täuferführer gingen in ihrer Erkenntnis, was Gemeinde betrifft, noch etwas weiter. Menno
Simons z. B. nennt sechs Merkmale der wahren Gemeinde: Das Wort Gottes und der darin gegebene Missionsbefehl des Herrn, die Sakramente Christi und
die damit verbundene Glaubenstaufe, das fromme,
christliche Leben nach der Schrift, ungefälschte
Nächstenliebe und die Liebe zu den Glaubensgenossen, Treue im mündlichen Bekenntnis des Glaubens,
Bereitschaft, das Kreuz zu tragen und um Jesu willen zu leiden als der christliche Ausdruck der
Friedfertigkeit und Wehrlosigkeit.(6)

Auch die späteren Begründer des Gnadauer Zusammenschlusses, die sonst in der Tradtition Luthers standen, strebten eine ernste Besinnung zur Zustandsdiagnose der Kirche an und suchten nach den Merkmalen der wahren Gemeinde, als sie über "Die geschichtlich gewordenen Kirchen in ihrem Unterschied
von der biblischen 'Gemeinde des Herrn'"(7) verhandelten. Auf der Konferenz in Gnadau (1890) hob
Pastor Witt aus Havehoft eine Differenzierung zwischen Kirche und Gemeinde hervor. Der der Kirche
gegenüberstehenden Gemeinde schreibt er vier Merkmale zu: "a) Hier Einigkeit, dort Zerrissenheit.
b) Hier Reinheit, dort Weltfrömmigkeit. c) Hier
Freiheit, dort Gebundenheit. d) <u>Hier Reichtum an
geistlichen Gaben</u>, dort Armut an solchen."(8) Es
geht hier wie dort um das normale geistliche Leben
in Wort und Tat. Aber nicht alle Führer der Kirchen
haben das Ziel erreicht, das sie sich stellten. Daher ist es gut, wenn wir uns ein biblisches Beispiel der Zustandsdiagnose ins Gedächtnis rufen.

IV. DIE GEMEINDE VOR DEM GROSSEN ARZT

Wenn wir uns auch als einzelne und als Ortsgemeinden, als Konfessionen und sogar als ganze Weltkirche prüfen und erforschen, so wollen wir uns keineswegs der Untersuchung des großen Arztes entziehen, sondern vielmehr ihn um dieselbe bitten, damit wir unsern Zustand erfahren und dann genesen. Unter Umständen aber können wir auch erwarten, daß das Resultat einer von ihm durchgeführten Zustandsdiagnose in der Handschrift Gottes über der Gemeinde erscheint, wie einst die Flammenschrift an der Wand des königlichen Palasts: "Mene, mene, tekel upharsin" (Dan. 5,25-28). Davon gibt uns die Bibel Beispiele, und zwar in den Sendschreiben an die kleinasiatischen Gemeinden (Offb. 2 und 3).

A. UNS ZUR WARNUNG

Da stehen sieben Gemeinden vor dem großen Arzt und himmlischen Richter. Mit Augen wie Feuerflammen durchschaut und röntgt er sie. Er erforscht, untersucht und prüft sie und legt in der Diagnose den geistlichen Zustand mit präziser Genauigkeit fest: Bei einer Gemeinde ist's Frucht, bei der anderen sind's bloße Werke, bei der einen ist's Leben, bei der anderen nur Schein. Das alles - und vieles mehr - entdeckt der Herr der Gemeinde.

Es steht geschrieben, daß das, was der Herr mit seinem Bundesvolk Israel tat, "uns zum warnenden Vorbild" geschehen ist (1.Kor. 10,10-11). Das gilt auch von den Sendschreiben. Sie sind uns als Spiegel gegeben. Wenn wir in sie hineinschauen, dann entdecken wir unser eigenes Gemeindeleben. Die Sendschreiben haben gewiß zeitgeschichtliche Bedeutung, indem sie die damals in den asiatischen Ortsgemeinden herrschenden Zustände schildern. Doch darüber hinaus sind sie eine Botschaft an uns und unsere Kinder. Dazu hat der 1944 heimgegangene Pfarrer Johannes Schneider sehr treffend geschrieben: "Sie sind Offenbarung Gottes, Weissagungen des Heiligen Geistes, ein Voraussagen des Kommenden. In diesen Sendschreiben spiegeln sich also mit göttlicher Klarheit und Bestimmtheit die geistlichen Zustände wider, wie sie in der christlichen Kirche zu allen Zeiten vorhanden waren, sind und sein werden."(9)

B. ENTDECKTE IDEALMERKMALE

Der englische Prediger John R. W. Stott spricht in seiner Auslegung von Offenbarung 2 und 3 von "sieben Merkmalen einer wahren und lebendigen Gemeinde". (10) Bei Smyrna und Philadelphia sind diese Merkmale durch ihre Gegenwart offenbar, bei den andern fünf Gemeinden werden sie als fehlende Idealmerkmale entdeckt.

1. Das Merkmal "Liebe" (Offb. 2,1-7)
Bei der Ephesergemeinde fehlte die Liebe als das Idealmerkmal einer Gemeinde. Ihr Arbeitsprogramm war ausgezeichnet, ihr Glaubensbekenntnis war in Ordnung, sie besaß Ausdauer und Geduld, sie übte sogar Gemeindezucht. Aber ihr fehlte das eine, wodurch alles andere auf eine Null reduziert wurde: die Liebe. Wir haben vorhin schon gesagt, daß die Liebe ein Motiv für den missionarisch-evangelistischen Einsatz ist (siehe Kapitel 8). Wo nur Einsatz ist ohne Liebe, da sind alle "ephesischen" Arbeitsprogramme, Glaubensbekenntnisse, Ausdauer und Gemeindezucht nichts.

2. Das Merkmal "Leiden" (Offb. 2,8-11)
Der im Konzentrationslager hingerichtete Dietrich Bonhoeffer (1906-1945) soll einmal gesagt haben, wenn der Herr zur Nachfolge einlade, dann lade er ein, für ihn zu sterben. Bonhoeffer wußte von den

Konsequenzen der Nachfolge und Jüngerschaft. Davon
wußte auch die Smyrnagemeinde. Davon wußte auch
die Urgemeinde, von deren Gliedern geschrieben steht:
Sie waren "hocherfreut, daß sie gewürdigt worden
waren, um des Namens Jesu willen Schmach zu erlei-
den" (Apg. 5,41 nach Menge). Das hat auch R. Kenneth
Strachan in Lateinamerika stark betont. Er spricht
in seinen Schriften viel von dem martyr-witness,
dem Märtyrerzeugnis.(11) Der Leidensweg der Smyrnagemeinde ist der schmale Weg der Nachfolge. Er ist
der Weg Jesu. Darum ist er auch unser Weg im Dienst
um das Wachstum seiner Gemeinde. Nachfolge heißt
Kreuztragen, wie Er das Kreuz trug:

> "Du gingst, o Jesu, unser Haupt,
> durch Leiden himmelan -
> und führest jeden, der da glaubt,
> mit dir die gleiche Bahn."(12)

3. Das Merkmal "Wahrheit" (Offb. 2,12-17)
Die Gemeinde zu Pergamon hielt an der Wahrheit, am
Namen Jesu, fest. Aber nicht alle ihrer Glieder.
Anstatt an Christus, der nicht nur der Wahrhaftige,
sondern die Wahrheit selbst ist, hielten sich diese
Kompromißler an die Lehre Bileams und die der Nikolaiten. Die Grenzen zwischen Wahrheit und Irrtum,
zwischen Christentum und Heidentum, zwischen göttlicher Offenbarung und natürlicher Weltreligion
wurden verwischt. Man wurde in Pergamon milder,
toleranter, großzügiger. Man sah den Unterschied
zwischen dem Leben im Geist und dem Leben im Fleisch
nur noch durch verblendete Augen und umnebelte Lu-
pen. Und das ging alles auf Kosten der Wahrheit.

4. Das Merkmal "Heiligkeit" (Offb. 2,18-29)
Die Gemeinde in Ephesus übte Gemeindezucht ohne
Liebe, bei der Thyatiragemeinde war Liebe, aber
keine Gemeindezucht. Da fehlte es an Respekt vor
Reinheit und Heiligkeit. Das war das fehlende Merk-
mal. Hier gab es eine Toleranz auf moralischem Ge-

biet. Unmoral und Unzucht in der Gemeinde wurden
geduldet. Das erinnert mich an die Worte meines
sehr geschätzten Lehrers, Dr. A. H. Unruh, der in
einer Vorlesung über die Sendschreiben in die Lese-
halle hineinrief: "Brüder, es gibt eine Toleranz
zum Tode. Davor bewahre euch der Herr!" Thyatira
war dieser "Toleranz zum Tode" anheimgefallen, und
das alles auf Kosten der Reinheit und Heiligkeit.
Eine tolerante Thyatiragemeinde ist eine gefährde-
te Gemeinde. Ihre Gefahr kommt nicht von außen,
sondern liegt im Kreis ihrer Glieder. Die Lehre
einer falschen Toleranz ist die gefährlichste Lehre
irgendeiner Gemeinde.

5. Das Merkmal "Echtheit" (Offb. 3,1-6)
Die Gemeinde zu Sardes hatte den Ruf, daß sie lebte,
aber sie war tot. Die Differenz zwischen Sein und
Schein trat da so kraß in Erscheinung, wie der
Unterschied zwischen Leben und Tod. Da war noch
Lebensform, aber kein Leben, da war noch Lebens-
hülle, aber kein Inhalt. Die Sardesgemeinde hatte
Wortverkündigung, aber sie lebte nicht nach dem
Wort, das sie verkündigte, da war echtgläubige
Lehre, aber scheinheiliges Leben, da war ein impo-
nierender Gemeindeapparat, aber alles drehte sich
im Leerlauf. Es stimmt, da gab es keine Bileamiten,
auch keine Nikolaiten, keine Isebelianer, - aber
auch keine Geistesfrucht.(13) Es fehlte an der Echtheit, an der Wirklichkeit, an der Realität des
geistlichen Lebens.

6. Das Merkmal "Bereitschaft" (Offb. 3,7-13)
Eine Philadelphiagemeinde ist immer eine Gemeinde
mit großen Gelegenheiten für missions-evangelisti-
schen Dienst in der Welt. Doch darüber hinaus ist
sie eine Gemeinde, die bereit ist, alle Dienstge-
legenheiten wahrzunehmen. Sie weiß von den Schlüs-
seln in der Hand ihres Herrn und von den offenen
Türen zu seinen Schatzkammern. Sie steht dem Herrn
zur Verfügung als Haushälterin und steht stets in

wachsamer Bereitschaft ihm zu Diensten da. Auch
weiß sie von der Verheißung der "Säule im Tempel
Gottes". Gerade darin liegt ihre Zuversicht, selbst
in Zeiten der sie schier überwindenden Schwachheit
sich auf seine Kraft zu verlassen, die in den
Schwachen mächtig ist.(14) Worauf es in allen Situationen ankommt, ist geistliche Bereitschaft, dem
Herrn zu jeder Zeit zu Diensten zu stehen. Selbst
die Krise der Mission und die Drohungen von ferne
halten die Gemeinde davon nicht zurück.

7. Das Merkmal "Ganzheit" (Offb. 3,14-22)
Halbherzigkeit ist immer Zeichen der Unentschiedenheit. In den Worten des Propheten Elia ist sie das
"Hinken auf beiden Seiten" (1.Kön. 17,21). In der
Laodiceagemeinde zeigt sich dieser Zustand zwischen
den zwei Polen Wärme und Kälte. Es ist die dem
Herrn widerliche Lauheit, Halbheit, die mangelnde
Ganzheit. Das erinnert mich an die kurzen Betrachtungen in Daniel Schäfers kleinem Büchlein <u>Auf dem
Friedhof der Gestrandeten</u>. Da spricht der Verfasser
von "Lots Weib, gestrandet durch geteiltes Herz."
(15) Das geteilte Herz steht, wie die Laodiceagemeinde, auf dem Punkt der Lauheit: da ist zuviel
Wärme, um kalt zu sein, und zu viel Kälte, um warm
zu sein. Da kann es schwer zu einer Ganzheit kommen, die der Herr den Seinen abverlangt. Ein ganz
"kalter" Mensch weiß, daß er sich bekehren muß,
aber ein "angewärmter" Laodiceachrist meint, daß
er bekehrt ist und nichts weiter bedarf. Er will
mit einer Hand Jesus fassen, mit der andern aber
die Welt nicht lassen. Mit einem Fuß steht er zwar
auf Zionswegen, mit dem andern aber bleibt er auf
Sodomsstegen. Mit den Lippen singt er ein frommes
Lied, aber von Herzen ist er kein lebendiges Gemeindeglied. Vor den Menschen tut er kirchlich
fromm und religiös, aber in Wirklichkeit ist er
halb und lau und blind und bloß.(16) So sind Laodiceachristen, Beinahchristen, Halbchristen,
Scheinchristen, Namenchristen. Die Drohung hängt

über ihnen, von dem Herrn der Gemeinde ausgespien, vom großen Arzt aufgegeben zu werden. Der Herr will sie heilen mit Salbe, er will sie kleiden mit reinem Gewand, er will ihr zur Ganzheit verhelfen.

C. BUSSE ALS WEG ZUR HEILUNG

Die genannten Merkmale der lebendigen Gemeinde sollen uns als Maßstab dienen, wenn wir uns selbst prüfen. Es ist enttäuschend, daß nur zwei der sieben Gemeinden die gewünschten Merkmale kundtun. Wenn wir uns nun den Spiegel des Wortes vorhalten, dann fragen wir uns: Wie steht es da wohl bei mir und bei meinen Brüdern und Schwestern (denn ich trage seelsorgerliche Verantwortung für sie) mit der Liebe, die bei Ephesus fehlte? Und wie stelle ich mich zu den Leiden, die über Smyrna ergingen, wäre ich bereit, in solcher Weise das Kreuz zu tragen, wie sie? Wie ist es mit der Wahrheit und Aufrichtigkeit als Glied am Leibe Christi bestellt? Und was tue ich mit der Heiligkeit und der Reinheit, handle ich da vielleicht so wie Thyatira, die tolerant im Namen der Freiheit und Weitherzigkeit über alles Unreine hinwegsah, als bestünde es nicht? Wie steht es mit der Echtheit, mit der Differenzierung zwischen Sein und Schein? Wie handle ich, wenn die offenen Türen da sind? Welche Faktoren bestimmen da wohl meine Entscheidung zur Bereitschaft, die Gelegenheit zum Dienst wahrzunehmen? Endlich kommt die ganz gefährliche Laodiceasituation von der Lauheit und Halbheit. Der Herr aber verlangt Ganzheit. Kann ich da wohl ungeteilten Herzens sagen: "Um einen ewgen Kranz mein armes Leben ganz!"? Diese und viele andere Fragen muß jeder Missionar, jeder Evangelist, jeder Gemeindearbeiter, jeder Christ, sich stellen und sie beantworten.

Nach der Diagnose des Gesundheitszustandes der Gemeinde gibt der Herr immer das Rezept zur Heilung.

In den meisten Fällen ist es Buße. Ein schwerer
Weg, aber ein sehr heilsamer. Wie der Sünder in der
Ferne, so findet auch der Laodiceachrist, der sich
entfernt hat, nur in Jesus, dem großen Arzt, seine
Vergebung und Heilung. Dazu schrieb der Amerikaner
William Hunter schon vor mehr als hundert Jahren:

"Der große Arzt ist jetzt uns nah,
der liebe, teure Jesus.
Er ist mit seinem Troste da,
kein Heil ist außer Jesus."(17)

Als die alttestamentliche Gemeinde Gottes in allerlei Leiden gekommen war, fragte der Prophet: "Gibt es denn keinen Balsam mehr in Gilead? Ist denn kein Arzt mehr da?" (Jer. 8,22). So fragen auch wir heute aus Sorge um die Laodiceagemeinde, die einer geistlichen Kinderlähmung verfallen ist und scheinbar nicht mehr frei wird. Sie ist allseitig behindert und wächst weder nach innen noch nach außen. "Gibt es denn keinen Balsam mehr? Ist denn kein Arzt mehr da?" Doch, einen Arzt gibt es schon und Balsam gibt es auch. Der Herr der Gemeinde ist der Arzt, des Leibes Heiland. Er bietet der Gemeinde Salbe an (Offb. 2,5.16.21; 3,3.19). Die Heilung wird angesagt: "Bei ihm ist viel Vergebung" (Jes. 55,7).

Das Wort von der Buße ist ein gewaltiges Wort für die heutige Missionstheologie, ein großes Wort für die Gemeindewachstumsbewegung, denn gerade in der Christusverkündigung, mit der sich beide fleißig beschäftigen, liegt die Kraft zur Buße. Dazu hat Adolf Pohl in der Wuppertaler Studienbibel ein treffendes Wort geschrieben: Sobald die Christusverkündigung erlahmt, behauptet Pohl, "kann Buße auch beim besten Willen nur noch gespielt werden."(18)
Bei der Zustandsdiagnose der Gemeinde kommt es jedoch nicht auf das Buße spielen an, sondern auf das Buße tun.

"Wer Ohren hat, der höre, was der Geist den Gemeinden sagt!" (Offb. 2,7.11.17.29; 3,6.13.22).

V. BEWERTUNGSINSTRUMENTE

A. ZAHLEN UND STATISTIK

Jede Lokalgemeinde oder ganze Konfession, die es mit Erforschung und Bewertung ihres eigenen Zustandes ernst nimmt, wird mit einer bloßen Vergeistlichung der Sachlage nicht zufrieden sein, sondern wird Schritte unternehmen, die zur sachlichen Situationsdiagnose führen. Die Gemeindewachstumsbewegung gibt gerade dazu manche Winke.(19) Dabei geht es natürlich ohne präzise Statistik zur quantitativen Bewertung nicht ab. Man wirft McGavran und seinen Schülern oft vor, daß sie einem Zahlenwahn verfallen sind. Doch solche Kritik kann kaum begründet werden. Es stimmt schon, daß Zahlen in der Gemeindewachstumsbewegung eine wichtige Rolle spielen. Doch nicht, um sich großer Zahlen zu rühmen, sondern vielmehr, um durch genaue statistische Daten feststellen zu können, wie die Gemeinde wächst und wie das Wachstum gefördert werden kann.

1. Die Sprache der Zahlen
Von einer amerikanischen Konfession wird der geistliche Zustand unter dem allgemeinen Thema "Wo bleiben die Neubekehrten?" berichtet und durch folgendes Zahlenbild dargestellt:

    20% der Glieder dieses Gemeindebundes beten nie,
    25% lesen nie selbst in der Bibel,
    30% besuchen nie die Versammlung der Gläubigen,
    40% geben keine finanziellen Gemeindebeiträge,
    50% besuchen nie die Sonntagsschule und
        vertiefende Kurse,

70% geben keine Beiträge für die Äußere Mission
80% nehmen an keinen Gebetsstunden teil,
90% haben keine Familienandacht in ihren Heimen
95% gewinnen nie einen Menschen für Jesus Christus.(20)

Dieses abgerundete Zahlenbild gibt eine Situationsbeschreibung, die nicht nur Schäden aufdeckt, sondern auch Anleitung gibt, konkrete Schritte zur Behebung und Heilung derselben zu unternehmen. Wenn man z. B. weiß, daß 70% der Mitglieder eines ganzen Gemeindebundes keine Gelder für Äußere Mission geben, dann muß an diesem Problem gearbeitet werden. Der Herr deckt in den Sendschreiben erst die Probleme auf und dann gibt er die Lösung für dieselben.

2. Statistik weist Fortschritt und Rückgang auf
Wenigstens zehn der größten Gemeindebünde der Vereinigten Staaten, die im Jahre 1967 laut statistischen Angaben eine Gesamt-Mitgliederzahl von über 77 Millionen registrierten, hatten seit der Kolonialära beständiges Wachstum zu verzeichnen. In den sechziger Jahren jedoch begann das Tempo der bisherigen Zunahme sich zu verlangsamen, bis es zum Stillstand kam. Gegen Ende des vergangenen Jahrzehnts wurde der 200 Jahre lange Trend des Wachstums ins Gegenteil verwandelt und die Gliederzahl begann rapide abzunehmen.(21) Das Gesamtbild läßt sich am besten durch eine Tabelle veranschaulichen (siehe Schaubild V).

Ein zu den großen Konfessionen gehörender Prediger teilte mir persönlich mit, daß seine Denomination in den letzten drei Jahren an die 5 000 Mitglieder jährlich verloren habe. Die Gründe dafür sowie die Lösung dazu hat der amerikanische Methodistenprediger Dean M. Kelley, der in dem National

Council of Churches ein verantwortliches Amt hat, ausführlich besprochen.(22) Er macht unter anderem auf einige beachtenswerte Richtlinien aufmerksam, deren Sinn ich hier versuche wiederzugeben. Konservative Gemeinden, behauptet Kelley, sind wachsende Gemeinden:

1. Alle, die es mit ihrem Glauben ernst nehmen, verwechseln ihn nie mit dem Glauben anderer Konfessionen oder Religionen. Sie bleiben ihrem Glauben treu und wissen sich auf allen Gebieten der Lebensführung von ihm bestimmt. Auch denken sie weder daran, ihren Glauben mit dem anderer zu vermischen, noch so zu tun, als ob er prinzipiell derselbe wäre, wenn er in Wirklichkeit anders ist.

2. Alle, die es mit ihrem Glauben ernst nehmen, verschweigen ihn nicht, sondern reden freimütig davon zu andern. Auch dulden sie nicht, daß jemand aus ihrer Mitte verächtlich darüber redet, als ob der Glaube für Leben und Wandel in der Welt und Beziehung zu Mitmenschen keine Bedeutung habe.

3. Solche, die es mit ihrem Glauben ernst nehmen, stellen hohe Forderungen an diejenigen, die sich ihrer Konfession anschließen wollen. Wer nicht willig ist, sich den Bedingungen unterzuordnen, wird einfach nicht aufgenommen. Auch wird keiner in der Gemeinde geduldet, der sich nicht voll und ganz den Gemeinderegeln unterstellt. Mit andern Worten, die wachsenden Gemeinden sind Gemeinden, die Gemeindezucht üben.

4. Alle, die es mit ihrem Glauben ernst nehmen, ermutigen niemanden, noch erlauben sie sich selbst, die Gemeinderichtlinien zu verletzen, die für alle Mitglieder bindend bleiben und als "heiliges Vermächtnis" angesehen werden.

Laut Kelleys Feststellungen sind es nicht die laxen

und liberalen Gemeinden, die wachsen und zunehmen, sondern die strengen und konservativen. Als historische Beispiele solcher Gemeinden, die es mit ihrem Glauben und Leben ernstnahmen, weist Kelley auf die Täufer im 16. und auf die Wesleyaner im 18. Jahrhundert hin und rät den Gemeinden von heute, denen es um Wachstum zu tun ist, ähnlich zu handeln:

    1. Die Aufnahme neubekehrter Christen in die Gemeinde sollte ernstlich geprüft werden.

    2. Die äußere Vorbereitung und innere Bereitschaft zur Aufnahme der jungen Christen in die Gemeinde sollte ernstlich geprüft werden.

    3. Man sollte sich in der Gemeinde in kleineren Gruppen und Bibelkreisen versammeln, gegenseitig tragen, ermutigen, ermahnen und helfen.

    4. Die Gemeinde sollte von allen Mitgliedern dauernde Beständigkeit und Treue fordern.

    5. Der Wandel der Gemeindeglieder darf weder von Außenstehenden bestimmt, noch nach deren Norm geführt werden.(23)

B. PRÜFUNGEN ZUR GEMEINDEBEWERTUNG

Nachstehend sind einige Prüfungsmethoden genannt, die jedes Gemeindeglied der Lokalgemeinde ausfüllen _könnte_ und jeder Gemeindearbeiter ausfüllen _sollte_.(24) Die Antworten sind durch angegebene Leitworte, durch einen Kreis um die entsprechende Zahl, oder durch einen Haken am gegebenen Ort einzusetzen. Es ist ratsam, nur einen Test auf einmal zu schreiben, die Bewertung durchzuführen und in der Kraft des Heiligen Geistes danach zu streben,

V. SCHAUBILD

EIN TREND IN DEN USA

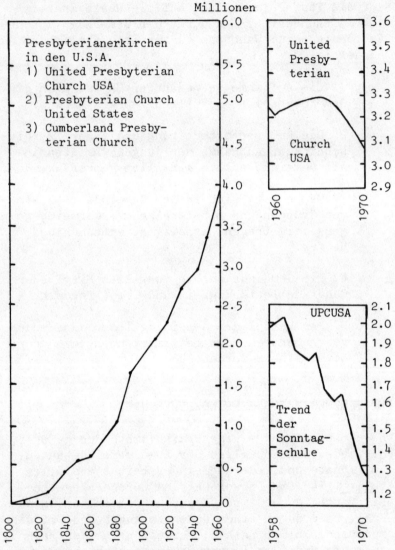

Quelle: Dean Kelley, Why Conservative Churches Are Growing, S. 7.

wenigstens 90% positiv ausfüllen zu können, bevor
man eine zweite Prüfung unternimmt.
(Anm. des Verlags: Die Testbogen können auch separat nachbezogen werden, pro Blatt DM -.10).

Test 1: Pulsschlag der Gemeinde nach der Schrift

Die hier angeführten Bibelauszüge beschreiben Wesen und Funktion der Gemeinde. Jedes Gemeindemitglied sollte diese Worte in ihrem Zusammenhang lesen, sich selbst im Spiegelbild derselben prüfen und dann versuchen, die Gemeinde sachlich zu bewerten, um festzustellen, inwiefern sie der biblischen Gesundheitsnorm entspricht. Man mache am besten je nach seinem Urteil einen Kreis um die entsprechende Zahl rechts auf dem Blatt. Wenn man z.B. bei jeder Frage einen Kreis um die 5 macht, dann ergibt die Zensur ein Resultat von 100%.

(normal - unmormal)

1. Die Gemeinde als Leib Christi und seine Glieder: "Ihr seid Christi Leib und jeder einzelne an seinem Teil ein Glied daran" (1.Kor. 12,27).   5 4 3 2 1

2. Die Gemeinde als Salz der Erde: "Ihr seid das Salz der Erde. Wenn das Salz seinen Geschmack verliert, wie soll es seine Salzkraft wiedergewinnen?" (Matth. 5,13).   5 4 3 2 1

3. Die Gemeinde als Licht in der Welt: "Ihr seid das Licht der Welt. So laßt euer Licht leuchten vor den Menschen!" (Matth. 5,14).   5 4 3 2 1

4. Die Gemeinde als Täter des Wortes: "Werdet aber Täter des Wortes und begnügt euch nicht mit dem bloßen Hören!" (Jak. 1,22).   5 4 3 2 1

5. Die Gemeinde als die Zeugin Christi: "Ihr werdet meine Zeugen sein... Die Zerstreuten gingen hin   5 4 3 2 1

und verkündigten das Evangelium (Apg. 1,8, 8,4).

6. Die Gemeinde als Anbeterin 5 4 3 2 1
Gottes: "Die wahren Anbeter beten
den Vater im (Heiligen) Geist und
in der Wahrheit an" (Joh. 4,23).

7. Die Gemeinde macht ihre Freude 5 4 3 2 1
am Herrn kund: "Freuet euch! Daß
doch alle Menschen etwas merken
möchten von eurer Güte!" (Phil. 4,4-5).

8. Die Gemeinde bekundet Gebefreu- 5 4 3 2 1
digkeit:"Trotz großer Armut haben
sie überwältigende Beweise ihrer
Gebefreudigkeit erbracht... Sie
haben nach Kräften, ja über ihre
Kräfte, geopfert" (2.Kor. 8,2-3).

9. Die Gemeinde wacht treu über 5 4 3 2 1
ihrem Apostolat: "Ich sende euch,
wie mich der Vater gesandt hat"
(Joh. 20,23). "Die Gemeinde zu
Antiochien fastete, betete und
legte dann Barnabas und Saulus
die Hände auf und ließen sie ziehen" (Apg. 13,1-3).

10. Die Gemeinde vergibt und ihr 5 4 3 2 1
wird vergeben: "Vergebt euch gegenseitig, wie ja Gott in Christus
auch euch vergeben hat" (Eph. 4,32).

11. Die Gemeinde liebt und wächst in 5 4 3 2 1
der Liebe: "So vollzieht sich das
ganze Wachstum des Leibes, und er
wird aufgebaut im Geist echter Liebe"
(Eph. 4,16).

12. Die Gemeinde forscht viel in	5 4 3 2 1
der Schrift: Die Leute zu Beröa
"nahmen das Wort mit aller Bereit-
willigkeit auf und forschten täglich
in der Schrift, ob es sich so ver-
hielte" (Apg. 17,11).

13. Die Gemeinde lehrt durch ihre	5 4 3 2 1
Lehrer: "Lehret sie halten alles,
was ich euch befohlen habe" (Matth.
28,20). "Sie blieben aber beständig
in der Apostel Lehre" (Apg. 2,42).

14. Die Gemeinde hört gerne das	5 4 3 2 1
Wort: "Für uns, die wir uns retten
lassen, ist das Wort eine Kraft
Gottes" (1.Kor. 1,18).

15. Die Gemeinde nimmt ständig an	5 4 3 2 1
Gliedern zu: "Der Herr aber tat
hinzu täglich, die da selig wurden,
zu der Gemeinde" (Apg. 2,47).

16. Die Gemeinde übt Gastfreund-	5 4 3 2 1
schaft nach dem Wort: "Erweist gern
Gastfreundschaft!" (Röm. 12,14).

17. Die Gemeinde sucht immer, den	5 4 3 2 1
Willen Gottes zu tun: "Laßt euch
umwandeln und eine neue Gesinnung
schenken! Dann werdet ihr auch im-
stande sein, zu prüfen und zu erkennen, was Gottes Wille ist"
(Röm. 12,2).

18. Die Gemeinde hegt eine lebendige	5 4 3 2 1
Hoffnung: "Ein jeglicher, der solche
Hoffnung hat zu ihm, der reinigt sich,
gleichwie er auch rein ist" (1.Joh.
3,3).

19. Die Gemeinde weiß sich in Glau- 5 4 3 2 1
ben und Hoffnung getragen: "Es ist
aber Glauben ein festes Vertrauen
auf das, was man hofft" (Hebr. 11,1).

20. Die Gemeinde wartet auf das 5 4 3 2 1
Kommen Jesu: Die Gemeinde ruft
als Braut: "O komm, Herr Jeus!"
(Offb. 22,20).

Das Ergebnis dieser Prüfung ergibt .... Punkte
=   %

Test 2: Bewertung des Gemeindeprogramms

Nach sorgfältiger Prüfung der genannten Dinge
setze man einen Haken zwischen die Klammern unter
den entsprechenden Wörtern.

	Sehr gut	Gut	Schwach	Schlecht
1. Musikalische Bestrebungen durch Chöre, Orchester und andere Gruppen.	( )	( )	( )	( )
2. Gesang in der Versammlung.	( )	( )	( )	( )
3. Christliches Erziehungsprogramm unter Erwachsenen, Kindern und Jugendlichen.	( )	( )	( )	( )
4. Versammlungsbesuch der Gemeindeglieder.	( )	( )	( )	( )
5. Beiträge und Gaben zum Bau der Gemeinde.	( )	( )	( )	( )

	Sehr gut	Gut	Schwach	Schlecht
6. Gastfreundschaft und Herzlichkeit den Gästen und Besuchern gegenüber.	( )	( )	( )	( )
7. Das Evangelisationsbestreben in der Umgebung.	( )	( )	( )	( )
8. Der Missionseinsatz in der Welt.	( )	( )	( )	( )
9. Statistische Angaben für Gliederzahl, finanzielle Beiträge, Sterbefälle, Bekehrungen usw.	( )	( )	( )	( )
10. Das Friedenszeugnis der Gläubigen.	( )	( )	( )	( )
11. Einigkeit unter den Gemeindegliedern.	( )	( )	( )	( )
12. Das Verhältnis der Gemeinde zur Bibel.	( )	( )	( )	( )
13. Die organisatorischen Strukturen.	( )	( )	( )	( )
14. Beteiligung der Frauen in der Gemeinde.	( )	( )	( )	( )
15. Teilnahme der Jugend am gesamten Programm.	( )	( )	( )	( )
16. Das Gebetsleben der Gläubigen.	( )	( )	( )	( )

	Sehr gut	Gut	Schwach	Schlecht
17. Die Predigten.	( )	( )	( )	( )
18. Ruf zur Entscheidung durch die Predigt.	( )	( )	( )	( )
19. Beziehung zwischen Gemeinde und Prediger.	( )	( )	( )	( )
20. Beziehung zwischen Laien und Ordinierten.	( )	( )	( )	( )

Test 3: Missionarisch-evangelistischer Einsatz der Gemeinde

Diese Prüfung sollte sorgfältig durchgelesen und dann unter Gebet beantwortet werden. Als Antwort zu jedem Satz setze man ein "ja" oder ein "nein" an den gegebenen Platz. Wo eine klare Antwort nicht gegeben werden kann, da sollte eine kurze Erklärung folgen. Wenn der gegebene Platz ungenügend ist, benutze man einen separaten Bogen Papier.

(ja) (nein) (Erklärung)

1. In der Gemeinde beteiligen sich alle Ältesten, Prediger, Missionare, Evangelisten, Diakonissen und Diakone am missionarisch-evangelistischen Einsatz.

2. Die Laien nehmen an diesem Einsatz aktiv teil.

3. Die Gemeinde betet um Arbeiter für die Ernte

(ja) (nein) (Erklärung)

4. Die Lehrer und Prediger bemühen sich, daß die Jugend für Mission inspiriert und geschult wird. ___ ___ _____

5. Die Lehrer und Prediger der Gemeinde tragen darum Sorge, daß alle Glieder über Begriffe wie Gemeinde, Mission, Evangelisation und Bekehrung biblisch orientiert werden. ___ ___ _____

6. Die Gemeinde sieht in der Verkündigung zur Ehre Gottes die Priorität der Mission. ___ ___ _____

7. Die Gemeinde sieht ihre Mission in erster Linie im sozialpolitischen Engagement. ___ ___ _____

8. Verkündigung und Dienst gehören in der Mission zusammen. ___ ___ _____

9. Die Gemeindeglieder versuchen, sich mit Ungläubigen der Umgebung zu befreunden und sie mit dem Evangelium zu erreichen. ___ ___ _____

10. Die Gemeinde geht planmäßig in der Evangelisierung ihrer Umgebung vor. ___ ___ _____

	(ja)	(nein)	(Erklärung)

11. Die Gemeinde evangelisiert durch das Zeugnis ihrer Glieder im beruflichen Alltagsleben. ___ ___ _____

12. Die Gemeinde evangelisiert durch evangelistische Versammlungen. ___ ___ _____

13. Die Neubekehrten werden der Gemeinde zugeführt. ___ ___ _____

14. Die Gemeinde ist eine wachsende Gemeinde. ___ ___ _____

15. Die Gemeinde sendet Missionare ins Ausland. ___ ___ _____

16. Die Gemeindemission führt zum Gemeindewachstum. ___ ___ _____

Test 4: Persönliche Beziehung zu Christus und seiner Gemeinde

Jede Ortsgemeinde besteht aus einzelnen Gliedern. Das geistliche Niveau der Gesamtgemeinde steht nie höher als das der einzelnen gläubigen Glieder. Darum sollte jeder persönlich seine Beziehung zum Herrn und zur Gemeinde des Herrn ernstlich prüfen und messen.

(ja) (nein)

1. Ich bin ein wiedergeborener und getaufter Christ.   ( ) ( )

                                          (ja) (nein)

2. Ich bin Mitglied einer Ortsgemeinde und arbeite aktiv an ihrem
Missionsprogramm mit.   ( ) ( )

3. Als Christ kann ich allein stehen,
ohne zu einer Ortsgemeinde oder Gemeinschaft der Gläubigen zu gehören.   ( ) ( )

4. Ich lese beständig meine Bibel zur
persönlichen Andacht und Erbauung.   ( ) ( )

5. Ich bete für andere Brüder
und Schwestern.   ( ) ( )

6. Ich bete täglich namentlich für
gewisse Personen.   ( ) ( )

7. Während des letzten Monats habe
ich eine konkrete Gebetserhörung
erlebt.   ( ) ( )

8. In Gebetskreisen oder Bibelstunden spreche ich gerne und frei
von meinen Gebetserhörungen.   ( ) ( )

9. Ich gebe wenigstens den Zehnten
für missionarisch-evangelistische
Zwecke der Gemeinde.   ( ) ( )

10. Ich glaube an die Förderung von
Gerechtigkeit und Frieden durch
Gemeindeeinsatz.   ( ) ( )

11. Ich würde in der Gemeinde gerne
mehr über Mission und Evangelisation
lernen.   ( ) ( )

                                          (ja) (nein)

12. Ich bin über die missionstheologische Situation in der Welt ge-
nügend unterrichtet.   ( ) ( )

13. Ich kenne meine Nachbarn und bin
mit ihrer geistlichen, wirtschaft-
lichen und sozialen Situation ver-
traut.   ( ) ( )

14. Während des letzten Monats habe
ich wenigstens zu einem ungläubigen
Freund von der Liebe Gottes in
Christus gesprochen.   ( ) ( )

15. Ich lade Ungläubige zu den
Gottesdiensten in die Kirche ein.   ( ) ( )

16. Ich spreche unbefangen zu
andern von Jesus.   ( ) ( )

17. Ich nehme an einem Hausbibel-
kreis teil.   ( ) ( )

18. Ich lade Nachbarn zu Bibel-
kreisen ein.   ( ) ( )

19. Der Herr ruft mich, in die
Mission zu gehen.   ( ) ( )

20. Ich bin um das Wachstum der
Gemeinde besorgt.   ( ) ( )

LITERATURNACHWEIS

(1) Key 73 Congregational Resource Book: Calling Our Continent to Christ, St. Louis 1972.

(2) Vgl. Vergil Gerbers "Handbuch für Evangelisation und Gemeindeaufbau", deutsches Manuskript von Hermann Bühler und Hans Kasdorf. Siehe Literaturnachweis zu Kapitel 8.

(3) Johannes Schneider, Die sieben Sendschreiben der Offenbarung Jesu Christi, Basel 1946.

(4) Vgl. George Huntston Williams, "A People in Community: Historical Background" in The Concept of the Believers' Church, hg. von James Leo Garrett, Jr., Scottdale, Pa. 1969, S. 97-142.

(5) Johannes Calvin, "Die wahre Kirche" in: Der Glaube der Reformatoren, hg. von Franz Lau, Bremen 1964, S. 470.

(6) Menno Simons, Complete Writings, aus dem Holländischen von Leonard Verduin, hg. von John Christian Wenger, Scottdale, Pa. 1956, S. 739-742.

(7) von Sauberzweig, Er der Meister, S. 255.

(8) Ebenda, S. 256-257.

(9) Schneider, Sendschreiben, S. 8.

(10) John R. W. Stott, What Christ Thinks of the Church, Downers Grove (Illinois) 1972, S. 20.

(11) Vgl. Strachan, Inescapable Calling, S. 69f.

(12) Zit. bei Heinrich Müller, Dem Überwinder die Krone, Lieme/Lippe 1959, S. 20.

(13) Vgl. Schneider, Sendschreiben, S. 56-57.

(14) Vgl. Stott, What Christ Thinks, S. 113.

(15) Daniel Schäfer, Auf dem Friedhof der Gestrandeten, Neuffen 1953, S. 9.

(16) Vgl. ebenda, S. 10, 40 u. 41.

(17) Gesangbuch der MBG.

(18) Adolf Pohl, Wuppertaler Studienbibel: Die Offenbarung 1. Teil, Wuppertal 1969, S. 103.

(19) Vgl. Gerber, Manual, S. 62f. und den Literaturnachweis zu Kapitel 1, besonders die Schriften von McGavran und Tippett.

(20) Nach Wieske, Quelle des Lebens, 14. Jg. Nr. 5, S. 93. Dr. Julius Freytag berichtet, daß etwa 77% der Einwohner Hamburgs zur protestantischen Kirche gehören, aber kaum 10% ihre Gottesdienste besuchen. Siehe J. Freytag u. K. Osaki, Nominal Christianity, New York 1970, S. 47.

(21) Dean M. Kelley, Why Conservative Churches are Growing, New York 1970, S. 1. (Eine deutsche Ausgabe wird vom Hänssler-Verlag, Neuhausen, für die Reihe "TELOS-Skript" vorbereitet).

(22) Das Buch von Kelley (s. Fußnote 21) ist in dieser Beziehung ausgezeichnet und sollte von jedem Gemeindearbeiter, dem es um gesundes Wachstum der Gemeinde geht, gelesen werden.

(23) Ebenda, S. 176.

(24) Der Austausch mit Kollegen in Schulen und Gemeinden hat mich zur Aufstellung der Tests und Prüfungen angeregt.

Kapitel 10

Zur Wachstumsbewertung der Ortsgemeinde

*"Greif an das Werk mit Freuden,
das dir von Gott beschieden."*

Herrnhuter Tageslosung

In der Gemeindewachstumsbewegung bedient man sich verschiedener Arten von statistischen Daten, Zahlen, Schaubildern und Tabellen als Instrumente, Funktion und Gesundheitszustand des Leibes Christi zu bewerten. Obwohl man sich in mancher Hinsicht immer noch im Entwicklungsstadium befindet, so hat man doch schon manches erarbeitet, was Ortsgemeinden, Denominationen und Missionsgesellschaften zur Überprüfung und Überholung ihrer gesamten missionsevangelistischen Einsätze geholfen und zum Wachstum der Gemeinde geführt hat.

Nachstehend befassen wir uns mit einigen Schritten, die als praktische Anleitung zur Bewertung und Förderung des gegenwärtigen Gemeindewachstums dienen könnten.(1)

I. MAN DEFINIERE GEMEINDEMITGLIEDSCHAFT

Genaue statistische Daten bilden immer gute Unterlagen für wissenschaftliche Gemeindebewertungen. Doch bevor man zu solchen Daten gelangen kann, muß man wissen, was wir unter der Bezeichnung "Gemeindemitglied" verstehen. Wir reden nach wie vor von der Gemeinde der Gläubigen, also von der Glaubensgemeinde, die aus allen Heiligen besteht, die Jesus Christus errettet hat, die der Geist Gottes treibt, in denen ER wohnt und die sich in dieser Welt unter Seiner Herrschaft als Jünger verbunden, geführt und verantwortlich wissen. Mit ihr ist weder eine Kirchenorganisation noch eine Denomination, weder Volkskirche noch Freikirche, weder Bekenntnisgemeinde noch Missionsgesellschaft zu identifizieren. Alle sind im besten Falle nicht mehr als schwache Spiegelbilder oder Dienstzweige des großen Leibes Christi. Diese una sancta, die eine wahre universale Gemeinde, findet aber in den örtlichen Lokalgemeinden ihren sichtbaren Ausdruck.

Wenn wir nun von Gemeindegliedern sprechen, dann reden wir nicht von Mitgliedern einer Konfession oder Denomination, noch von Mitgliedern eines christlichen Vereins oder einer Missionsgesellschaft, sondern von Mitgliedern lokaler Glaubensgemeinden, die dem Zweck und den Zielen der neutestamentlichen örtlichen Gemeinden, wie etwa Jerusalem, Antiochien und Kenchreä entsprechen (vgl. Apg. 8,1, 13,1, Röm. 16,1 und 16).(2) Damit soll aber nicht gesagt sein, daß Mitglieder verschiedener christlicher Organisationen nicht auch Gemeindeglieder sein können. Sehr oft sind gerade die treuen Gemeindemitglieder auch die besten und zuverlässigsten Mitglieder eines christlichen Vereins.

Die Kriterien für Mitgliedschaft in lokalen Gemeinden sind von einer Denomination zur anderen sehr verschieden. Alle Konfessionen z.B., die die Kindertaufe vollziehen, zählen alle Getauften, also einschließlich der Kinder, als Gemeindemitglieder. Bei solchen Kirchengruppen jedoch, wo nur die Großtaufe in Frage kommt, können weder Kinder noch Teenager zur Gemeinde gehören. Dann gibt es noch eine dritte Art von Glaubensgruppen, die weder von Kinder- noch von Großtaufe reden, sondern nur von der Glaubenstaufe. Diese wird nur an solchen vollzogen, die von einer persönlichen Bekehrung zu Christus wissen und Jesus als Erlöser und Herrn bekennen.

Viele organisierte Ortsgemeinden führen genaue Statistiken von ihren Mitgliedern, andere nicht. Die Gründe für solche Haltungen sind zahlreich und können hier nicht besprochen werden. Wir gehen aber von dem Standpunkt aus, daß die organisierte Ortsgemeinde nach biblischem Muster volles Existenzrecht hat und daß zu ihrem förmlichen Bestand auch die Mitgliedschaft gehört. In manchen Fällen ist es recht schwer, festzustellen, wer ein Mitglied ist und wer nicht. Der japanische Gelehrte der Missionsschule am Milligan College, Tetsunao Yamamori, hat sich mit diesem Problem der Mitgliedschaft auseinandergesetzt. Er weist ausführlich nach, daß man sich in pädobaptistischen Kreisen mit Vorliebe des Ausdrucks "Kommunikante" bedient, während man in baptistischen Reihen das Wort "Mitglied" vorzieht. In beiden Fällen, sagt Yamamori, dürfen weder Interessenten noch Versammlungsbesucher, weder Sucher nach Wahrheit noch unbekehrte Kinder, sondern nur bekehrte und auf den Namen des Herrn getaufte Gläubige, die eine gute Beziehung zu andern Gläubigen in der Lokalgemeinde pflegen und sich an ihrem Leben und Wirken aktiv beteiligen, als Gemeindemitglieder gezählt werden.(3) Daraufhin beschreiben wir ein Gemeindemitglied als ein Kind Gottes, das sich aus freiem Willen bekehrt hat, auf seinen Glauben an Christus im Namen des dreieinigen Gottes getauft wurde, sich einer örtlichen Glaubensgemeinschaft angeschlossen hat und an deren Wohl und Leiden von Herzen teilnimmt.

Wenn wir uns darüber klar sind, was ein Gemeindemitglied ist, kann ein weiterer Schritt in der Wachstumsbewertung unternommen werden.

II. MAN ERSTELLE EINE MITGLIEDSSTATISTIK

Wie schon gesagt, führen nur wenige Gemeinden ein genaues Namensverzeichnis ihrer Mitglieder; viele haben keine Listen. Das sollte aber niemanden entmutigen. Im Gegenteil: jeder sollte ermutigt sein, eine genaue Mitgliedsliste aufzustellen, um zu erfahren, ob die Gemeinde, zu der er gehört, wächst, abnimmt oder stillsteht. Auf Grund von Befragungen, Zählungen, Prüfungen und Informationen verschiedener Art läßt sich die Mitgliederzahl bald feststellen und zusammensetzen. Wie man dazu kommt, läßt sich am besten an einem aktuellen Situationsbild sehen, das ich einer örtlichen Brüdergemeinde entnehme, mit deren Problemen und Segnungen ich persönlich über fünf Jahre hinweg vertraut gewesen bin.(4) Wir konstruieren einige Tabellen und Schaubilder, die das Auf und Ab der Gemeinde seit 1. Januar 1963 bis 31. Dezember 1972, also in zehn Jahren, veranschaulichen (Schaubild VI, VII, VIII).

Das Ergebnis ist kein ermutigendes. Wenn eine Ortsgemeinde in zehn Jahren durch evangelistischen Einsatz nur 32 Mitglieder gewinnt und 20 durch Ausschluß oder Abfall und Entlassung verliert, dann spricht das von evangelistischem Versagen in der unmittelbaren Umgebung.

Wir haben vorhin schon gesagt: "Die Gemeinde muß evangelisieren - oder sterben." Das Fortbestehen der genannten Ortsgemeinde ist darum bedroht. Sie mag noch Gemeinschaft pflegen, die Lehre bewahren, sich am Dienst an Mitmenschen beteiligen, das Wort in ihren Gottesdiensten predigen, sogar Boten der Versöhnung als Missionare über kulturelle und geographische Grenzen hinweg senden, aber auf dem Gebiet des <u>martyrions</u> in der unmittelbaren Umgebung bleibt sie unbeteiligt. Damit hat sie ihr eigenes Schicksal besiegelt, es sei denn, sie vernimmt des Herrn Wort an die Sardesgemeinde, wacht auf und stärkt, was am Sterben ist (Offb. 3,2). Die Motivkräfte für qualitatives und organisches Wachstum erschlaffen, wenn quantitatives Wachstum aufgehört hat oder fast zum Stillstand gekommen ist.

VI. SCHAUBILD

ÜBERBLICK DER MITGLIEDERBEWEGUNG

	Jahresanfang	257	264	288	310	342	384	396	381	367	372
Zunahme	Evangelisation und Taufe	1	3	4	7	3	3	2	2	4	3
	Kinder gläubiger Eltern bekehrt und getauft	4	4	4	9	18	9	1	12	9	6
	Aus anderen Gemeinden	24	29	26	43	39	25	32	10	19	11
	Kinder gläubiger Eltern geboren	9	6	5	9	9	8	10	5	3	3
Abnahme	Entlassen oder ausgeschlossen	1	0	1	0	0	0	10	2	2	4
	Durch den Tod ausgeschieden	1	1	1	1	1	2	0	0	3	3
	An andere Gemeinden	20	10	10	26	17	24	40	36	22	11
	Jahresende	264	288	320	324	384	396	381	367	372	374

Quelle: Archiv der Butler Avenue Mennonite Brethren Church, Fresno

Ein flüchtiger Überblick zeigt, daß die Gemeinde in zehn Jahren von 257 auf 374 oder um 117 Glieder gewachsen ist. Das sind insgesamt etwa 46 % pro Jahrzehnt oder 4,6 jährlich. Um festzustellen, ob es eine gesunde Gemeinde ist, müssen wir erfahren, <u>wodurch</u> und <u>wie</u> sie gewachsen ist. Diese Feststellung machen wir am besten, wenn wir Zunahme und Abnahme gegenüberstellen und den Nettozuwachs berechnen:

Zunahme		Abnahme		Nettozuwachs
Bekehrung durch Evangelisation	32	Ausschluß und Entlassung	20	12 Mitglieder
Bekehrung von Kinder gläubiger Eltern	76	Durch den Tod ausgeschieden	13	63 Mitglieder
Aus anderen Gemeinden zugezogen	258	Umzug an andere Gemeinden	216	42 Mitglieder
Gesamtzunahme	366	Gesamtabnahme	249	117 Mitglieder

Um das Auf und Ab der Gemeinde besser überprüfen zu können, bringen wir die Wachstumsrate auf eine Kurvenzeichnung. Dabei bedienen wir uns der in Schaubild VI gegebenen Informationen für die Zunahme der Gemeinde (siehe Schaubild VII, VIIa, VIIb, VIIc, VIId) und stellen allein das quantitative Wachstum dar.

Die mittlere Kategorie von Schaubild VI enthält die Zahl der Kinder, die in gläubigen Häusern geboren wurden. Sie wird angegeben, damit man sieht, ob die Gemeinde über ihren biologischen Zuwachs hinaus zunimmt oder nicht. Die Zahl der Neugeborenen beträgt laut Angabe 67, während die der bekehrten und getauften Kinder aus gläubigen Familien im selben Jahrzehnt sich auf 76 beziffert. Das sagt nicht nur, daß die Geburtenrate abgenommen hat, sondern auch, daß der biologische Zuwachs der Gemeinde in den siebziger und achtziger Jahren niedriger sein wird als bisher. Somit besteht die einzige Aussicht auf Wachstum der Gemeinde in der Verstärkung ihres evangelistischen Einsatzes, damit ungläubige Menschen aus der Umgebung mit dem Evangelium konfrontiert und Christus und seiner Gemeinde zugeführt werden.

Ein Blick auf Schaubild VIIa zeigt, daß die Gemeinde zwischen 1969 und 1971 bedeutend an Gliedern verloren hat. Teils liegt die Erklärung darin, daß etwa sechs Familien sich einer Tochtergemeinde, die in einem anderen Stadtteil gegründet wurde, anschlossen. So gingen z. B. 1970 36 Mitglieder an andere Gemeinden ab, aber nur 10 kamen aus anderen Gemeinden hinzu. Außerdem aber deuten die Jahre einen Trend der Abnahme statt Zunahme an, was allgemein eine Kundgabe vom "Leiden der Kirche" sein kann, wie der Hamburger Theologe Helmut Thielicke sich im Titel eines Buches ausdrückt.(5)

Dieselben statistischen Daten können auch auf einer

VII. SCHAUBILD

DETAILLIERTES BILD QUANTITATIVEN WACHSTUMS

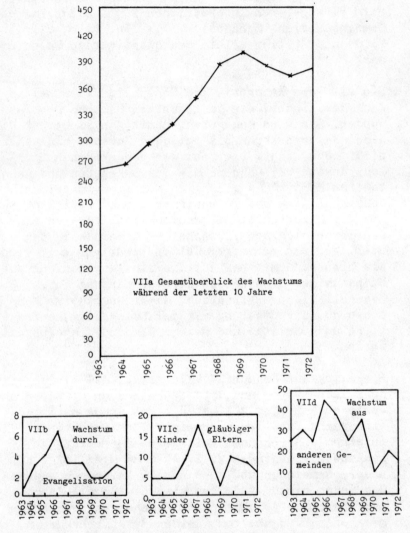

Quelle: Archiv der Butler Avenue Mennonite Brethren Church, Fresno

Säulenzeichnung dargestellt werden. Solche Darstellung (siehe Schaubild VIII) bietet selbst einem ungeschulten Auge ein exaktes Bild von Zunahme und Abnahme der Gemeinde.

III. MAN PRAKTIZIERE DAS ZEICHNEN VON TABELLEN

Die Gemeindestatistik gewinnt erst dann an Bedeutung, wenn sie übersichtlich dargestellt wird, wie etwa in Schaubild VII und VIII. Nur dann können Situation und Zustand der Gemeinde untersucht und Schritte zur Heilung unternommen werden. Bei der Kurvenzeichnung (Schaubild IX) sind folgende Schritte zu beachten: Zuerst zeichne man von links nach rechts eine horizontale Linie und darunter setze man die Jahre für den gewünschten Zeitabschnitt, etwa für ein Jahrzehnt (siehe IXa). Dann ziehe man vom linken Ende der Horizontlinie eine gerade Linie nach oben. Links an dieser Linie werden die Mitgliederzahlen angegeben, wie Schaubild IXb es zeigt. Schaubild IXc ist eine einfache Tabelle, die als dritter Schritt Wachstum und Gliederzahl der Gemeinde für jedes Jahr angibt. Diese Zahlen können dann dazu dienen, die Zeichnung auszufüllen, indem man sie den Jahren von links nach rechts und den Zahlen von unten nach oben entsprechend durch Punkte aufs Papier bringt. (IXd) Beim letzten Schritt verbindet man die Punkte mit geraden Linien, und das Schaubild ist fertig.

IV. MAN KALKULIERE DIE WACHSTUMSRATE

Wir bedienen uns am besten eines hypothetischen Beispiels der "Gemeinde am Orobach". Vor zehn Jahren zählte sie 25 Glieder. Der heutige Mitgliederbestand ist 275. Die Wachstumsrate pro Jahrzehnt besteht also aus einem sehr hohen Prozentsatz. Die jährliche Zunahme jedoch beträgt durchschnittlich

VIII. SCHAUBILD

SÄULENZEICHNUNG VON ZUNAHME UND ABNAHME

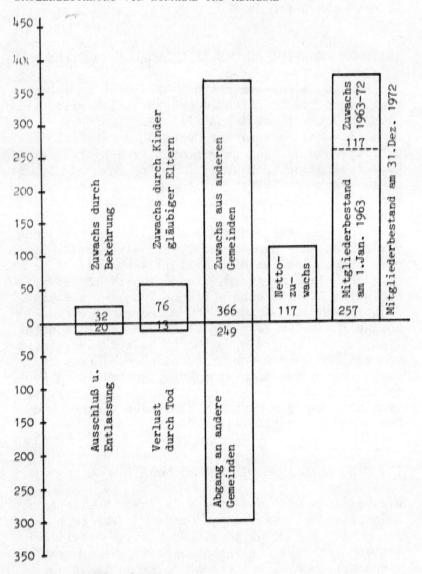

Quelle: Archiv der Butler Avenue
Mennonite Brethren Church, Fresno

IX. SCHAUBILD

SCHRITTE ZUR TABELLENZEICHNUNG

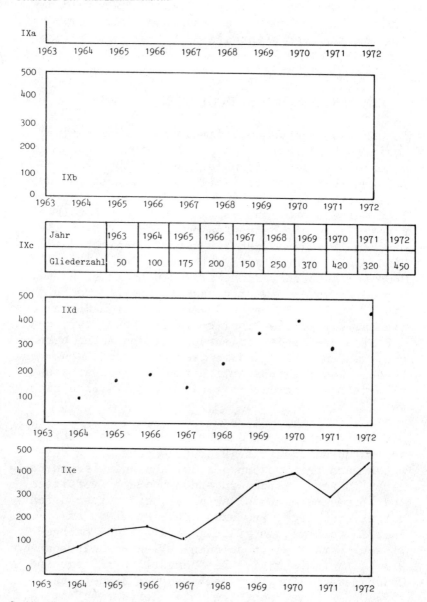

Quelle: Nach Gerber, A Manual for Evangelism/Church Growth, S. 44-46 (Umgearbeitet von H.K.).

nur 25 Mitglieder. Wenn wir diese Wachstumsrate auf eine Kurvenzeichnung übertragen, dann gibt das ein imponierendes Bild, stellen wir sie aber in einer Säulenzeichnung dar, die den prozentualen Zuwachs klar zeigt, dann sieht die Sache ganz anders aus (siehe Schaubild X).

V. MAN BERECHNE DEN BIOLOGISCHEN ZUWACHS

In einigen nichtkatholischen Ländern Westeuropas sowie in Nordamerika ist die Geburtenrate bis auf unter ein Prozent gesunken. Das ist aber in der Dritten Welt nicht der Fall. Da berechnet man den biologischen Zuwachs einer Gemeinde durchschnittlich auf 25% pro Jahrzehnt, je nach der Bevölkerungszunahme des betreffenden Landes. Mit biologischem Zuwachs meinen wir natürlich nicht, daß Kinder gläubiger Eltern selbstverständlich in die Gemeinde geboren werden, als ob Gott Enkel hätte. Wir dürfen aber erwarten, daß fromme Eltern ihre Kinder "in der Furcht und Vermahnung zum Herrn" erziehen, wie es die Bibel befiehlt (Eph. 6,4), und daß sich die Kinder im entsprechenden Alter bekehren, taufen lassen und in die Gemeinde aufgenommen werden. Das trägt natürlich zum Gemeindewachstum bei, selbst wenn die Gemeinde evangelistisch nicht tätig ist.

Die damit verbundene Gefahr jedoch führt nicht selten zu Nominalität. Die Herzenserfahrung der Väter kann bei Kindern der dritten und vierten Generation schon leicht zu einem bloßen "Kopfwissen" und "Lippenbekenntnis" entartet sein. Diese Gefahr hat mein Kollege, Professor Delbert Wiens am Pacific College, sorgfältig studiert und nachgewiesen. Worauf es in solchen Fällen besonders ankommt, sagt Wiens, ist die christliche Pflege und Glaubensvertiefung der neubekehrten Kinder, damit sie lernen, was Nachfolge unter der Herrschaft

X. SCHAUBILD

WACHSTUMSRATE DER "GEMEINDE AM OROBACH"

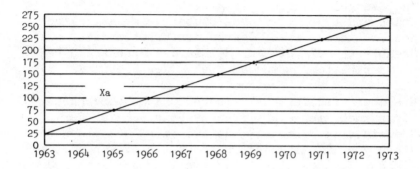

Im ersten Augenblick hat man den Eindruck, als ob diese Gemeinde
gesundes Wachstum verzeichnet, weil jedes Jahr 25 neue Glieder
hinzugetan wurden und die Linie gleichmäßig aufwärts steigt.
Doch wenn wir den prozentualen Zuwachs berechnen, dann ergibt
sich ein ganz anderes Bild. Dieses stellen wir am besten durch
eine Säulenzeichnung dar (Schaubild Xb).

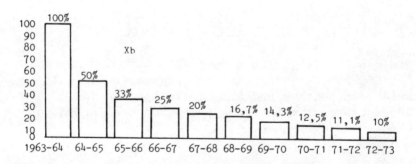

Eine Gemeinde wie diese kann kaum als gesund bezeichnet werden.
Obwohl die Mitgliederzahl jährlich steigt, nimmt die Wachstumsrate
prozentual beständig ab. Sollten wir hier nun noch die Abnahme durch
Ausschluß und Entlassung, durch den Tod und durch Umzug an andere
Gemeinden mitberechnen, wie wir es etwa bei der Brüdergemeinde taten
(vgl. Schaubilder VI, VII und VIII), dann müßte man bestimmt Abnahme
statt Zunahme feststellen. Eins ist auf jeden Fall klar: Die "Gemeinde
am Orobach" hat in ihrem evangelistischen Ziel, welches Gemeindewachstum bedeutet, versagt.

Jesu Christi bedeutet und kostet.(6) Wo das nicht
geschieht, da verliert die Gemeinde der dritten
und vierten Generation nicht nur an erster Liebe
und evangelistischem Einsatz, sondern auch "an
Kraft und Leben", wie von Sauberzweig das Erleben
des Pietismus im 18. Jahrhunderts beschreibt. Die
"rechte Lehre" tritt an Stelle des "rechten Lebens"
und der Rationalismus an Stelle des Pietismus.(7)

Wie aber wird der biologische Zuwachs berechnet?
Wir nehmen hier ein einfaches Beispiel von der
"Gemeinde im Pratotal", der wir für 1963 einen Bestand von 200 Mitgliedern zuschreiben. Durch biologischen Zuwachs allein hat sie in zehn Jahren 50
Glieder zugenommen. Durch andere Arten von Zuwachs
hat sie weitere 200 Mitglieder gewonnen. Davon sind
etwa 50 Mitglieder aus verschiedenen Gründen abge-
gangen, sodaß sie heute rund 400 Mitglieder zählt.
Wir bringen den Zuwachs auf eine Kurvenzeichnung
(siehe Schaubild XI).

VI. MAN VERGLEICHE ZUWACHS UND ABNAHME

Ein genauer Vergleich dieser Art läßt sich nur da
durchführen, wo zuverlässige Unterlagen für alle
Arten von Zunahme und Abnahme vorhanden sind. Die
Gemeindewachstumsbewegung redet von drei Arten von
Wachstum und Abnahme.

A. GEMEINDEZUWACHS

1. Biologischer Zuwachs geschieht dann, wenn sich
Kinder frommer Eltern bekehren und durch die Glaubenstaufe in die Gemeinde aufnehmen lassen. Diese
Art von Gemeindewachstum ist zwar nicht zu verachten, aber sie spricht nicht von einem evangelistischen Einsatz der Gemeinde. Wenn Kinder unter Ein-

XI. SCHAUBILD

BIOLOGISCHER ZUWACHS DER GEMEINDE IM PRATOTAL

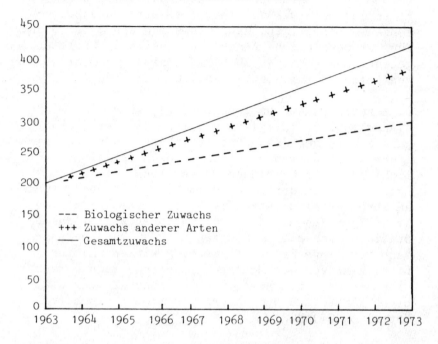

Die Gemeinde im Pratotal ist eine wachsende Gemeinde, die in zehn Jahren einen Nettozuwachs von 100% zu verzeichnen hat. Davon sind 25% oder 50 Mitglieder durch biologischen Zuwachs hinzugekommen, wie die gebrochene Linie auf dem Schaubild klar zeigt. Nach der Zeichnung zu urteilen haben wir es hier mit einer gesunden Gemeinde zu tun, deren Zuwachslinien ohne Unterbrechung regelmäßig steigen.

fluß, Lehre und Gebeten frommer Eltern aufwachsen,
zur Sonntagsschule gehen, den Gemeindegottesdiensten
beiwohnen und sich an den Veranstaltungen der gläubigen Jugend - wie Vereine, Freizeiten und Konferenzen - beteiligen, dann ist schon ein guter Grund
für die persönliche Annahme des Heils in Christus
gelegt. Daher kommen auch viele Kinder aus gläubigen Familien zum Glauben und zur Gemeinde.

2. Bekehrungszuwachs geschieht da, wo die Gemeinde
evangelistisch tätig ist und ihre Glieder die Aufgabe als Zeugen Jesu Christi in der Kraft des Heiligen Geistes treu erfüllen. Dieses ist der eigentliche adäquate Gemeindezuwachs. Wenn alle Laien und
Ordinierten in der Gemeinde mobilisiert werden und
an ihren Arbeitsplätzen im Alltagsleben wirkliche
Nachfolger Jesu sind und durch ihren Wandel das bestätigen, was sie am Sonntag mit dem Mund bekennen,
dann wird ihre Salzkraft mächtig wirken und ihr
Licht klar vor den Menschen leuchten, dann werden
sich Menschen bekehren, zur Gemeinschaft der Gläubigen kommen und den Vater im Himmel preisen (vgl.
Matth. 5,13-16).

3. Zuwachs aus anderen Gemeinden kommt in Großstädten besonders häufig vor, weil die Menschheit heute
eben eine mobile Sozietät geworden ist und Umzug
von einem Ort zum andern zur Tagesordnung gehört.
Dazu kommt noch die interkonfessionelle Bewegung
unter Gläubigen, die aus verschiedenen Gründen ihre
Denomination verlassen und sich einer anderen anschließen. Solcher Zuwachs ist eigentlich nur
Schein und kann sehr täuschen, weil er immer auf
Kosten anderer Gemeinden geschieht. Auch muß beachtet werden, daß Gemeindeglieder erst eine Gemeinde verlassen, ehe sie sich einer anderen anschließen.

B. GEMEINDEABNAHME

So, wie es drei Arten von Zunahme gibt, gibt es auch drei Arten von Abnahme. Beide laufen parallel und eine deckt sich mit der anderen.

1. Ausscheiden durch den Tod oder biologische Abnahme. Unter normalen Verhältnissen ist die Zahl derer, die sterben, kleiner als die Zahl derer, die geboren werden. Darum ist auch der biologische Zuwachs bedeutend höher als die Abnahme.

2. Ausscheiden durch Ausschluß oder Entlassung. Diese Art von Abnahme geschieht nur da, wo die Gemeinde seelsorgerlich um die Brüder und Schwestern bemüht ist und in schweren Fällen den Ausschluß unbußfertiger Glieder durchführen muß. Der Ausschluß darf aber nie als letzter Akt angesehen werden, sondern als Mittel, den Unbußfertigen zur Buße und Umkehr zu bewegen, um seine Seele am Tag des Herrn zu erretten (1. Kor. 5,4-5). Matthäus 18 ist bei jeder Handlung dieser Art sehr ernst zu nehmen. "Was die Gemeinde tut", bemerkt Adolf Schlatter, "reicht in den Himmel hinauf. Sie löst den Reuigen, dem sie vergibt, sie bindet den Trotzigen, der ihr wie ein Zöllner und Heide wird. Sie hat bei beidem Gott für sich. Das ist die Freude in ihrem Vergeben, daß sie weiß, daß jetzt nicht nur Menschen verzeihen, sondern daß auch Gott ihm vergeben hat, und das ist der Ernst bei ihrem Gericht, daß sie weiß, daß hier Gott gerichtet hat." (8)

3. Ausscheiden durch Umzug oder durch Abgang an andere Gemeinden. Wie schon bemerkt kommt diese Art von Abnahme sehr häufig vor. Oft erlebt eine Ortsgemeinde dadurch schwere Verluste, besonders wenn es große und aktive Familien betrifft.

Um nun ein genaues Bild zu bekommen, wie Zunahme

und Abnahme verglichen werden, stellen wir die in Schaubild VI gegebene Statistik bildlich dar (siehe Schaubild XII).

Es ist zu beachten, daß hier nur Zuwachs und Abnahme verglichen werden, ohne den jeweiligen Mitgliederbestand zu berechnen. Die Zeichnung ist nach der in Schaubild VI gegebenen Statistik durchgeführt worden und kann nur interpretiert werden, wenn man sie mit den dort angegebenen Zahlen vergleicht. Durch diese Kurvenzeichnung (Schaubild XII) werden einige Fragen aufgeworfen, die uns helfen, auf den Grund des schwachen Wachstums zu kommen. Warum wurden 1969 zehn Glieder (60% mehr als in irgendeinem andern Jahr) ausgeschlossen oder entlassen? Wie kam es dazu, daß in den Jahren 1969 und 1970 so viele Glieder an andere Gemeinde abtraten? Bekamen sie hier nicht die geistliche Pflege, deren sie bedurften? Oder gingen sie an einen anderen Ort, um an Gründung und Bau neuer Gemeinden zu helfen? Wie kam es, daß in denselben Jahren mit Ausnahme wenige Glieder durch Evangelisation und Taufe hinzugetan wurden? Herrschte unter den Gläubigen in der lokalen Gemeinschaft zu wenig Nächstenliebe, wodurch Fremde und Außenstehende sonst meist angezogen werden? Oder waren die gottesdienstlichen Versammlungen nicht befriedigend? Warum ist die Gemeinde in zehn Jahren (siehe Schaubild VIII) um nur 117 Glieder gewachsen? Eine aus Laien und Predigern bestehende verantwortungsvolle Gemeindeleitung muß die Situation analysieren, unter Gebet die Leitung des Heiligen Geistes suchen und solche Schritte unternehmen, damit "die Heiligen zu ihrem besonderen Dienst ausgerüstet werden, den Leib Christi zu bauen" (Eph. 4,12 nach Mühlheimer).

VII. MAN ANALYSIERE DEN WACHSTUMSTREND

Anhand der in diesem Kapitel besprochenen Punkte

XII. SCHAUBILD

VERGLEICH VON WACHSTUM UND ABNAHME

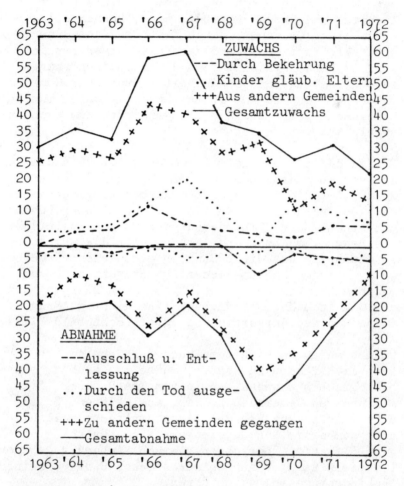

Quelle: Archiv der Butler Avenue Mennonite Brethren Church, Fresno

sollte es nicht schwer sein, die Wachstumssituation irgendeiner Gemeinde zu erforschen, zu analysieren und zu bewerten. Natürlich müssen dazu akkurate Unterlagen vorhanden sein. Wo diese nicht in Archiven und Akten zu finden sind, können sie durch sorgfältige Umfragen, durch Tests verschiedener Art (vgl. Kapitel 9) und durch Zählungen erreicht werden. Daraufhin sind dann die richtigen Fragen zu stellen, die den Gesundheitszustand der Gemeinde erforschen und zu Antworten führen, wodurch manche Probleme behoben und die Ortsgemeinden zum Wachsen angeleitet werden können.

Einige der besten Analysen solcher Art sind die von Shearer über das Wachstum der Gemeinde in Korea(9), Read, über die verschiedenen Ausbreitungsmethoden der emeinden Brasiliens(10), Tippett, über Zunahme und Abnahme der Gemeinde auf den Südseeinseln(11), und Braun, Boschman und Yamada, über die Gemeinde in Japan(12). Auf diese Studien einzugehen würde weit über den Rahmen dieser Arbeit führen. Darum beschränken wir uns auf ein geborgtes Beispiel aus der Gemeinde Koreas, das auf eine wichtige Frage führt und die Antwort darauf gibt (Schaubild XIII).

Um den gesamten Wachstumstrend der Gemeinde übersichtlich fassen zu können, müßte man auch noch den biologischen Zuwachs, sowie den Trend derer, die aus anderen Gemeinden kommen, analysieren. Solche detaillierte Analyse des Wachstumstrends soll hier aber dem einzelnen Gemeindearbeiter für seine eigene Situation überlassen bleiben. Anhand gegebener Beispiele kann er nun selber solches Studium seiner Gemeindesituation durchführen.

VIII. MAN SETZE SICH KONKRETE ZIELE

Wer das Wachstum einer Gemeinde nach den hier gegebenen Schritten bewertet und den Gesundheitszu-

XIII. SCHAUBILD

MUTTERGEMEINDE UND TOCHTERGEMEINDE

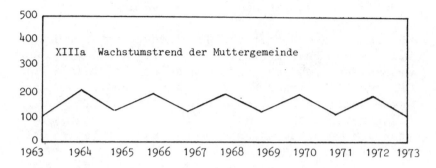

Quelle: Nach Gerber, Evangelism/Church Growth, S. 56.

Die uns von der Tabelle gestellte Frage lautet: Warum das dauernde Auf und Ab der Muttergemeinde? Jedes Jahr kommen etwa 80 Mitglieder zur Gemeinde und 80 scheiden aus. Was ist der Grund? Einfach der: Diese Gemeinde ist evangelistisch in ihrer Umgebung tätig. Durch das Zeugnis ihrer Mitglieder bekehren sich jedes Jahr recht viele Menschen. Die Neubekehrten werden dann getauft und der Gemeinde zugeführt. Sie werden selber verantwortungsvolle Nachfolger und Zeugen Jesu Christi. Sobald aber etwa 80 Mitglieder zur Gemeinde gekommen sind, teilt sich die Gemeinde organisch auf und eine neue Gruppe von etwa der gleichen Zahl baut an einem anderen Ort ein Versammlungshaus und gründet eine selbständige Tochtergemeinde. Solche Multiplikation von Gläubigen und Ortsgemeinden spricht von gesundem Wachstum. Dieser Trend läßt sich wieder am besten durch eine Tabelle veranschaulichen (siehe Schaubild XIIIb).

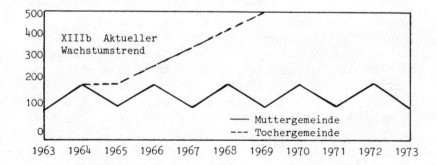

251

stand erkannt hat, sollte nicht nur bemüht sein, die Probleme zu beheben, sondern auch dafür Sorge tragen, daß im Vertrauen auf den Geist Gottes konkrete Ziele gesetzt und verfolgt werden.

Gerade auf dem Gebiet des Gemeindewachstums wollen wir mit dem Psalmisten beten: "Weise mir, Herr, deinen Weg, daß ich wandle in deiner Wahrheit" (Ps. 86,11). Dieser Weg ist der Weg dessen, der seine Gemeinde baut und der der kleinen Herde das Reich geben möchte (Matth. 16,18, Luk. 12,32). Er baut die Gemeinde <u>durch</u> die Gemeinde. Er hat es für gut befunden, sich Menschen als Werkzeuge zu bedienen, die voll und ganz erkannt haben, daß sie sein Werk sind, geschaffen in Christus Jesus zu guten Werken (Eph. 2,10).

Als Boten der Versöhnung im In- und Auslande verfolgen wir in der Verkündigung das Ziel, daß Menschen zu Christus und seiner Gemeinde gebracht werden. Darüber steht jedoch ein höheres Ziel: Die Verherrlichung des großen Gottes. Wie aber wollen wir konkrete Wachstumsziele anstreben? Darauf möchte ich eine fünffache Antwort geben.

Erstens: Ziele dieser Art müssen realistisch sein. Wunschträume und Luftschlösser, Menscheneifer und Visionen sind unzuverlässiger Boden für Gemeindebau und -wachstum. Gemeindesituation und Arbeitskraft, Umwelt und Arbeitsfeld sind bei der Zielsetzung zu berücksichtigen. Zweitens: Ziele müssen im Glauben an Gott gesetzt werden. Realistisch wollen wir sein, aber nicht kleingläubig. Der Herr sagt: "Wer an mich glaubt, der wird auch solche Werke tun, wie ich sie vollbringe, ja er wird sogar noch größere als diese tun, denn ich gehe jetzt hin zum Vater" (Joh. 14,12). Die "Werke" schließen das Bauen der Gemeinde, das Jüngermachen, ein. Drittens: Ziele müssen betend gesetzt werden. Wo die Gemeinde ihre eigene Ohnmacht erkannt und zur Großmacht des

Gebets gegriffen hat, da hat Gott seine Allmacht in ihr und durch sie kundgemacht. Auch auf dem Gebiet des Gemeindewachstums. Die apostolische Gemeinde erwuchs aus einer zielbewußten Gebetsstunde und fuhr fort, durch die Gebete der Gläubigen zu wachsen. Erweckung und Gemeindewachstum in Korea sind auf die Gebete der Gotteskinder zurückzuführen.(13)
Viertens; Ziele müssen im Gehorsam angestrebt werden. McGavran unterstreicht immer wieder, daß Gemeindewachstum im Willen Gottes wurzelt. Der Wille Gottes ist zu allen Zeiten in der Gemeinde ein gewaltiger Expansionsdrang gewesen. Wer in seinem Willen steht, hegt immer den Wunsch, daß die Gemeinde wachsen möchte. Endlich sei auch darauf hingewiesen, daß Ziele konkret und entschieden sein müssen. Wenn wir die Sachlage realistisch überprüft haben, Gott im Glauben vertrauen, im Kreise der Kinder Gottes um Gemeindewachstum beten und davon überzeugt sind, daß Gott haben will, daß die Gemeinde in allen Dimensionen wächst, dann müssen wir Hand, Herz und Kopf einsetzen, die gesteckten Ziele zur Ehre Gottes des Vaters zu erreichen.

LITERATURNACHWEIS

(1) Besonders wertvoll sind hier die Schriften von Gerber, A Manual for Evangelism/Church Growth, S. 41-65; dass. Deutsch von Bühler und Kasdorf, "Handbuch", Manuskript, S. 18-36; Wagner, "How to Diagnose the Health of your Church", Christianity Today, 19. Jan. 1973, S. 24-25, Kelley, Why Conservative Churches are Growing.

(2) Vgl. den Artikel von Friedrich O. Bürklin, "Die Gemeinde", Quelle des Lebens, 11. Jahrgang Nr.1 (1968), S. 6-9.

(3) Tetsunao Yamamori, "Applying the Comparative Method to Church Growth Studies" in McGavran Festschrift, S. 380-395. Ders. "Church Growth in Japan: A Study in the Development of Eight Denominations", Dissertation, Duke University 1970. Vgl. auch Gerber, Evangelism/Church Growth, S. 43.

(4) Ich bin Pastor Robert Vogt und der Gemeindesekretärin, Schwester Joane Becker, für die mir zur Verfügung gestellten statistischen Daten der Butler Avenue Mennonite Brethren Church in Fresno, Kalifornien, zu großem Dank verpflichtet.

(5) Helmut Thielicke, Das Leiden an der Kirche, Hamburg 1965.

(6) Delbert Wiens, New Wineskins for Old Wine, Hillsboro (Kansas) 1963. Diese von meinem Kollegen am Pacific College hergestellte Schrift ist eine analytische Untersuchung der geistlichen Entwicklung der Mennonitischen Brüdergemeinde seit ihrem Entstehen in Rußland 1860 bis zu ihrem Zustand in Amerika nach 100 Jahren. Vgl. auch Bühler, "Nominalität".

(7) von Sauberzweig, Er der Meister - wir die Brüder S. 43-45.

(8) Adolf Schlatter, Erläuterungen zum NT - Matthäus, Stuttgart 1969, S. 283.

(9) Roy E. Shearer, Wildfire: The Growth of the Church in Korea, Grand Rapids (Michigan) 1966.

(10) William R. Read, New Patterns of Church Growth in Brazil, Grand Rapids (Michigan) 1964.

(11) Alan R. Tippett, Solomon Island Christianity: A Study in Growth and Obstruction, New York 1967.

(12) Neil Braun, Paul W. Boschman und Yakashi Yamada, Experiments in Church Growth: Japan, Japan Church Growth Research Association 1968.

(13) McGavran, Understanding Church Growth, S. 166-167.

KAPITEL 11

HEMMUNGEN UND FÖRDERUNGEN

*"Wo wir in Christus gewurzelt sind,
öffnet sich uns ein neues Tor."*
Werner Sidler

In einer deutschen Zeitung stand unter der Schlagzeile "Kapital für Wachstum und Ertrag" ein kurzer Artikel für die Siemensaktionäre.(1) Jedes Geschäftsunternehmen zielt auf Wachstum und Ertrag. Alles, was diesem Ziele hemmend im Wege steht, wird beseitigt, und alles, was ihm förderlich ist, wird verbessert, damit Wachstum und Ertrag erhöht werden können.

Diese Parole hat auf geistlichem Gebiet in den Worten Jesu ihre Begründung: "Jede unfruchtbare Rebe an mir nimmt er (der Vater) weg, aber jede fruchttragende Rebe reinigt er, damit sie noch mehr Frucht bringt" (Joh. 15,2 nach Bruns). Das läßt sich auch auf Mission und Gemeindewachstum anwenden: alles, was in der Mission dem Gemeindewachstum hinderlich ist, muß hinweggetan werden, und alle lauteren Mittel, die ihm helfen, müssen in seinen Dienst gestellt werden.

I. HEMMENDE FAKTOREN

Als wir uns in den dreißiger Jahren als Flüchtlinge aus den Steppen Sibiriens im Urwald Südbrasiliens niederließen, stießen wir auf unzählige Hindernisse, die in unserer von Rußland her gewohnten Wirtschaftsweise einen radikalen Umbruch verursachten. Statt auf offener Steppe saßen wir im Dickicht des

Dschungels, statt fruchtbaren Bodens hatten wir
magere Erde, statt weiten Ebenen standen Hügel und
Berge ringsumher, statt Pflug und Leine nahmen wir
Axt und Hacke in die Hand. Hin und wieder aber
ragte über Wald und Hügel die Krone einer Tanne
Brasiliens, die den neuen Siedler mit Axt und Beil
an ihren riesigen Stamm lockte, der gefällt und
als Nutzholz verkauft werden konnte. Um aber an ihn
hinanzukommen, mußte der Bauer das Dickicht von
Dorngestrüpp und Strauchwerk, Rohrgewächs und Rankengewebe aus dem Wege schaffen.

Ähnlich ist es in der Missionsarbeit. Die Missionare kommen oft in eine ihnen fremde Kultur, Wirtschaft, Sprache und Gesellschaft. Aber da sind die
von Gott geschaffenen, in Christus geliebten und
heilswürdigen Menschen. Sie möchte der Missionar
mit dem Evangelium erreichen. Er möchte sie für
Christus und die Gemeinde gewinnen. Doch da sind
so viele Hemmnisse im Wege. Manche stecken einfach
im Wesen des ihm unbekannten und fremden Kulturraums, andere trägt er selbst mit sich – oft ohne
es zu wissen; dann gibt es auch Hindernisse, die
im Charakter des institutionalisierten Missionswerks verwurzelt sind. Da sind oft veraltete Methoden, überlebte Auffassungen, fruchtlose Arbeitsweisen, stagnierende Missionsgemeinden. Diese müssen überprüft, analysiert, bewertet, überarbeitet
oder sogar ersetzt werden.(2) Wo das nicht geschieht, da laufen wir Gefahr, uns im "Dickicht
des Urwalds" zu verlieren, ohne das uns von Gott
anvertraute Kapital auf "Wachstum und Ertrag" anzulegen.

Als Boten der Versöhnung wollen wir willig sein,
jedes erkannte Hemmnis zu eliminieren, um nicht zu
stagnieren. Selbst Bereitschaft zu einem Neuanfang
ist zuweilen notwendig. Wie die Rußlandflüchtlinge,
müssen wir bereit sein, den für die Landarbeit auf
den Steppen Sibiriens geschätzten Pflug mit der für

den Urwald Brasiliens geeigneteren Axt und Hacke
zu vertauschen. Hätten die Bauern an ihrem geliebten Pferdegespann und Pflug festgehalten und ihre
ganze Lebens- und Arbeitsweise nicht gründlich geändert, so wären sie sicherlich schon in den ersten
Jahren den Urwaldstrapazen erlegen.

A. HEMMNISSE PERSÖNLICHER ART

Selbst als Boten der Versöhnung tragen wir Missionare den geistlichen Schatz in "tönernen, zerbrechlichen Gefäßen", damit wir erkennen sollen, "daß
die überschwengliche Kraft von Gott her kommt und
nicht von uns" (2. Kor. 4,7). Doch solchem biblischen Realismus steht oft unsere persönliche Sentimentalität im Wege. Dafür einige Beispiele.

1. Der Trieb zur Popularität
Ein Missionar hat dazu bemerkt: "Es gibt eine gesunde Dosis der Anerkennung, aber Popularität als
Geltungstrieb führt auf abschüssige Wege."(3) Der
amerikanische Missiologe Robert Calvin Cuy behauptet, daß der Missionar, wie jeder normale Mensch,
den Trieb hegt, populär zu sein.(4) Manchmal sind
es Umstände, die ihn dazu zwingen. Wenn er z. B.
als Repräsentant einer imperialistischen Macht und
als Proselytenmacher einer neu importierten Religion angesehen wird(5), dann greift er bald zur
Selbstverteidigung, anstatt die Sache Gott zu überlassen. So wird man oft ungewollt in eine Position
gedrängt, Popularität zu suchen und aktiv daraufhinzuarbeiten. Was dann leicht geschehen kann ist
folgendes: Man reibt sich auf und verbraucht seine
Energie, um zu beweisen, daß man ein anständiger
Mensch ist, der in die Mission kam, gerade den Menschen zu helfen, die ihn jetzt verachten und verwerfen. Dadurch gewinnt er meistens ein paar Menschen, die er an sich bindet und bei denen er populär ist. Wenn dann der Gegenpol zur Korrektur

fehlt, kann der Trieb zur Popularität sogar zur Hierarchie führen. Daß solche Zustände dem Gemeindewachstum als missionarischem Ziel im Wege stehen, braucht kaum erwähnt zu werden.

Es gibt aber Mittel zur Korrektur. Einmal sollten zwei oder drei Missionare sich brüderlich "die ganze Wahrheit sagen, denn die Eingeborenen schweigen, aber nicht hinter dem Rücken", wie es ein Missionar sagte.(6) Es wäre sogar ratsam, wenn Missionare auch Eingeborene mit ins Vertrauensgespräch ziehen könnten, weil diese ja durch jede Spannung ebensoviel leiden als jene. Offenheit muß auch gegen sie geübt werden. Wie einmal zwischen Paulus und Petrus, so geht es auch heute um Wahrhaftigkeit und Aufrichtigkeit, die uns helfen, vor Gott und Menschen zurechtzukommen (vgl. Gal. 2,11f.). Wenn man sich die "ganze Wahrheit" gesagt und seine Sünden bekannt hat, dann muß es zur Vergebung und Reinigung führen (vgl. 1. Joh. 1,6-7). So hilft in der Seelsorge einer dem andern, auf dem Weg mit Jesus zu bleiben (Jak. 5,19-20).

Ein zweites Mittel liegt mehr in der Vorbeugung als in der Korrektur. Wir erinnern uns an das Wort Jesu: "Ihr werdet von allen um meines Namens willen gehaßt werden" (Matth. 10,22). Der Anlaß dazu darf aber nicht von uns kommen. Paulus bezeugt vor Felix, daß er sich allezeit übe, vor Gott und Menschen ein unverletztes Gewissen zu haben (Apg. 24,16). Aber Popularität suchte er nie. Im Gegenteil: Paulus, wie viele Missionare nach ihm, war in vielfacher Bedrängnis, aber er wurde nicht erdrückt, er zagte oft, aber er verzagte nicht, er wurde verfolgt, aber nicht verlassen, er wurde niedergeworfen, aber nicht überwunden (2. Kor. 4,8-10). Das Wort Jesu sowie die Erfahrungen von Paulus sollten uns von dem Gedanken, populär werden zu wollen, zurückhalten und willig machen, Unpopularität auf uns zu nehmen.

2. Bindende Sentimentalität
Missionare kommen nanchmal in Situationen, in denen sie nicht nur fähig sind, sich in andere hineinzuversetzen, sondern gleichsam von einer Emotion und sentimentalen Mitmenschlichkeit beherrscht werden, die sie an die "armen Sünder" ihrer Umgebung binden und eine sachliche Bewertung der Umstände für Gemeindebau unmöglich machen. Selbst wenn Menschen bewußt und entschieden das Evangelium ablehnen und man nach den Worten Jesu die Gegend verlassen und den Staub von den Füßen schütteln sollte (Matth. 10,14), läßt man sich von einer Sentimentalität festhalten unter dem Vorwand, daß auch unter diesen Menschen eine Gemeinde gebaut werden müsse.

In seinem Buch über neutestamentlichen Gemeindebau sagt A. R. Hay, daß Paulus und seine Mitarbeiter immer mit der Absicht in ein Gebiet gingen, daselbst eine Gemeinde zu gründen. Wenn das Wort Gottes angenommen wurde, blieben sie, bis ein entsprechender Grund für eine Gemeinde gelegt war. Wo man aber das Evangelium ablehnte, da verließen sie bald den Ort, ohne eine Gemeinde gegründet zu haben. (7) Die Gemeindewachstumsbewegung glaubt, daß das Prinzip der Rezeptivität sorgfältig beachtet werden sollte. Als Haushalter Gottes sind wir für Leben, Zeit, Energie, Geldspenden und Opfer verantwortlich. Darum rät man uns, in die Gegenden zu gehen, wo man für das Evangelium empfänglich ist. Da kann Gemeinde gebaut werden. Da wird sie auch wachsen.

3. Verschiebung der Priorität
Die Überbetonung des Dienstes auf Kosten der Verkündigung ist in der Mission nichts Neues. Dienst ohne Verkündigung kann im besten Falle zur Erneuerung der Gesellschaftsordnung, kaum aber zu Bekehrung, Gemeindepflanzung und Gemeindewachstum führen. Darum verdient Vicedoms Zitat aus Löfflers Studium über Kirche und Bekehrung unsere Aufmerksamkeit. Da heißt es unter anderem: "Dienst ohne

den Aufruf zur Bekehrung ist eine Geste ohne Hoffnung... Wenn unsere Untersuchung es klargemacht hat, daß es keine Bekehrung ohne Kirche geben kann, so hat sie damit auch die zentrale Stellung für die Mission bekräftigt."(8)

Was Vicedom in dem angeführten Zitat betont, ist Priorität der Verkündigung. Dienst soll und muß sein, aber er darf nur als Mittel zum Zweck dienen. Das Bindewort zwischen den beiden Handlungen heißt nicht oder, sondern und. Im biblischen Sendungsauftrag an die Gemeinde geht es nicht um Verkündigung oder Dienst, es geht vielmehr um die Verkündigung des Evangeliums zur Errettung der Seele und um Dienst der Barmherzigkeit am bedürftigen Menschen. Wo eins auf Kosten des andern ausgeführt wird, da wird Gemeindewachstum gehemmt. Priorität aber muß der Verkündigung zukommen.

B. HEMMNISSE IDEOLOGISCHER ART

Zu den dem Wachstum der Gemeinde im Wege stehenden Hemmnissen zählen manche Auffassungen und Ideen, die biblisch unbegründet sind und in der Mission negative Auswirkungen haben.

1. Überlebte Missionsvorstellungen
Ich komme in viele Ortschaften und Gemeinden, wo gutmeinende Glaubensgeschwister die irrige Vorstellung haben, daß Missionare von heute in derselben Welt leben und sich derselben Methoden bedienen, wie etwa ein Bartholomäus Ziegenbalg (1682-1719) in Indien, ein Georg Schmidt (1709-1775) unter den Hottentotten in Afrika oder ein Robert Morrison (1782-1834) in China. Sie vergessen dabei, daß diese und viele andere Bahnbrecher der modernen Missionsära fast ohne Kompaß und Karte den Ozean kreuzten und unter großer Mühe, Opfer und Entbehrung das Evangelium verkündigten, während die Missionare von

heute (mit wenigen Ausnahmen) den Nutzen aus medizinischen, technischen, geographischen, ethnologischen, anthropologischen, sprachlichen und vielen anderen wissenschaftlichen Errungenschaften ziehen.

Ein anderes verkehrtes Konzept bezieht sich auf den Missionar. Was ist ein Missionar? Man kann schon begreifen, daß Justinian von Welz im 17. Jahrhundert als "Fanatiker" gestempelt wurde, daß die Pioniere der Dänisch-Halle Mission zu Anfang des 18. Jahrhunderts "falsche Propheten" genannt wurden und daß William Careys Vater etwa 90 Jahre später seinen Sohn als "wahnsinnig" erklärte.(9) Aber wenn die sogenannten "aufgeklärten" Universitätsstudenten heute ähnliche Konzepte von Mission und Missionaren hegen, dann darf man sich nicht wundern, wenn das Gemeindewachstum gehemmt wird.(10)

2. Humanistische Zeitrechnung
Der Herr Jesus sagte voraus, daß es Menschen geben werde, die da sagen: "Der Herr kommt noch lange nicht" (Matth. 24,48). Das sind nicht nur Worte der Spötter aus Apostelzeiten (vgl. 2.Petr. 3,3-4). Das ist auch die Einstellung vieler Christen und Nichtchristen unserer Tage.

Während des "großen Jahrhunderts" (von der Gründung der modernen Missionsära durch Carey 1892 bis zur Edinburgh-Missionskonferenz 1910) gaben die europäischen Weltmächte den Eindruck, als hätten die Missionen eine unendliche Zeit zur Ausführung ihrer Aufgabe vor sich. Der Westen setzte die Industrierevolution durch, machte große wissenschaftliche Fortschritte, stellte Waffen und Maschinen her, kontrollierte die Weltwirtschaft und beherrschte Land und Volk in Afrika und Asien. Der "Pax Britannica"(11) versprach Kirche und Staat ein "Millennium auf Erden" und damit lange Jahre zur Ausführung der großen missionarischen Aufgabe.

Wie schnell solche Illusionen scheitern können,
haben die Kriege, die vernichtenden Waffen und die
fast weltweite kommunistische Expansion dieses Jahrhunderts gezeigt. Die Welt ist in einen kataraktartigen Sog geraten, der sie jeden Augenblick zu
verschlingen droht. Die historische Perspektive muß
unsere Blicke ernüchtern helfen. Wir können es als
Gemeinde Jesu Christi nicht verantworten, heute
große philanthropische Programme anzuschneiden, in
der Hoffnung, daß wir morgen, oder nach Jahren,
noch genug Zeit haben werden zum Evangelisieren
und Gemeindebauen. Solche Einstellung ist unbiblisch. Im Programm Gottes ist heute "der Tag des
Heils" und "die angenehme Zeit", nicht morgen (2.
Kor. 6,2). Der Dichter Johann Rube (1665-1746)
stellt in dieser Beziehung treffende Fragen an uns:

> "Wer gibt sein Pfund mit Wucher hin
> und nützet seinen Tag,
> daß er mit himmlischem Gewinn
> vor Jesu treten mag?
> Weckt ihr einander aus der Ruh,
> daß niemand sicher sei?
> Ruft ihr einander fleißig zu:
> Seid wacker, fromm und treu?"(12)

3. Gleichgültigkeit über die Verlorenheit der
   Menschen

Auf einer Dienstreise predigte ich in Südamerika
unter anderem auch in einer großen Indianerkirche
Paraguays. Nach der Predigt stand ein Lengua-Bruder
auf und bat mich, den Freunden in Nordamerika ein
Bibelwort zu vermitteln. Mit fester Überzeugung las
er Römer 10,1: "Liebe Brüder, es ist wirklich mein
Herzenswunsch und meine Bitte zu Gott, daß meine
Brüder aus Israel gerettet werden." Wie Paulus von
Israel glaubte, weil es Christus verworfen hatte,
so glaubte auch dieser Indianerbruder ganz richtig
von den Menschen in Nordamerika, daß sie ohne Christus verloren seien.

Solche Überzeugung ist heute aber keine Selbstverständlichkeit, nicht einmal unter Gotteskindern. Der Universalismus hat selbst unter Gläubigen seine Anhänger. Man will glauben, daß die unendliche Liebe Gottes schon alle Menschen in den Himmel ziehen werde. Man vergißt dabei die bitterernsten Worte Jesu an Nikodemus: "Wer nicht an ihn glaubt, ist schon jetzt verdammt" (Joh. 3,18). Der positive Gegenpol dazu lautet so: "Jeder, der wirklich glaubt und sein Vertrauen auf ihn setzt, wird nicht zuschanden" (Röm. 10,11 nach Bruns. Vgl. auch Jes. 28,16). Es kommt also auf den Glauben an Jesus an. "Wie sollen sie aber an den glauben, von dem sie nicht gehört haben? Wie sollen sie aber von ihm hören ohne einen Verkündiger? Und wie soll ihnen jemand verkündigen, ohne dazu ausgesandt zu sein?" (Röm. 10,14-15 nach Menge). Diese Fragen geben uns nicht nur zu denken. Sie geben uns auch den Anstoß zum Handeln.

Wo Menschen es mit der Sünde nicht ernst nehmen, da nehmen sie es auch mit der Hölle nicht ernst. Da ist ihnen auch der verlorene Zustand der Menschen ohne Christus, ohne Gott und ohne Hoffnung gleichgültig. Da hat weder die missionarische Verkündigung noch das evangelistische Zeugnis irgendwelche Dringlichkeit. Solche Einstellung ist eine gefährliche Sache für die Gemeinde und ihr Wachstum.

4. Eine falsche Minoritätsüberzeugung
"Christen sind und bleiben immer in der Minorität." Wenn diese in einigen Kreisen häufig zitierte Phrase als Ruhekissen gebraucht wird, um sich von der evangelistisch-missionarischen Verantwortung zu entlasten oder sie auf wenige Einzelbekehrungen zu beschränken, wird sie zum Sterbebett der Gemeinde. Die Bibel redet von einem Universalismus - nicht in dem Sinne, daß alle gerettet werden, sondern in dem Sinne, daß alle gerettet werden können. Darin sieht Petrus die Langmut Gottes gegen die

Menschen: alle sollen den Weg zur Bekehrung finden
(2. Petr. 3,9).

Davon spricht auch Gustav Warneck, wenn er sagt,
daß Jesus als guter Hirte "bei allem seelsorgerlichen Kleinbetrieb" in "großen Geschäften" war.
Der Retterblick seiner Hirtenliebe hat einen weiten
Horizont, der "die Enden der Erde umfaßt". Der Weg
Jesu, sagt Warneck, führt von der Minderheit zur
Mehrheit, er geht "zum Universalismus durch den
Individualismus, aber auch wirklich vom Individualismus zum Universalismus." Auch ist der Gesichtskreis der Apostel ein weltweiter. In ihm werden
ihre "Gemeindegründungen mit dem Glanze einer Missionierung des Erdkreises" umgeben.(13)

Dieselbe Blickweite hatten die Pioniere der missionarischen Verkündigung auf den kannibalistischen
Südseeinseln. Für John Williams (1796-1836), sagt
Flachsmeier, könnte das Wort gelten, das über dem
Grab eines andern Südseemissionars steht:

> "Als er kam, gab es kein Licht,
> als er ging, gab es keine Finsternis."(14)

Obwohl Christen die Minderheit in der Welt sind,
müssen sie es nicht bleiben. Die Minorität kann auf
die Mehrheit einen großen Einfluß ausüben. Davon
legt die Expansionsgeschichte des Evangeliums Zeugnis ab. Das hat auch die sogenannte "Tiefenevangelisationbewegung" in Lateinamerika seit ihrem Anfang wiederholt demonstriert.(15) Darum: "Fürchte
dich nicht, du kleine Herde, denn es ist eures Vaters Wohlgefallen, euch das Reich zu geben" (Luk.
12,32 nach Luther).

5. Quantitativer "Qualitätsstreit"
Damit deute ich auf einen in der Kritik der Gemeindewachstumsbewegung viel geprägten Satz: "Qualität
ist wichter als Quantität." Missionare haben auf

diese Debatte reagiert und gefragt: "Wo bleibt aber die Qualität, die nicht in Quantität mündet?"(16) Solche Qualität einer Gemeinde, die weder evangelistisch-missionarisch tätig ist, noch das tiefe Verlangen kundtut, verlorene Menschen in eine Heilsbeziehung zu führen, damit sie selber wachsen könnten, ist ernst in Frage zu stellen. Qualität ohne Quantität im Gemeindeleben ist im besten Falle fruchtlose und daher begrenzte Qualität.

6. Zeitbegrenzung des Missionsbefehls
"Der Missionsbefehl ist auf die Apostel beschränkt." Diese Auffassung Luthers(17) hat sich im orthodoxen Protestantismus bis auf diesen Tag durchgesetzt. Wer anders dachte, wurde als Ketzer verfolgt(18) oder als falscher Prophet gekennzeichnet. Selbst der Hamburger Prediger Erdmann Neumeister, dessen Lied "Jesus nimmt die Sünder an" wir in Evangelisationen oft singen, stand auf der Seite der Missionsfeinde seiner Zeit. Eine seiner Predigten gegen die damals ins Leben gerufene pietistische Mission schloß er mit diesen Worten:

> "Vor Zeiten hieß es wohl:
> geht hin in alle Welt.
> Jetzt aber: bleib allda,
> wohin dich Gott bestellt."(19)

Derselbe Geist hat das Denken vieler Christen von heute mit Ideologien aller Art umnebelt. Das wirkt sich hemmend und hindernd auf Evangelisation, Mission und Gemeindewachstum aus. Solche Hindernisse müssen mit Gottes Hilfe eliminiert werden, damit das missionarische Ziel erreicht werden kann.

C. HEMMNISSE INSTITUTIONELLER ART

Es gibt Wachstumshindernisse, die einfach in der Institution der Mission verankert liegen. Darum

sind sie schwer anzugreifen und noch schwerer zu
bewältigen. Manche davon sind legitime Missions-
funktionen. Sie behindern aber das Gemeindewachstum, sie machen es geradezu unmöglich. Dafür nur
drei Beispiele.

1. Missionarische "Gaststätten"
Die vor Jahren recht wichtige Anlage der Missionsstation ist in den fünfziger und sechziger Jahren
vielfach zu einem "Gasthaus" und "Reisebüro" entartet. Missionsgeschwister wurden einfach "Gast-
wirte", außerdem erfüllten sie eine Menge von "Ver-
mittlerdiensten" zwischen den aus dem Heimatland
zugereisten Gästen und den Reiseagenten oder Landes-
beamten. Da der Missionar oft ein Auto hat, dient
er viel als "Taxifahrer" für Einheimische und als
"Reiseführer" für Gäste. Wer sonst könnte die Rolle
auch besser erfüllen als gerade der Missionar? Er
kennt Sprache, Leute und Gegend, er hat Raum, Auto
und Zeit(?!). Ich kenne einen Fall aus Brasilien,
wo die Missionsfamilie in einem für Norden und Sü-
den strategisch wichtig gelegenen Verkehrszentrum
stationiert und kaum einen Tag in der Woche ohne
Gäste war. Ich spreche hier nicht von Gästeheimen
und Herbergsstätten, die viele Missionen in Großstädten als Mittel zur Evangelisation führen, sondern von Privatheimen einzelner Missionsfamilien,
deren erste Aufgabe Verkündigung und Gemeindebau
ist. Die dauernden Ansprüche der Nebensächlichkei-
ten jedoch halten solche Geschwister von einem
fruchtbaren Dienst ab.

Damit soll nicht gesagt sein, daß Missionare Gäste
und Missionsfreunde aus dem In- und Ausland nicht
aufnehmen und beherbergen dürfen. Das würde bestimmt eine Lücke in ihrem oft einsamen Leben
verursachen und auch das biblische Prinzip der Gastfreundschaft verletzen (vgl. Röm. 12,14). Es
sollte diese christliche Tugend aber nicht mißbraucht werden, um dem Gemeindewachstum nicht als

hemmende Untugend im Wege zu stehen.

2. Schule und Erziehung

Die Missionsschulen haben in der Vergangenheit ein dreifaches Ziel zu verfolgen versucht: Evangelisation und Bekehrung, christliche Erziehung der Kinder und Schulung der Jugend zum Dienst an Gemeinde und Volk. Die Schulen haben in der protestantischen Mission seit ihrem Anfang im 18. Jahrhundert viel Opfer an Hingabe, Kraft, Liebe, Geld und Zeit gefordert. Der enorme Kapitalbedarf für die Missionsschulen kommt einem erst zum Bewußtsein, wenn man bedenkt, daß in Afrika (hier gaben Regierungen Zuschüsse) vor zehn Jahren noch 85% aller Schulkinder diese Schulen besuchten. Obwohl der Prozentsatz der Schüler in anderen Teilen der Dritten Welt niedriger ist als in Afrika, so darf man doch die durch die Jahrhunderte hindurch wichtige Rolle der Missionsschulen nicht unterschätzen. Sie gaben den Einheimischen oft eine gute Erziehung und dadurch Anstellung, Ansehen und Position im Volk.(20)

Die Frage aber, die wir nicht umgehen können, ist die: Was hat das Schulwesen zu Evangelisation und Gemeindebau beigetragen? Was ist mit den Schülern geworden, die durch den Einfluß gläubiger Lehrer und christlichen Unterrichtsmaterials zum Glauben an Jesus kamen? Hat die Schule sie der Gemeinde zugeführt? Kann sie es überhaupt? Sind die Christen, die sich in Schulen bekehrten und zur Gemeinde kamen, treue Nachfolger geblieben? Bringen sie Frucht? Bewähren sie sich als leitende Personen in der Gemeinde? Nur wenn solche Fragen größtenteils positiv beantwortet werden können, können Schule und Erziehung als legitime Missionszweige zur Geltung kommen. Wenn aber festgestellt werden muß, daß junge Menschen der Missionsschulen "am gleichen Tag von Schule und Gemeinde absolvieren"(21), dann kann ihr Fortbestand kaum gerechtfertigt werden.

3. Hospitäler und Krankenpflege
Auf einer Konsultation von Missionsdirektoren und
-lehrern hielt Direktor Howard Habeger ein Referat
über "Priorität heute".(22) Die von Dr. Habeger geführte Behörde hat in den letzten Jahren eine tiefgehende Situationsanalyse und -bewertung durchgeführt und alles eliminiert, was Evangelisation und
Gemeindebau im Wege steht. So hat sie z. B. einem
von gläubigen Missionsärzten und -schwestern verwalteten Krankenhaus in Taiwan die jährliche Unterstützung von fünfzigtausend Dollar vorenthalten. Damit will die Missionsbehörde aber nicht sagen, daß
sie nicht dem ganzen Menschen dienen will – nach
Geist, Seele und Leib. Sie ist aber davon überzeugt,
daß mit der erwähnten Geldsumme auf dem Gebiete direkter Verkündigung mehr Menschen mit dem Evangelium
erreicht und der Gemeinde zugeführt werden können
als durch die institutionalisierte "medical evangelism" oder ärztliche Mission.(23)

Das soll aber keineswegs als Angriff auf die ärztliche Mission verstanden werden. Sie ist seit ihrer
Gründung durch den jungen Francke (Sohn von August
Hermann Francke) in Halle und durch das besondere
Bemühen Zinzendorfs vielfach das Mittel gewesen, das
die Herzen der Menschen für den großen Arzt aller
Ärzte, den wahren Erretter und Heilbringer (vgl.
2. Mose 15,26, Matth. 1,21), geöffnet hat. Von dem
berühmten Missionsarzt Dr. Peter Parker (1805-1888)
wird sogar gesagt, daß er die Türen Chinas "durch
die Spitze eines Skalpells" öffnete, "als die europäischen Kanonen es nicht vermochten."(24)

Es kann das Verdienst der ärztlichen Mission kaum
genug betont werden, wie Flachsmeier ebenfalls hervorhebt.(25) Die Frage jedoch ist wieder die, ob
sie als philanthropisches Unternehmen, wie sie
selbst von christlichen Missionsgesellschaften
vielfach betrachtet wird, berechtigt zur Mission
der Gemeinde gehören kann, oder ob sie als Zweig

der Gemeindemission wirklich die optimale Frucht an
Bekehrung und Gemeindewachstum erreicht. Letzten
Endes geht es ja bei allen Missionsmitteln und
-methoden nicht darum, ob wir die Freundlichkeit
und den guten Willen der Menschen für uns gewinnen,
sondern daß wir die Menschen selbst für Christus
und seine Gemeinde gewinnen. Wo das nicht der Fall
ist, da muß die Missionsbehörde die Entscheidung
treffen, von der Direktor Habeger sprach.

Hier bedürfen Missionare und einheimische Geschwister, Feldsekretäre und Missionsdirektoren viel
Weisheit, jeden Fall besonders zu untersuchen, zu
bewerten, zu überprüfen. In manchen Fällen werden
alte Institutionen, wie Missionsstationen, Schulen
und Hospitäler einfach eliminiert und durch andere
Missionsformen ersetzt werden müssen, damit die Gemeinde Jesu Christi wachsen kann.

II. FÖRDERNDE FAKTOREN

In einem Referat über "Missionarische Gemeindeformen" stellt Dr. Günter Wieske einer von hemmenden
Faktoren belasteten Gemeinde die Frage, wie Gott
es anfaßt, eine sterbende Gemeinde zu neuem Leben
zu bringen. Die Antwort auf diese brennende Frage
findet Wieske im Alten Testament. Er sieht in den
Krisen des Volkes Gottes im alten Bunde eine Parallele zu den Erfahrungen der Gemeinde von heute. Die
Gemeinde dort ging durch eine Krise nach der andern
und fing immer wieder neu an.

In seinen Ausführungen verweist Dr. Wieske auf die
Reaktion Nehemias zu den Nachrichten, die ihm Abgesandte aus Jerusalem nach Susa brachten.(26) Als
seine Brüder ihm von "Armut und Schmach" der Leute
und von den zerrissenen Mauern und verbrannten Toren Jerusalems berichteten, war dieser im Exil aufgewachsene Mann Gottes und Hofbeamte des Königs

Arthahsastha zutiefst bewegt und erschüttert. Es
fehlte da an einem geordneten Gemeindeleben. Alles
war ins Stocken gekommen. Das Volk war bei den
Heiden ein Spottgegenstand geworden. Die Gemeinde
hatte kein Wachstum mehr zu verzeichnen. Da brachte
Nehemia unter Tränen, Fasten und Beten die ganze
Angelegenheit vor Gott (vgl. Neh. 1,1-4, 2,8.17).

Den Erfahrungen Nehemias und seines Volkes entnehmen wir einige wichtige Prizipien, die sich auf die gegenwärtige Missionssituation anwenden lassen und der missionarischen Zielsetzung fördernd dienen können.(27)

A. FESTES GOTTVERTRAUEN

Da muß es anfangen. Nehemia war für die trostlose
Situation seines geliebten Jerusalems und seiner
Gemeinde nicht blind. Er sah den Zustand. Er war
mit seiner Geschichte vertraut. Er kannte auch die
Menschen, die dafür Verantwortung trugen und die
Situation ändern konnten. Aber sein erster Gedanke
war nicht König Arthahsastha von der persischen Weltmacht, sondern der Gott Israels. Darum wandte er
sich zuerst im Vertrauen an ihn:

> "HERR, du Gott des Himmels, du großer, furchtbarer Gott, der seinen Gnadenbund denen bewahrt,
> die ihn liebhaben und seine Gebote halten, laß
> doch deine Ohren aufmerken und deine Augen geöffnet sein! Höre das Gebet deines Knechtes, das
> ich jetzt Tag und Nacht vor dir ausbreite für
> die Israeliten, deine Knechte! Ich bekenne dabei
> die Sünden der Israeliten, mit denen wir uns gegen dich versündigt haben; auch ich und meine
> Familie haben Unrecht getan" (Neh. 1,5-7 n. Bruns).

In seinem Gebet beruft sich Nehemia auf Gottes
Treue und Gerechtigkeit in der Geschichte seines

Volkes (Neh. 1,8-10). Darauf geht er zum König und teilt ihm seinen Plan mit. Als der König ihm freundlich entgegenkommt und ihn aus der Gefangenschaft nach Jerusalem ziehen läßt, um die Stadt neu aufzubauen, da erkennt er die ganze Handlung als das "gütige Walten der Hand Gottes" über ihm (Neh. 2, 18).

Wo die Mission heute - wie Jerusalem damals - in große Krisen und das Wachstum der Gemeinde dadurch zum Stillstand gekommen ist, da wollen wir gerne zugeben, daß nicht wir, sondern Gott ein Neues schaffen kann. Alle unsere Methoden und Hilfsmittel, alle Kommunikationsmedien und wissenschaftlichen Errungenschaften sind im besten Falle nur Mittel zum Zweck, deren wir uns bedienen. Selbst wir sind nur Diener, aber nicht Meister im Werk der Mission. Unser Dienst ist nur Handlangerdienst, wie Gerhard Jantz, Linz/Donau, mit Recht sagt, indem wir "in der Kraft des Heiligen Geistes die Bausteine aufs Gerüst tragen. Gemeindebau ist die Arbeit des Meisters, der die Bausteine laut seinem vorgesehenen Plan in den Bau einfügt und miteinander verbindet 'zu einem heiligen Tempel in dem Herrn' (Eph. 2, 21)."(28)

Weil Gemeindebau Gottes Werk ist, ist Gottvertrauen unsererseits der erste Schritt dahin. Vor einigen Wochen fragte ich meinen Freund John Schmidt, der im Norden Kanadas im Gemeindedienst steht, wie es denn mit dem Wachsen der Gemeinde aussähe. Er entgegnete: "Seit ich aufgehört habe, Heiliger Geist zu spielen, geht es vorwärts. Gott tut große Dinge. Menschen bekehren sich und die Gemeinde wächst." Beim Vertrauen auf Gott kommt es einfach darauf an, daß wir ihm die Sache einmal ganz in die Hand geben und Handlanger werden, aber nicht Baumeister spielen wollen. "Vergeblich mühen sich die Baumeister eines Hauses, wenn der Herr nicht das Haus baut" (Ps. 127,1 nach Bruns).

B. BEREITSCHAFT ZUM NEUANFANG

Bereitschaft ist eine grundsätzliche Einstellung, bei der motivierende Triebe in die Tat umgesetzt werden. Solche Einstellung bekundeten die Israeliten. Als Nehemia nach Jerusalem gekommen war, den Zustand der Stadt besichtigt und seinen Begleitern Gottes gnädige Führung und des Königs großzügige Zustimmung mitgeteilt hatte, antworteten sie ihm: "Ja, wir wollen mit anpacken und bauen helfen" (Neh. 1,18).

Wieske erinnert an die historische Tatsache, daß seit der Wegführung in die Gefangenschaft und dem Zeitpunkt des hier gegebenen Berichts bereits 142 Jahre vergangen waren. Das sind wenigstens vier volle Generationen. Bedenken wir: "Vier Generationen ohne Aufbau, vier Generationen ohne Hoffnung, vier Generationen ohne Erfolg."(29) Das sind vier Generationen ohne Gemeindebau und ohne Gemeindewachstum. Bestimmt hat es in den Zwischenzeiten immer mal solche gegeben, die neu anfingen, aber im Laufe der Zeit mutlos wurden, weil ihre Versuche fehlschlugen. Schließlich war die ganze Sache so verfahren, daß es in der Stadt Jerusalem nur noch eine mutlose, verzagte Gemeinde gab.(30) Da waren Hemmnisse aller Art - persönliche, ideologische und institutionelle. Die Mauern hatten tiefe Risse und die Tore waren schwarz vom Brand.

Aus unsern Missions- und Gemeindeerfahrungen wissen wir ja, was es da für eine Stimmung geben kann. Und in eine solche Situation hinein kam ein Nehemia, ein "neuer Direktor". Ihm ging es vor allen Dingen um den Gott der Väter und sein Werk. Er wußte um die Priorität dieses Gottes. Als er darüber redete, merkte er, daß auch andere derselben Meinung und zum Neuanfang bereit waren. Sie wollten anpacken und bauen. "**Sie ermutigten sich gegenseitig, das gute Werk in Angriff zu nehmen**" (Neh. 2,18). Sie waren davon überzeugt, daß die Sache des Herrn Sache sei und darum neu aufgebaut werden müsse.

C. IDENTIFIKATION MIT DEM MISSIONSSCHICKSAL

Die Anthropologen haben das Wort Identifikation heute zu einem Riesenbegriff gemacht. Sobald man aus einem Kulturmilieu ins andere kommt, so meinen sie, muß man versuchen, sich in die neue Kultur einzutauchen, um die Menschen zu verstehen und von ihnen verstanden zu werden. Man muß sich solidarisch mit ihnen zu verbinden wissen. Der Herr Jesus tat es so. Als er aus dem suprakulturellen Himmelsgebiet (siehe Kapitel 2) in den irdischen Kulturraum stieg, nahm er ganz Menschengestalt an. "Er legte alles von sich aus ab und wurde ein Sklave unter uns, er wollte nichts sein als ein schlichter Mensch" (Phil. 2,7 nach Bruns). Er nahm das hoffnungslose Menschenschicksal auf sich. Das war Identifikation.

Ähnlich tat es Nehemia. In seinem Gebet stellte sich dieser Mann ganz als Mitschuldiger unter das Volksschicksal: "Ich bekenne dabei die Sünden der Israeliten, mit denen wir uns gegen dich versündigt haben; auch ich und meine Familie haben Unrecht getan" (Neh. 1,9 nach Bruns).

Gott braucht heute Boten der Versöhnung, die sich mit Schicksal und Schuld ihrer Gemeinde und Mission identifizieren können. Er braucht heute Knechte und Mägde, die das Verfehlen der Vergangenheit nicht nur kritisieren, sondern es als Mitverantwortliche in der Kraft Gottes neu gestalten. Gott braucht Brüder und Schwestern, die, wie Wieske und Beyerhaus gesagt haben(31), von der Solidarität, d. h. von dem Zusammengehörigkeitgefühl etwas wissen, in dem man Schulter und Herz unter die Lasten und Schulden anderer stellt und mitträgt. Auf solche Menschen kommt es in der Mission heute an.

Wir Menschen sind ja so schnell geneigt, Steine auf andere zu werfen. Wenn die Gemeinde im In- und Auslande nicht wächst, dann hat bestimmt der Pastor oder der Missionar, der Kirchenpräses oder der Missionsdirektor, der Gemeindeälteste oder der Feldsekretär schuld. Wenn wir dann mit unserm "klugen Rat" zu ihnen kommen und sie nicht auf uns hören, dann waschen wir uns gern selbstgerechterweise die Hände und lassen die andern in ihrer Ratlosigkeit und Verzagtheit weiter allein mit dem Schicksal einer nichtwachsenden Gemeinde ringen.

Nehemia war edleren Charakters. Er identifizierte sich mit Schuld und Schicksal seines Volkes, wie sich Christus mit uns identifizierte. Er trat in das Schicksal ein und suchte es umzuwandeln. Er kritisierte die Gemeinde nicht, daß sie nicht gewachsen war, aber er trauerte darum. Dann stellte er sich solidarisch auf ihre Seite, machte ihr Schicksal zu dem seinen, übernahm Verantwortung zusammen mit Brüdern und Schwestern und wurde Werkzeug Gottes.

D. SACHLICHKEIT BEIM ZUSTANDSURTEIL

Während der letzten Jahrzehnte hat es in manchen Missionen tiefe Wunden unter Missionaren und Einheimischen gegeben. Missiondirektoren und andere verantwortliche Personen waren in ihrer Situationsanalyse und in dem darauffolgenden Zustandsurteil nicht mehr sachlich. Wenigsten dachte man so. Vielleicht aber konnten wir als Missionare nicht sachlich sehen, weil wir mit der Situation so eng verbunden waren? Unsachlich ist man, wenn man eine Situation mit einer rosa Brille beschaut und nur Gutes sieht, oder wenn man alles mit einer schwarzen Brille beguckt und in seinem Zustandsurteil nur von Hemmungen und Hindernissen zu reden weiß. Die Folge davon ist, daß man entweder alles laufen läßt, wie es bisher lief, weil man eben mit der rosa Brille keine Schäden sah, oder man sucht alles

umzustürzen, weil man mit der schwarzen Brille in
der Mission nichts Bestehenswertes fand.

Bei Nehemia war es anders. Er und seine Mitarbeiter
hatten den Mut, die Situation so zu sehen, wie sie
war. Sie gingen von einem Mauerteil zum andern, von
einem Tor zu andern. Sie sahen, was zertrümmert war,
aber auch, was sich für den Aufbau anbot. Sie sahen
die Mutlosigkeit der Gemeinde, aber auch die Möglichkeit
zu neuem Wachstum. Ihr Urteil war sachlich.
Darum auch ermutigend. Damit haben wir nun
schon ein weiteres Thema angeschnitten:

E. EIN BLICK FÜR WACHSTUMSMÖGLICHKEITEN

Nehemia war Realist. Er vertraute auf Gott und
glaubte seiner Führung. Aber er legte auch selbst
die Hand ans Werk. Als die Antisemiten ihn angriffen,
sagte er: "Der Gott des Himmels wird uns die
Sache gelingen lassen. Wir aber, seine Knechte, gehen
ans Werk und bauen" (Neh. 2,20 nach Bruns).

In einem seiner Bücher schreibt McGavran:

> "Als Christen stehen wir heute vor einer
> höchst wichtigen Tatsache. Es steht nämlich
> vor uns eine offene Tür - wie wir sie nie zuvor
> hatten und vielleicht nie wieder haben
> werden - den Menschen der Erde die strahlende
> und anziehende Person Jesu Christi so nahezubringen,
> daß sie weder sagen: 'es gibt keinen
> Gott', noch erklären, daß sie 'den Göttern der
> Väter Treue schwören', sondern freudig bekennen
> werden: 'Jesus ist unser Herr und Heiland.
> In den vor uns liegenden Jahren wollen wir in
> seine Ebenbildlichkeit gestaltet werden und
> in Treue zu ihm, seinen Wegen und seiner Gemeinde
> wachsen und zunehmen.' Viele dieser Menschen
> wohnen da, wo Missionare und Gemeinde

sind. Die Bereitschaft vieler dieser Menschen, Christus anzunehmen, bedeutet zugleich gewaltiges Wachstum existierender und die Gründung vieler neuer Gemeinden. Wir sehen vor uns die Möglichkeit, daß Gemeinden und Christen sich in den nächsten zehn Jahren aufs Dreifache verdoppeln werden."(32)

Es stimmt schon, es gibt in der Mission eine Legion von Hindernissen, aber auch eine Legion von Wachstumsmöglichkeiten. Möge Gott uns einen "Nehemiablick" und eine "McGavranvision" schenken, die Wachstumsmöglichkeiten zu erkennen!

F. VERANTWORTUNGSVOLLE ZUSAMMENARBEIT

In den Arbeitsberichten vom Mauerbau redet Nehemia immer in der Mehrzahl: "Wir aber bauten an der Mauer weiter" (Neh. 3,38). Das war echte "Teamarbeit", wie Wieske sie nennt.(33) Das war Zusammenarbeit mit Gott. Als die Mauer fertig war, erkannten sogar Heiden und Feinde, "daß dieses Werk mit der Hilfe unseres Gottes vollendet worden war" (Neh. 6,16).

Wo in Mission und Gemeinde verantwortungsvolle Zusammenarbeit betrieben wird, da wächst die Gemeinde. Es gibt ein gesegnetes Zusammenarbeiten zwischen alt und jung, zwischen sehr Begabten und Ordinierten, zwischen Menschen und dem Heiligen Geist, der in allen durch seine Gaben wirkt. Wo jeder seine Verantwortung als Handlanger übernimmt, da geht des Herrn Werk voran. Da wächst die Gemeinde zu einem prächtigen Gottesbau. Da sind "nach zweiundfünzigtägiger Arbeit die Mauern fertig" (Neh. 6,15) und die Torflügel werden eingehängt (Neh. 7,1), das Volk sammelt sich und das Wort Gottes wird gelesen (Neh. 8,1).

G. GEMEINSAME BIBELSTUNDEN

Es steht geschrieben: "Esra schlug das Buch vor den Augen des ganzen Volkes auf, denn er stand höher als das ganze Volk. Als er es aufschlug, erhoben sich alle. Hierauf pries Esra den HErrn, den großen Gott, und alles Volk antwortete mit erhobenen Händen: 'Amen, Amen'!" (Neh. 8,5-6 nach Bruns).

Man kann sich kaum vorstellen, was so eine feierliche Bibelstunde zu Nehemias Zeiten wirkte und was sie heute unter uns wirken würde. Wir wissen aber, daß der Eindruck, den sie auf das Volk machte, gewaltig war. Die dadurch erlangten Entdeckungen waren erstaunlich. Sie entdeckten nämlich (was sie schon seit Josuas Zeiten vergessen hatten!), daß das ihnen von Gott verordnete Leben ein reiches Leben war. "Die Freude darüber war sehr groß"(Neh. 8,18).

Gemeinsame Bibelstunden auf dem Missionsfeld wie im Heimatlande sind immer eine Quelle geistlicher Kraftzuflüsse, eine Fundgrube göttlicher Ratschläge, eine Schatzkammer heiliger Wegweiser für Missionsarbeit und Gemeindebau. Zu Nehemias Zeiten erlebten die Teilnehmer in der Bibelstunde, was der Herr viele Jahre später allen Stundenbesuchern verhieß: "Wohl dem, der diese Worte der Weissagung vorliest, wohl denen, die sie hören und das festhalten, was in ihr geschrieben ist" (Offb. 1,3 nach Bruns). Wann aber setzen sich Missionare, Einheimische und Vertreter des Missionsausschusses zur Bibelstunde zusammen, um zu erfahren, was das Wort über die vielen Hemmnisse im Dienst und wie sie überwunden werden können sagt? Kaum ein zweiter ist ein so dynamischer Faktor zur Förderung qualitativen und quantitativen Gemeindewachstums wie gemeinsames Bibelstudium und Gebet. Dafür hat die Glaubensgeschichte allein im deutschen Raum viele Beispiele.(34) Es gibt tatsächlich eine "Gemeinschafthermeneutik", in der der Heilige Geist in alle Wahrheit führt. Diese neu entdecken, heißt Gemeindewachstum fördern.

H. "SOLI DEO GLORIA"

"Gott allein die Ehre". Das ist das letzte und höchste, das edelste und heiligste Ziel der Mission. Wo das den Vorrang hat, da wird Gemeindewachstum spontan gefördert.

Zu Nehemias Zeiten führte die gemeinsame Bibelstunde in einen gemeinsamen Lobpreis Gottes: "Stehet auf, lobet den HErrn, euren Gott, von Ewigkeit zu Ewigkeit! Und man lobe den Namen deiner Herrlichkeit, der über alle Danksagung und alles Lob erhaben ist! Du, HErr, bist der Einzige! Du hast den Himmel, aller Himmel Himmel samt ihrem ganzen Heere gemacht, die Erde und alles, was darauf ist, das Meer und alles, was darin ist! Du machst alles lebendig und das himmlische Heer verehrt dich" (Neh. 9,5-6 nach Schlachter). Der Lobpreis Gottes hat seinen Grund: was Gott ist und tut; er hat sein Ziel: daß sein Name bekannt werde vor vielen Heiden (Hes. 38,23).

Im zweiten Leitsatz der Frankfurter Erklärung heißt es: "Das erste und oberste Ziel der Mission ist die Verherrlichung des Namens des einen Gottes auf der ganzen Erde und die Kundmachung der Herrschaft Jesu Christi, Seines Sohnes."(35)

In unseren Glaubensbekenntnissen reden wir von der Dreieinigkeit Gottes - Vater, Sohn und Heiliger Geist. Das läßt sich leichter sagen als verstehen. Doch gerade um ihre Verherrlichung geht es in der Mission und Gemeinde. Nicht die Gemeinde ist das Ziel, aber durch sie und ihr Wachstum geht der Weg dahin: zur Ehre Gottes jetzt und im kommenden Reich.

Die Mission der Glaubensgemeinde hat einen festen Grund, der theozentrisch verankert ist. Dieser Grund ist in Gott, dem Vater, in Gott, dem Sohn, in Gott, dem Heiligen Geiste. Darum ist er fest und sicher.

Diesen Gedanken entwickelt der Apostel Paulus in dem in Römer 9-11 recht schweren Diskurs über das Missionsprogramm Gottes. Auch im Taufauftrag des Missionsbefehls wird die Theozentrizität scharf unterstrichen, wenn der Herr sagt, daß die Taufe immer im Namen des Vaters, des Sohnes und des Heiligen Geistes ausgeführt werden soll.

Der Vater, der Sohn und der Heilige Geist sind immer missionarisch tätig. Vereint und gemeinsam sind sie am Werk, wie Dr. G. W. Peters sagt, "um den Menschen von seinem sündigen Wandern und Irren zurückzuführen, denn er will ihn wieder herstellen in seinen Urzustand und -zweck, in seine Urbestimmung und -herrlichkeit. Wahrlich, unser Gott ist der Gott unseres Heils!"(36)

"Gemeindewachstum als missionarisches Ziel!" So haben wir gesagt. Dabei bleiben wir. Dem streben wir nach, damit das Echo erschalle aus der Erlösten Mund:

>"Ehr sei dem Vater und dem Sohn,
>dem Heilgen Geist im gleichen Thron!
>Der Heiligen Dreieinigkeit
>sei Lob und Preis in Ewigkeit!"(37)
>Amen!

LITERATURNACHWEIS

(1) Süddeutsche Zeitung, 23. Februar 1973, S. 25.

(2) Vgl. Guys Referat in Church Growth and Christian Mission, hg. von McGavran, S. 131-148.

(3) Ein Teilnehmer am Missionarskurs, abgehalten in Wildberg vom 21. Febr. - 3. März 1973.

(4) Guy, in Church Growth and Christian Mission, S. 134.

(5) So ähnlich spricht Christian Keysser. Vgl. Eine Papuagemeinde, S. 40-41.

(6) Ich bin für diese Ausführungen Missionaren und andern Teilnehmern der "Gruppe I" am Missionarskurs in Wildberg (Feb.-März 1973) zu Dank verpflichtet.

(7) Beyerhaus, Allen Völkern zum Zeugnis, S. 113.

(8) Vicedom, Mission in einer Welt der Revolution, S. 72.

(9) Vgl. J. Herbert Kane, Winds of Change in the Christian Mission, Chicago 1973, S. 31; G. Warneck, Abriß einer Geschichte der protestantischen Mission, 7. Auflage, Berlin 1910, S. 59.

(10) Daß Studenten sich mit teils überlebten, teils falschen Missionsbegriffen befassen, beweisen mir die Niederschriften von den Begriffen "Mission" und "Missionar", die ich meiner Missionsklasse am Pacific College zu Anfang jedes Semesters abverlange.

(11) Guy, in Church Growth and Christian Mission, S. 137.

(12) Gesangbuch der MBG, Nr. 415, Str. 2.

(13) G. Warneck, Missionslehre, Bd. III, 1. Teil, S. 259.

(14) Flachsmeier, Geschichte der evangelischen Weltmission, S. 208; vgl. Guy, in Church Growth and

Christian Mission, S. 138.

(15) Siehe mein Manuskript, "A Decade of Evangelism-in-Depth in Latin America", Fresno, Kalifornien 1972, Kap. 2-4.

(16) So "Gruppe II" auf dem Missionarskurs zu Wildberg, Febr.-März 1973.

(17) G. Warneck, Geschichte der Protestantischen Mission, 7. Aufl., S. 15.

(18) Vgl. Oskar Vasella, "Von den Anfängen der Bündnerischen Täuferbewegung", Zeitschrift für Schweizerische Geschichte, 1939, S. 165f.; Littell, The Anabaptist View of the Church, S. 106-108 und Kap. 3; Fritz Blanke, Brüder in Christo, Zürich 1955.

(19) G. Warneck, Geschichte der protestantischen Mission, 7. Aufl., S. 59.

(20) Siehe A. J. Boyd, "Education as Missionary Method" in Concise Dictionary of the Christian World Mission, S. 182-183.

(21) Guy, in Church Growth and Christian Mission, S. 141.

(22) Vgl. das Pamphlet Purpose/Priorities, Commission on Overseas Mission General Conference Mennonite Church, Newton, Kansas 67114.

(23) Guy, in Church Growth and Christian Mission, S. 139.

(24) Flachsmeier, Geschichte der evangelischen Weltmission, S. 204 und 330.

(25) Ebenda, S. 324-342.

(26) Günter Wieske, "Missionarische Gemeindeformen", Quelle des Lebens, 15. Jg. Nr. 1 (1972), S. 9.

(27) Zu den weiteren Ausführungen bin ich stark durch Dr. Wieskes Referat angeleitet worden. Die zwei fördernden Faktoren, "Bereitschaft zum Neuan-

fang" und "Verantwortungsvolle Zusammenarbeit", gehören dem Referat an. Siehe Quelle des Lebens, 15. Jg. Nr. 1 (1972), S. 8-12.

(28) Gerhard Jantz, "Gemeindebau und Mission", Quelle des Lebens, 13. Jg. Nr. 2 (1970), S. 24.

(29) Wieske, Quelle des Lebens, 15. Jg. Nr. 1 (1972), S. 10.

(30) Ebenda.

(31) Vgl. ebenda, S. 10-11; Beyerhaus, Allen Völkern zum Zeugnis, S. 87f.

(32) McGavran, How Churches Grow, S. 1.

(33) Wieske, Quelle des Lebens, 15. Jg. Nr. 1 (1972), S. 12.

(34) Vgl. Blanke, Brüder in Christo; von Sauberzweig, Er der Meister - wir die Brüder.

(35) In: Peter Beyerhaus, Die Grundlagenkrise der Mission, Wuppertal/Bad Liebenzell 1970, S. 31.

(36) George W. Peters, A Biblical Theology of Mission, S. 81.

(37) Gesangbuch der MBG, Nr. 3, Str. 3.